Watercolor CHRISTMAS

Ingrid Sanchez

Watercolor CHRISTMAS

Stimmungsvolle Weihnachtsmotive mit Aquarellfarben malen

Inhalt

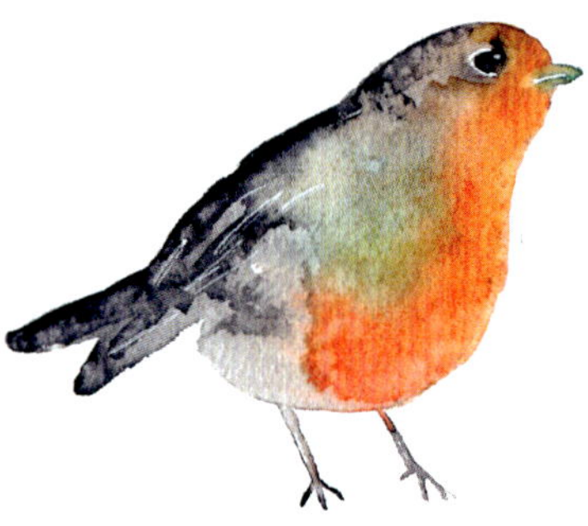

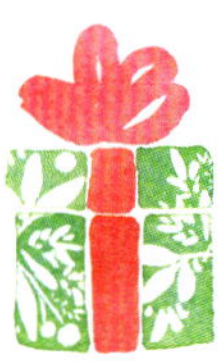

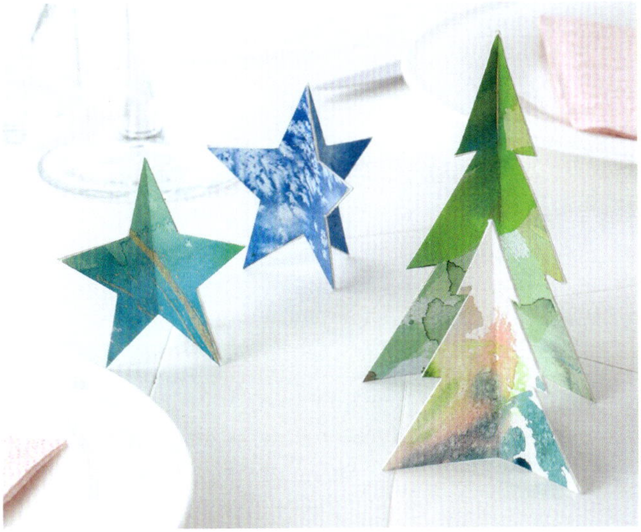
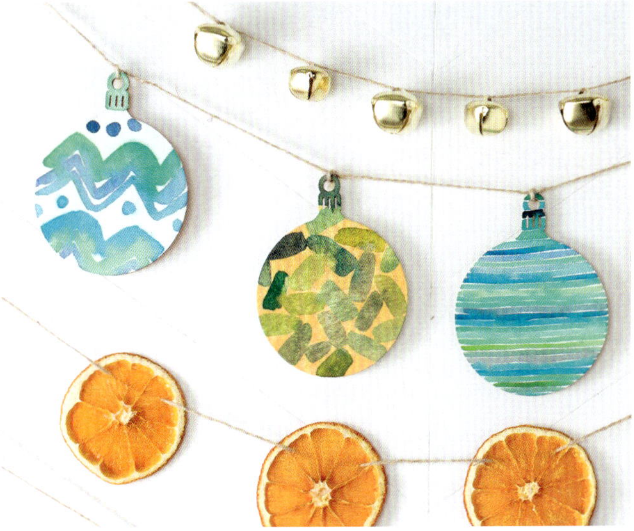
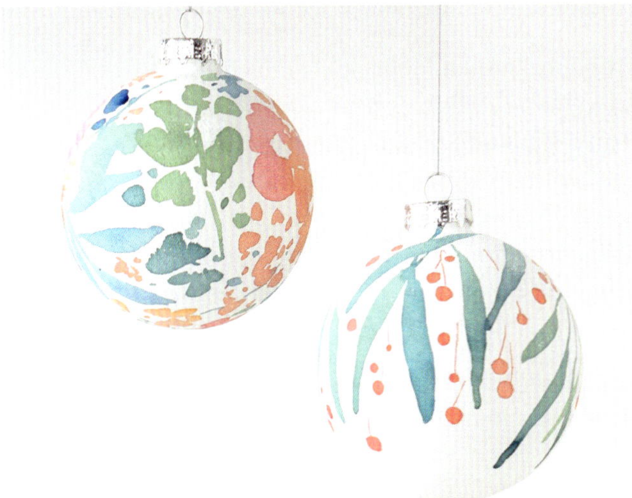
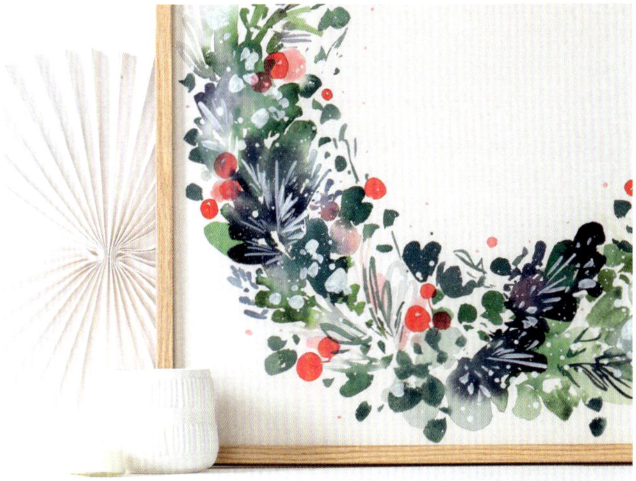
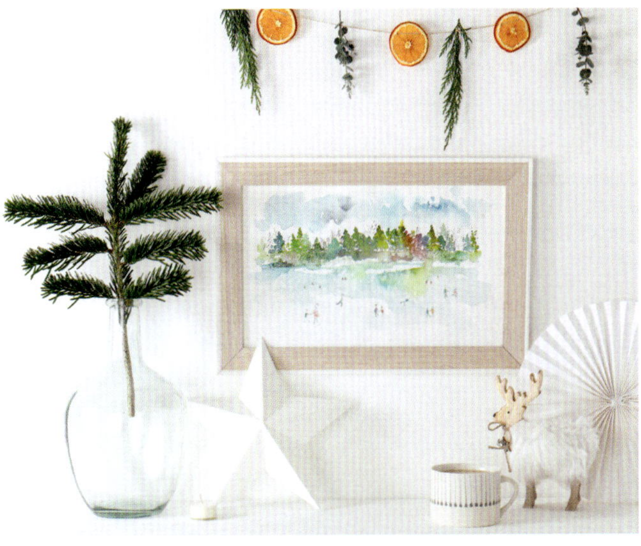
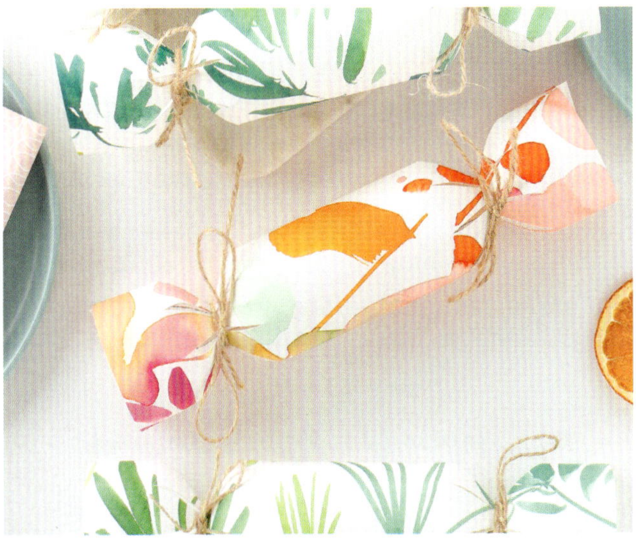

Einleitung

Weihnachten ist eine wunderbare Zeit, und mit Watercolor-Bildern für Dekorationen, Weihnachtsschmuck und Geschenke kannst du sie noch schöner machen. Bei Aquarell denkt man meist an sommerliche Themen, und eigentlich bin ich auch am ehesten für meine Blumenbilder bekannt, die die üppige Pracht des Gartens zu Papier bringen. Aber es macht auch sehr viel Freude, mit Aquarellfarben weihnachtliche Motive zu malen, und genau das möchte ich mit dir in diesem Buch entdecken.

Schon als Kind habe ich gerne gemalt und in meinen Bildern schöne Momente und Eindrücke festgehalten. Außerdem habe ich oft auch kleine Dankeskarten, Glückwünsche oder Glücksbringer gestaltet. Bei uns war es nicht ungewöhnlich, bei Tisch eines meiner künstlerischen Geschenke auf dem Essteller zu finden, und meinem Vater steckte ich oft eine meiner gemalten Überraschungen ins Gepäck, wenn er auf Geschäftsreise ging. Auch als Erwachsene überrasche ich noch gern Freunde und Familie mit selbst hergestellten Karten und kleinen Gemälden. Und Weihnachten ist die perfekte Zeit, das Beste aus diesem Impuls zum Teilen und Freudemachen herauszuholen.

Auch wenn ich hauptberuflich Künstlerin bin, male und zeichne ich auch in meiner Freizeit gern. Das Malen ist also sowohl mein Beruf als auch mein Hobby, und ich möchte hier ein wenig meine Leidenschaft mit dir teilen.

Wir werden die Grundlagen der Aquarellmalerei erkunden und dabei auch einen Blick auf einige meiner Lieblingstechniken werfen. Am Ende werden wir dann Karten, Bilder und Dekorationen für die Jahreszeit gestalten, die uns jedes Jahr wieder verzaubert – Weihnachten!

Ich glaube, es gibt nichts Erfüllenderes, als etwas mit den eigenen Händen zu erschaffen, zur reinen Freude wird es aber, wenn es ein Geschenk für andere ist. Außerdem habe ich festgestellt, dass unser Zuhause durch selbstgemalte festliche Dekorationen wie Baumschmuck, Tischdekoration und Girlanden den eigenen Stil zum Ausdruck bringt.

Die Art und Weise, wie du Aquarell malst, wird genauso einzigartig sein wie du selbst. Daher möchte ich dich ermutigen, die verschiedenen Möglichkeiten, die ich hier vorstelle, auszuprobieren. Es gibt einfache Übungen, mit denen du experimentieren und die du üben kannst, um herauszufinden, was für dich am besten funktioniert. Sei geduldig und genieße den Weg.

Happy Christmas painting!

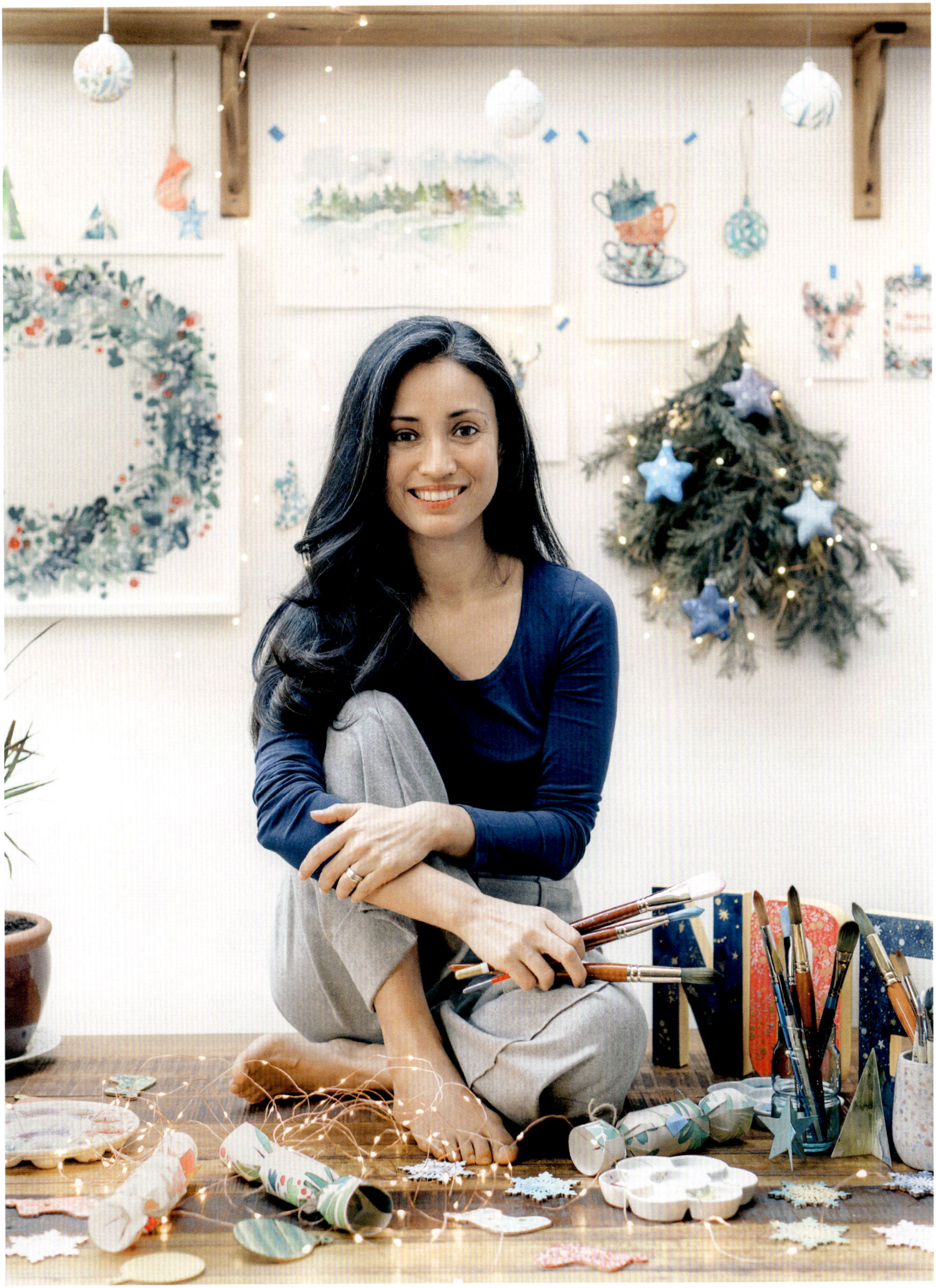

Materialien und Werkzeuge

Das Aquarell ist wegen seiner Vielseitigkeit mein liebstes künstlerisches Medium. Schon mit einem ganz einfachen Anfängerset kannst du seine Magie erleben. Aber sobald du beginnst, Aquarellfarben in allen verfügbaren Darreichungsformen zu sammeln, wird es erst richtig interessant. In diesem Kapitel beschreibe ich die Grundlagen, die du für das Malen auf Papier benötigst, aber bevor du dir eine Ausstattung kaufst, wirf für weitere Gestaltungsmöglichkeiten einen Blick in das Kapitel „Grundlagen und mehr: Experimentelles Watercolor" und in das Kapitel „Projektvorbereitung", um Oberflächen, die nicht aus Papier bestehen, für das Malen mit Aquarellfarben vorzubereiten.

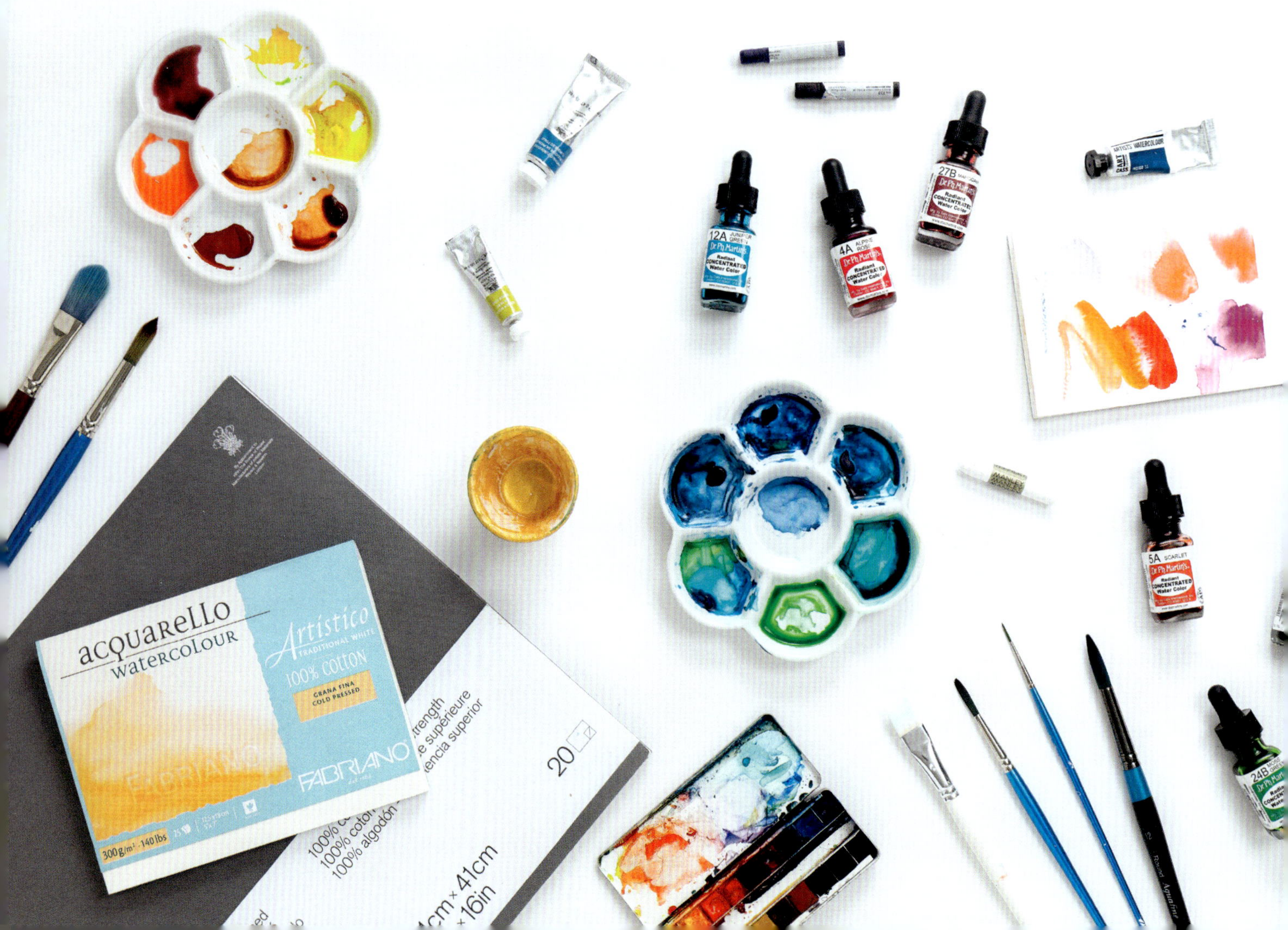

AQUARELLFARBEN

Aquarellfarben bestehen aus fein zermahlenen Pigmenten mit einem wasserlöslichen Bindemittel, das das Pigment auf dem Papier haften lässt. Du kannst sie in fester, pastoser und flüssiger Form kaufen und aus vielen Marken von hoher Qualität auswählen. Du kannst die einzelnen Farbsorten einzeln verwenden oder sie miteinander mischen und kombinieren. Schauen wir uns zunächst die Möglichkeiten an.

Für welche Form du dich auch entscheidest, für alle Aquarellfarben brauchst du Wasser. Wenn die Farbe auf der Palette eintrocknet, gib einfach etwas Wasser dazu und beobachte, wie sie wieder zum Leben erwacht.

Feste Form Dazu gehören Näpfchen, Aquarellkreiden (Watercolor Sticks) und Aquarellfarbstifte. Näpfchen sind die traditionelle Form und nach den kleinen eckigen Plastikbehältern benannt, die die feste Aquarellfarbe enthalten. Sie können einzeln oder in Sets gekauft werden, bei denen die Näpfchen in einen Palettenkasten eingesetzt sind. Die Farbe in den Näpfchen muss man mit Wasser anlösen. Dafür empfehle ich dir, eine Sprühflasche zu verwenden. Wenn das Wasser verdunstet, bleibt das Pigment zurück. Näpfchen kannst du viele Male verwenden, und sie können viele Jahre lang halten, da sich die Pigmente nur schwer auflösen. Aquarellnäpfchen sind eine gute Wahl für kleine Gemälde oder Illustrationen und für Künstler, die unterwegs malen möchten.

Pastose Form Diese Aquarellfarbe befindet sich in Tuben und hat etwa die Konsistenz von Zahnpasta. Wenn du die Farbe direkt aus der Tube verwendest, ist der Farbauftrag sehr deckend. Wenn du sie aber auf deiner Palette mit Wasser mischst, kannst du verschiedene Stufen von Transparenz erzeugen. Wenn du die Farbe auf deiner Palette trocknen lässt, härtet sie aus und muss mit Wasser wieder angelöst werden. Tubenfarbe ist geeignet für Künstler, die gerne großflächig malen, und weil man sie gut mischen kann, eignet sie sich auch wunderbar für großflächig-abstrakte Bilder.

Flüssige Form Die ursprünglich für die grafische Industrie entwickelte Aquarelltinte enthält Farbstoffe anstelle von Pigmenten, wodurch sie sehr konzentriert ist. Wenn du leuchtende Farben magst, ist diese Form die richtige für dich. Du solltest aber bedenken, dass nur mit Tinte gemalte Bilder mit der Zeit verblassen können, vor allem, wenn sie dem Licht ausgesetzt sind. Daher ist es ratsam, die Tinten auf der Palette mit Wasser zu verdünnen oder sie mit deinen Pfännchen- oder Tubenfarben zu mischen. So erhältst du neue, leuchtende Farben.

Wenn du erst mit Watercolor anfängst, empfehle ich dir, zunächst mit einem Aquarellkasten mit Näpfchen, der genügend Farben zum Experimentieren enthält, zu beginnen, damit du die Möglichkeiten des Mediums erforschen kannst. Wenn du bereits einen Aquarellkasten hast, kannst du deine Ausstattung mit ein paar Tuben oder Tinten ergänzen. Ich empfehle diese Marken: Winsor & Newton und Lukas für Näpfchen und Tuben, Dr. Ph. Martin's für Tinten.

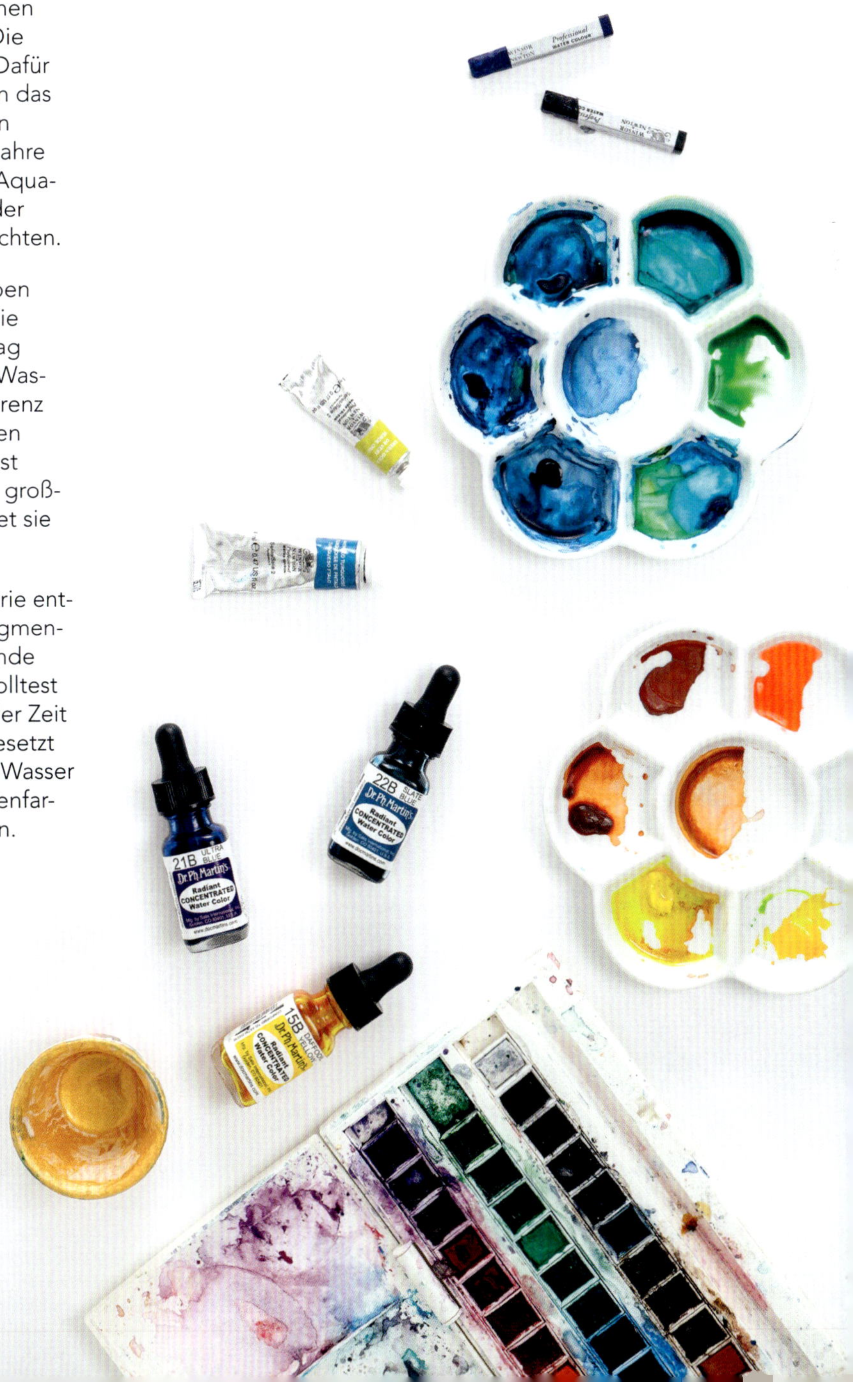

PAPIER

Obwohl es offensichtlich scheint, ist es wichtig, dass du Papier kaufst, das für Aquarellfarben geeignet ist. Hochwertiges Aquarellpapier besteht zu 100 % aus Baumwolle, während preiswertere Papiere aus einer Mischung aus Baumwolle und Zellstoff hergestellt werden. Aquarellpapier kann sehr teuer sein, daher rate ich, zum Experimentieren und Üben Papier in Studienqualität zu verwenden. Für die tatsächliche Ausarbeitung deiner Projekte solltest du jedoch in Papier in Künstlerqualität investieren.

Es gibt drei Hauptkriterien, die du beim Kauf von Papier beachten solltest:

Gewicht Papier wird in Gramm pro Quadratmeter (g/m²) gemessen. Das Gewicht wirkt sich auch auf die Dicke des Papiers aus. Im Handel gibt es Aquarellpapiere mit Gewichten von 185 g/m² bis zu 600 g/m². Je geringer das Gewicht, desto dünner ist das Papier und desto größer die Wahrscheinlichkeit, dass es sich wellt. Für die Projekte in diesem Buch genügt ein Papiergewicht von 300 g/m².

Textur Der Name des Papiers gibt an, ob es „heiß gepresst", „kalt gepresst" oder „rau" ist. „Heiß gepresstes" Aquarellpapier ist glatt, „kalt gepresstes" leicht texturiert und „raues" hat viel Textur. Ich verwende am liebsten Papier mit etwas Textur, aber das ist eine Frage der persönlichen Vorliebe.

Format Aquarellpapier ist in Form von Einzelbögen, Spiralblöcken, Blöcken und Rollen erhältlich. Welche Form für dich am besten ist, hängt von deinem Malstil ab und davon, wie viel du malst. Ich male viel, daher kaufe ich Rollen und schneide das Papier nach Bedarf ab. Aber wenn du nur gelegentlich malst, ist ein Spiralblock oder ein Block vielleicht besser geeignet. Eine gute Wahl für den Anfang sind Blöcke, bei denen die Bögen an allen vier Seiten verklebt sind, da das Papier bereits gespannt ist und sich nicht mehr verziehen wird.

MEINE PAPIEREMPFEHLUNGEN

Für die Projekte in diesem Buch empfehle ich Blöcke von folgenden Herstellern. So kannst du sofort loslegen, ohne das Papier aufspannen zu müssen.

Für Karten Block von Fabriano Artistico 300 g/m², 13 × 18 cm, kalt oder heiß gepresst, je nach Vorliebe

Für Bilder Block von Winsor & Newton (oder Arches) 300 g/m², 30 × 40,5 cm, kalt oder heiß gepresst, je nach Vorliebe

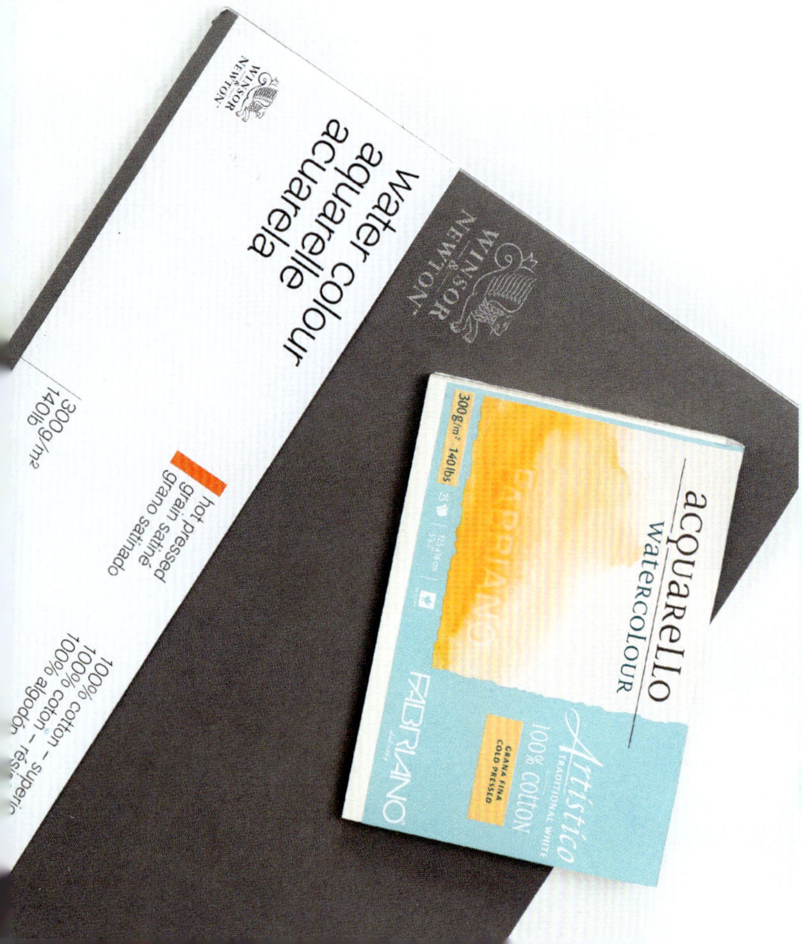

Bei Papierblöcken werden die Blätter verklebt, um zu verhindern, dass sich das Papier verzieht oder wellt. Wenn dein Bild fertig ist, lasse es vollständig trocknen. Dann entferne das Blatt vom Block, indem du es vorsichtig von der leimfreien Ecke her abreißt.

PINSEL

Die Auswahl an Pinseln ist riesig, und du kannst zwischen Pinseln mit Synthetik-, Mischhaar- oder Naturhaar wählen. Viele Künstler bevorzugen Pinsel mit Naturhaar, weil sie sehr viel Wasser aufnehmen können, aber ich persönlich bevorzuge Synthetikpinsel, weil sie leichter zu pflegen sind und jahrelang halten.

Du brauchst eine Auswahl von verschiedenen Pinseln für bestimmte Formen – Kreise, Linien, Blätter usw. Dies sind die Pinsel, mit denen ich die Projekte in diesem Buch gemalt habe:

Für feine Linien und Details Winsor & Newton, Cotman Serie 222 Designer-Pinsel Gr. 0

Für kleine Blätter und zum Füllen von Flächen Winsor & Newton, Cotman Serie 222 Designer-Pinsel Gr. 6

Für größere Pflanzenformen, runde Formen und zum Füllen größerer Flächen Daler Rowney, Aquafine-Pinsel, rund Gr. 12

Für gleichmäßige Lavuren, Spritzer und Experimente Hierfür solltest du dir einen Satz Pinsel in Studienqualität kaufen. Diese sind in der Regel preiswerter und in Packungen mit mehreren Pinseln erhältlich, ideal für eine Vielzahl von Anwendungen. Probiere es mit Grundierpinseln (erhältlich in 3er- oder 6er-Packungen) oder der Cotman-Reihe, beides von Winsor & Newton.

ZUSÄTZLICHES MATERIAL

Abgesehen von Farbe, Papier und Pinseln gibt es einiges an Grundausstattung, die du zum Malen benötigst, wie hier aufgeführt:

Paletten Zum Mischen von Aquarellfarben und -tinten. Paletten aus Porzellan sind am besten: Die Farbe bleibt länger feucht, die Pigmente lassen sich leichter mischen und färben nicht ab, sodass diese Paletten sehr leicht zu reinigen sind. Wenn du keine Porzellanpalette hast, kannst du auch einen Porzellanteller verwenden.

Maler-Klebeband (für bessere Ergebnisse bieten manche Hersteller auch meist blaues Premium-Malerkrepp an). Einzelne Aquarellbögen solltest du vor dem Malen mit Maler-Klebeband auf den Tisch oder ein Holzbrett kleben. Außerdem kannst du damit beim Malen bestimmte Bereiche des Papiers abdecken (siehe „Experimentelles Watercolor").

Bleistift und Radiergummi Du solltest immer einen Bleistift zur Hand haben, um eine vorbereitende Skizze oder einen Umriss zu zeichnen oder eine Silhouette zu definieren. Entferne am Ende alle sichtbaren Linien mit dem Radiergummi. Dieser ist auch hilfreich beim Entfernen von Maskierflüssigkeit (siehe „Experimentelles Watercolor").

Zwei oder drei Gefäße mit Wasser Stelle sie in einer Reihe auf, um deine Pinsel zu reinigen. So vermeidest du auch eine Verunreinigung deiner Palette, wenn du verschiedene Farben verwendest.

Stoff- oder Papiertücher Sie sind unerlässlich für einen sauberen Arbeitsplatz. Während des Malens sind sie auch hilfreich, um Wasser aus deinen Pinseln aufzusaugen und die Wassermenge zu bestimmen, um Texturen auf dem Papier zu erzeugen und um großflächig aufgetragene Maskierungsflüssigkeit zu entfernen.

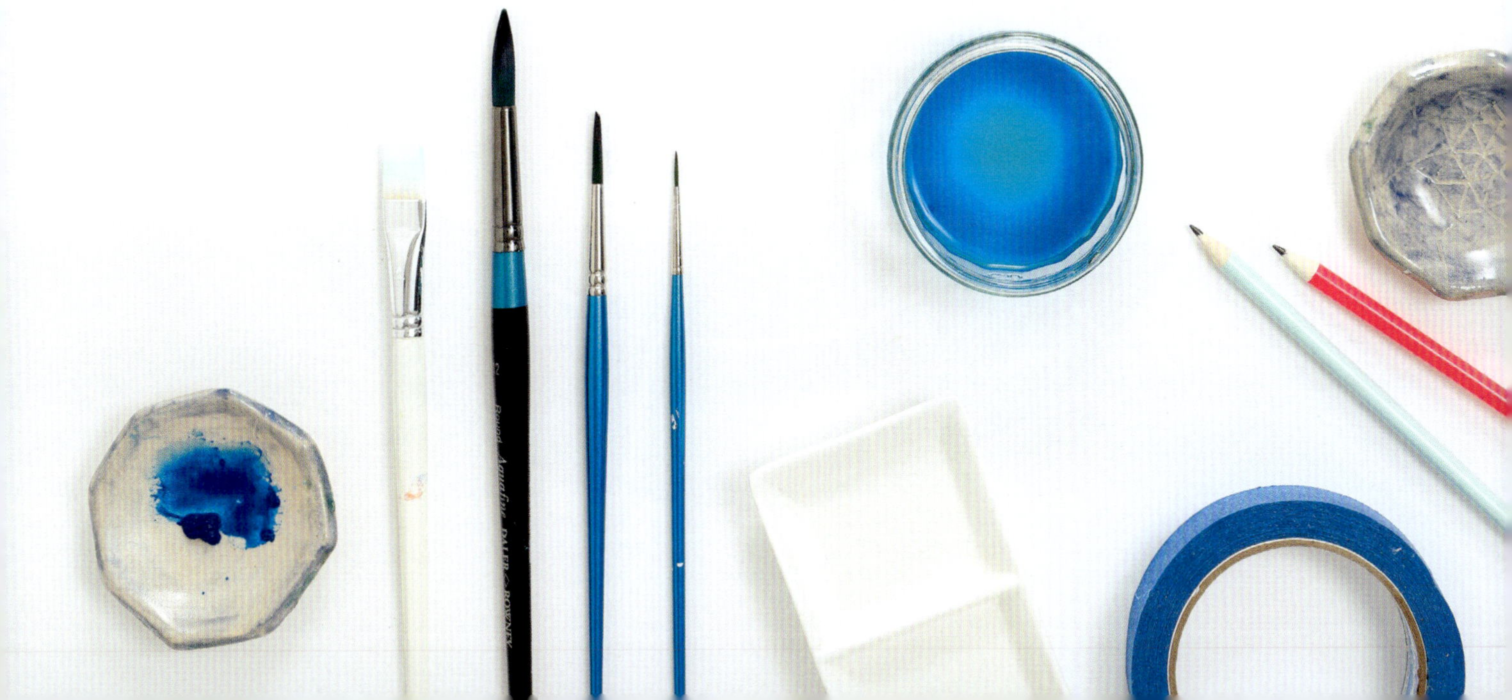

Farbwissen

Sobald wir verstehen, wie Farben funktionieren, können wir sie bewusst einsetzen. Setze sie bewusst ein, und sie wird dein bester Verbündeter beim Malen schöner Bilder. Hier möchte ich dir die Grundlagen der Farbtheorie erklären und dir zeigen, wie du sie auf das Aquarell anwenden kannst. So kannst du deine eigene weihnachtliche Farbpalette jenseits von Rot und Grün zusammenstellen.

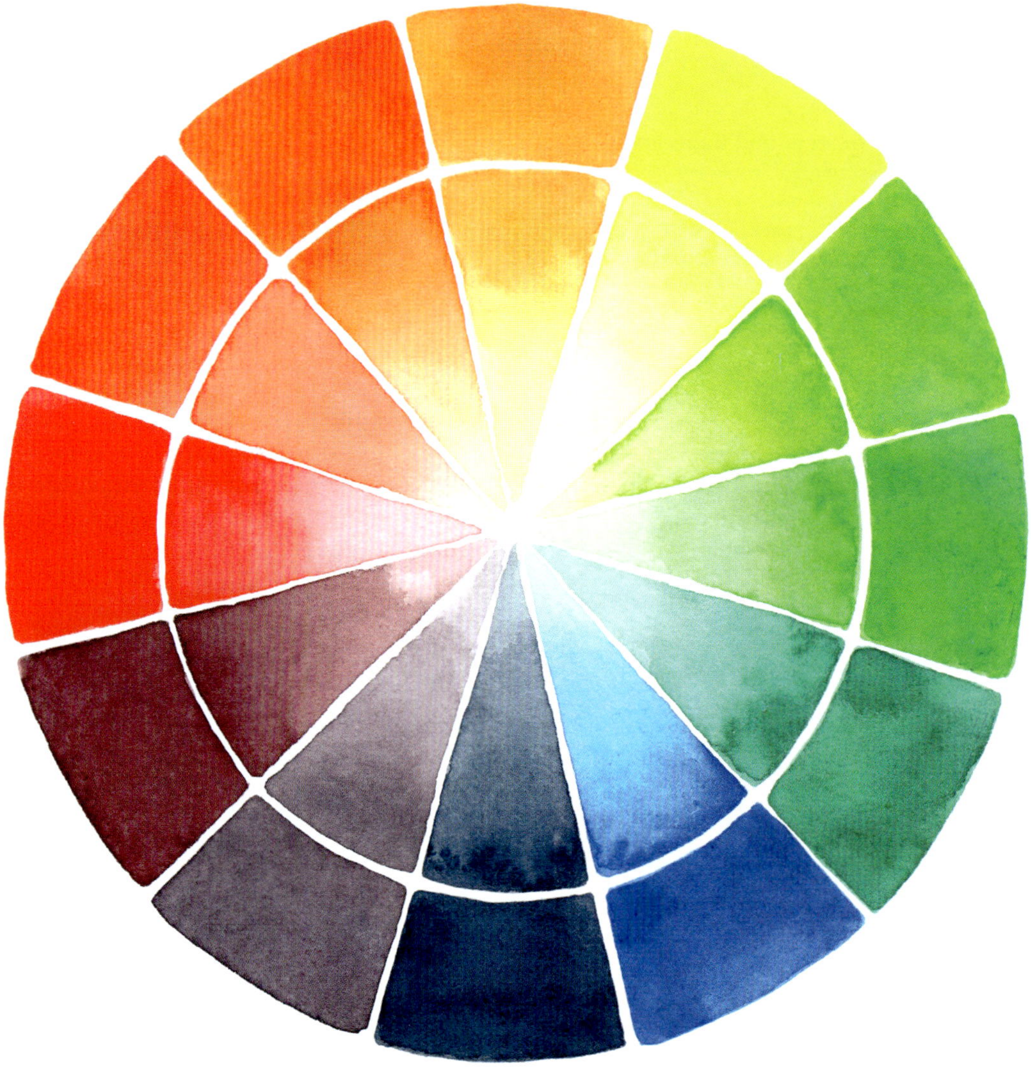

DER FARBKREIS

Der Farbkreis basiert auf den drei Grundfarben: Rot, Gelb und Blau. Diese drei Farben können nicht aus anderen Farben gemischt werden. Aber sobald wir anfangen, sie miteinander zu mischen, wirst du überrascht sein, welche unendlichen Möglichkeiten sie bieten, um viele neue Farben entstehen zu lassen. Schau dir einfach den Farbkreis an, den ich hier nur mit den drei Grundfarben gemalt habe.

A B C

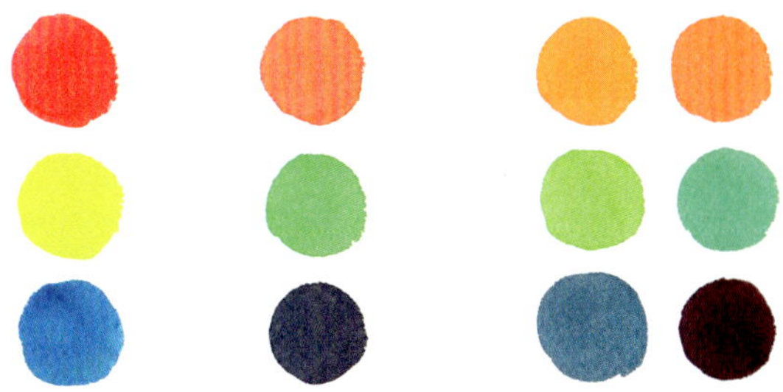

A Primärfarben: Rot, Gelb und Blau.

B Sekundärfarben (eine Mischung aus zwei Primärfarben): Orange, Grün und Violett.

C Tertiärfarben (eine Mischung aus einer Primärfarbe und einer Sekundärfarbe): Gelb-Orange, Rot-Orange, Gelb-Grün, Blau-Grün, Blau-Violett und Rot-Violett.

DAS AQUARELL VERSTEHEN

Die wichtigste Eigenschaft, an die man beim Malen mit Aquarellfarbe denken sollte, ist, dass sie transparent sind: Mit der Zugabe von mehr Wasser oder mehr Pigment kannst du sie so durchscheinend oder deckend machen, wie du möchtest.

In diesem Beispiel hat mein Primärrot auf der linken Seite die höchste Konzentration. Je mehr Wasser ich hinzufüge, desto durchscheinender wird die Farbe, bis sie im letzten Kreis fast transparent ist. Dies wird auch als „Farbwert" bezeichnet, d. h. als die Helligkeit oder die Dunkelheit der Farbe.

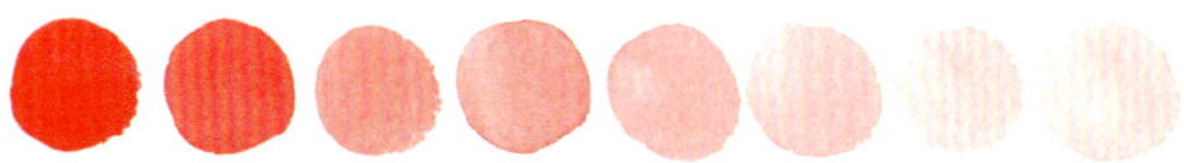

Wir können noch mehr Abwechslung in unsere Palette bringen, wenn wir mit Schwarz experimentieren. Wenn wir Schwarz zu einer beliebigen Farbe hinzufügen, verändern wir ihren Farbton. Hier siehst du, dass Rot, Gelb und Blau völlig anders wirken, wenn ihnen Schwarz beigemischt ist.

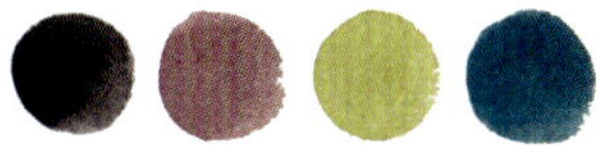

MIT FARBE EMOTION AUSDRÜCKEN

Bevor du eine Farbpalette zusammenstellst, solltest du dir überlegen, welche Emotion du mit deinem Bild vermitteln möchtest. Diese überträgst du dann auf die Farbtemperatur, indem du kalte oder warme Farben verwendest.

Kalte Farben – Grün-, Blautöne und Violett: Sie vermitteln ein Gefühl der Ruhe, können aber auch Traurigkeit ausdrücken. Im weihnachtlichen Zusammenhang denke ich an eine stille Winternacht oder eine verschneite Landschaft.

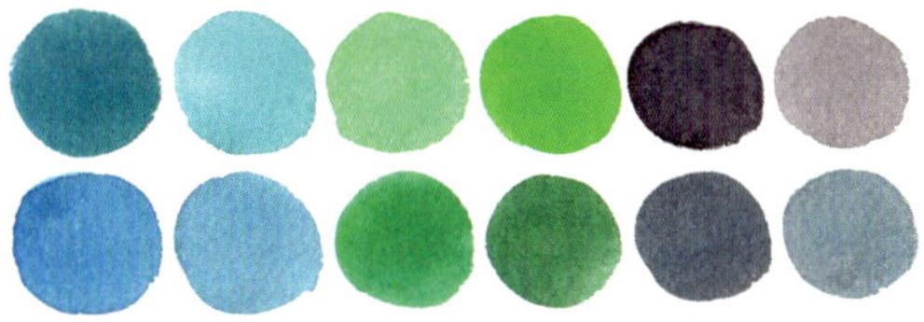

Warme Farben – Rot-, Orange- und Gelbtöne: Sie sind energiegeladen und geben ein Gefühl von Glück. In einem weihnachtlichen Zusammenhang lassen sie mich an Geschenke und Plätzchen denken, und ich stelle mir vor, wie die ganze Familie um ein loderndes Feuer im Kamin versammelt ist.

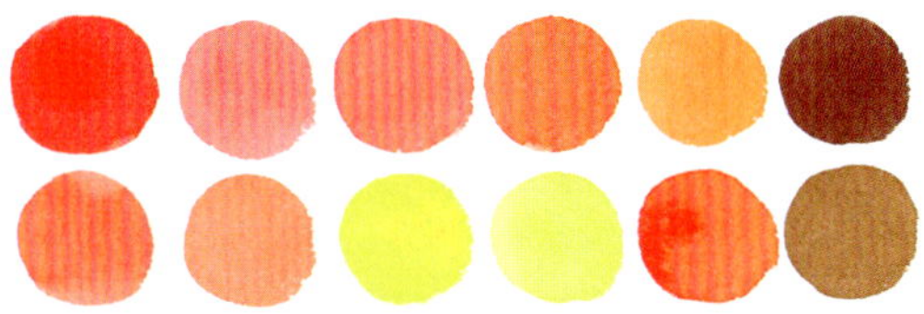

Wusstest du, dass im Aquarell die Farbe Weiß immer das Weiß des Papiers selbst ist?

EINE WEIHNACHTLICHE FARBPALETTE ZUSAMMENSTELLEN

Jetzt kennst du viele Möglichkeiten, um deine weihnachtliche Farbpalette zusammenzustellen. Denke daran: Du kannst mit der Lichtdurchlässigkeit einer Farbe spielen, indem du Wasser hinzugibst, du kannst ihren Farbton ändern, indem du Schwarz hinzugibst, und du kannst aufgrund der Temperatur der Farben ein Farbschema erstellen.

ZU ANFANG

Bevor du mit dem Mischen der Farben beginnst, solltest du dir zunächst einen Plan für dein Bild machen. So kannst du dich dann voll und ganz auf das Malen konzentrieren, ohne dir Gedanken darüber machen zu müssen, welche Farbe als nächstes an der Reihe ist.

Eine einfache Methode für die Erstellung eines Mal-Schemas:

1 Überlege dir ein Thema, z. B. „Schneeflocken".

2 Überlege, welche Eigenschaften dein Thema hat. Schnee ist kalt, verwende also kalte Farben wie Blau.

3 Mische Variationen deiner ausgewählten Farben, indem du Schwarz oder Grau oder eine andere kalte Farbe, wie Grün, hinzugibst.

Schneeflocken: kalte Farben

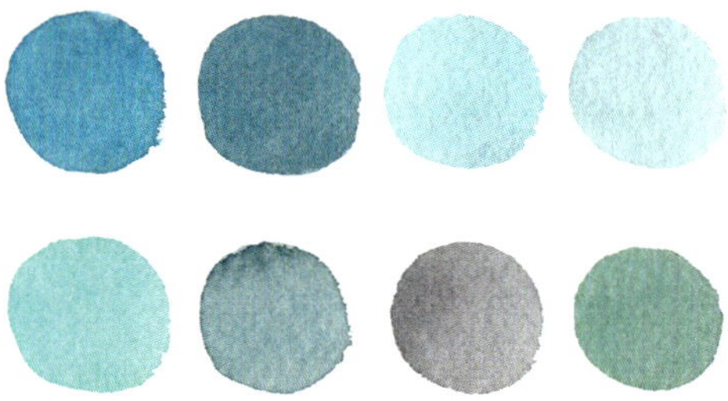

WEITERE FARBSCHEMATA

Beeren an einem Zweig: warme Farben

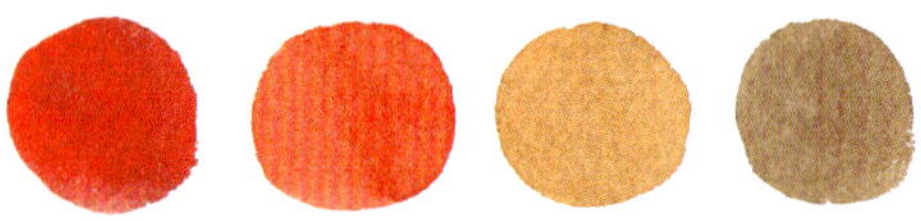

Traditioneller Weihnachtsbaum: kalte und warme Farben

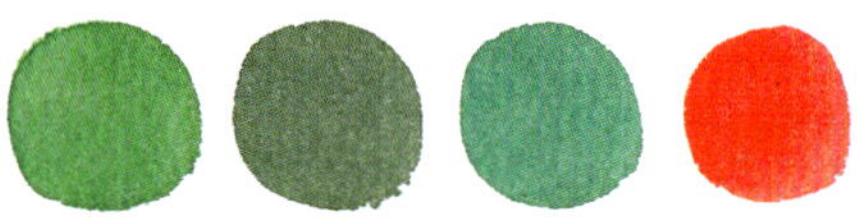

Moderner Weihnachtsbaum: kalte Farben

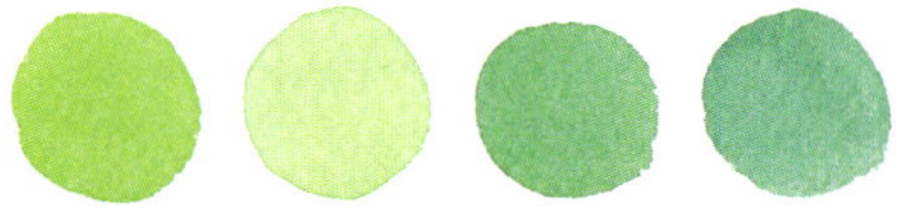

Lebkuchenmann: warme Farben

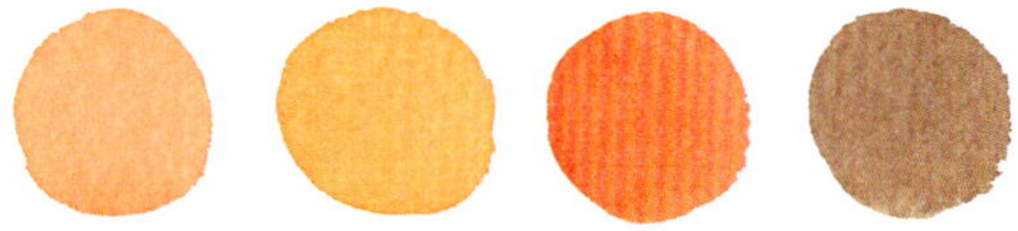

TESTSKIZZE

Sobald du deine Farbpalette zusammengestellt hast, solltest du deine Farben ausprobieren, indem du einige der Elemente malst, die du für deine Komposition vorgesehen hast, wie z. B. Blätter oder Beeren. Solch eine Skizze bringt deine Farben zum Einsatz und du kannst sehen, ob sie deinen Vorstellungen entsprechen oder ob du sie verändern möchtest. Das ist eine Gelegenheit, Leitfarben zu erkunden und ungewöhnliche Farben auszuprobieren.

LEITFARBEN ERKUNDEN

Während der Testskizze kannst du die Stimmung deines Bildes beeinflussen, indem du eine dominante Farbe hinzufügst, die als „Leitfarbe" bezeichnet wird. Die Verwendung einer Leitfarbe kann hilfreich sein, um unsere Szene einem bestimmten Ort oder einer bestimmten Zeit zuzuordnen. Vergleiche in meinem Beispiel den Zweig, bei dem Schwarz hinzugefügt wurde, mit dem Zweig, bei dem die Leitfarbe Gelb ist. Der mit Schwarz wirkt im Vergleich sehr neutral, während der andere sehr lebendig aussieht. Der Zweig mit Blau als Leitfarbe wirkt fast so, als würde er vom Mond beschienen und reflektierte sein Licht.

UNGEWÖHNLICHE FARBEN AUSPROBIEREN

Es gibt einen einfachen Trick, einem traditionellen Thema wie Weihnachten eine moderne Anmutung zu geben, nämlich indem du eine ungewöhnliche Farbe in deine Palette aufnimmst. In meinem Beispiel habe ich zunächst einige Beeren mit einer Standardpalette von Rot und Grün skizziert – eine natürlich wirkende Kombination, die gefällig aussieht. Dann habe ich andere, weniger offensichtliche Farbpartnerschaften erkundet: Du kannst alle Variationen, die dir einfallen, ausprobieren und sehen, wie sie sich anfühlen – verwende Gelb oder Türkis anstelle von Grün und Orange oder Lila anstelle von Rot.

Zweige: kalte Farben

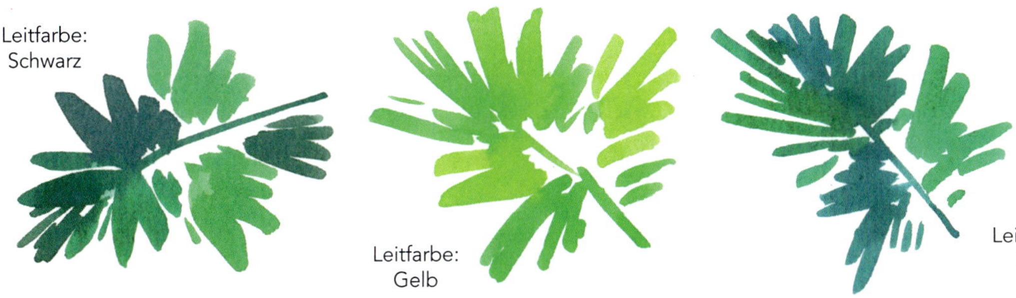

Beeren: warme und kalte Farben

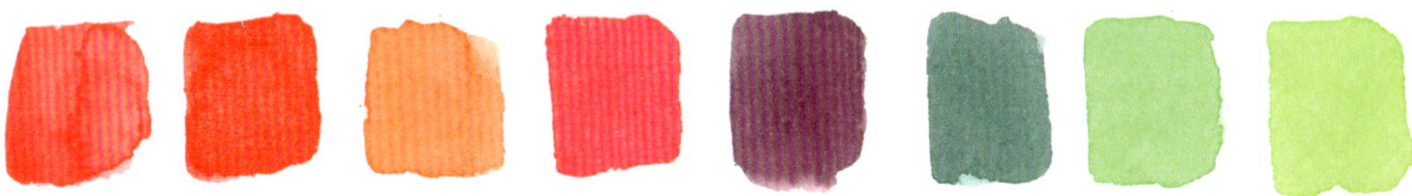

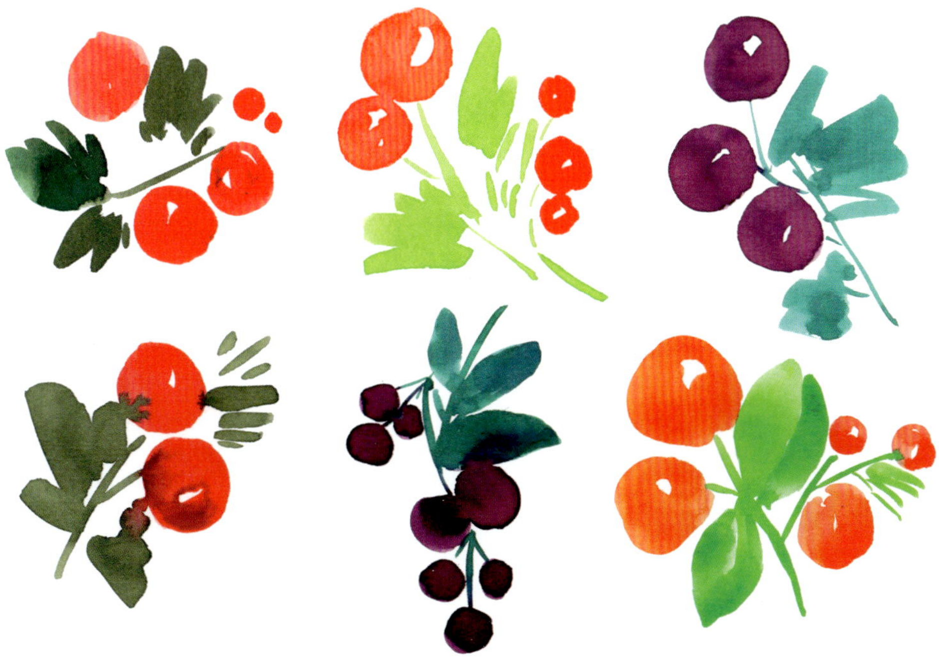

MEINE PALETTE

Dies ist die Liste aller Aquarellfarben, die ich für die Projekte in diesem Buch verwendet habe. Meine Bilder sind in der Regel sehr farbenfroh, weil ich selten eine Farbe allein verwende; ich ziehe es vor, Farben zu mischen, um einzigartige Schattierungen zu schaffen. Dadurch wird meine Palette zwar etwas unordentlich, aber auch interessanter.

Ich habe mit meiner gesamten Aquarellpalette ein „Konfetti"-Muster gemalt, um die Vielfalt an Tönen zu erkunden, die man damit erreichen kann. Probiere das selbst einmal mit den Farben, die du hast, aus. Finde heraus, wie viele Kombinationen dir mit nur wenigen Farben gelingen: Denke dabei auch daran, mit der Transparenz zu spielen, indem du mit dem Pinsel mehr Wasser oder weniger aufnimmst.

Winsorgelb, Grüngold, Intensivgrün, Olivgrün, Phthalogrün

Cyan, Phthalotürkis, Preußischblau, Indigo, Paynesgrau

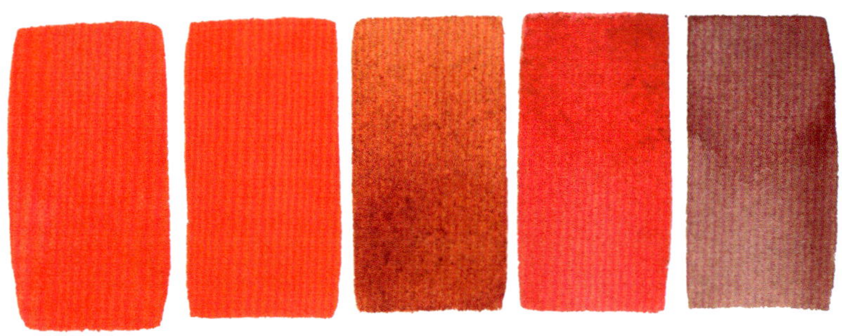

Kadmiumrot, Zinnoberrot, Siena gebrannt, Karminrot, Indischrot

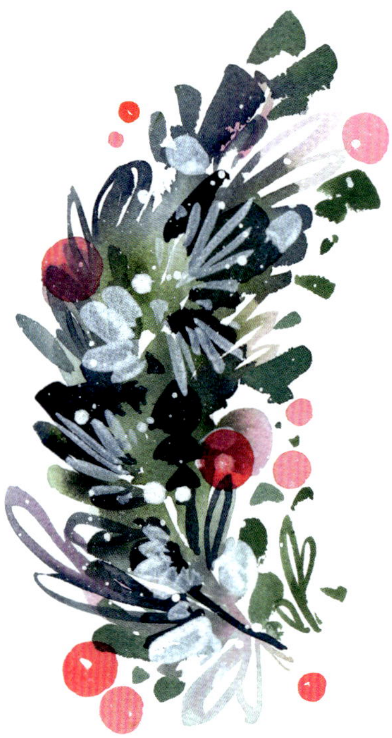

Für alle Bilder in diesem Buch habe ich aus meiner Palette gemischte Farben verwendet.

Wenn du Aquarelltinte hast, gib einen Tropfen zu deiner Palette. Du wirst sehen, dass die Farben leuchtender werden.

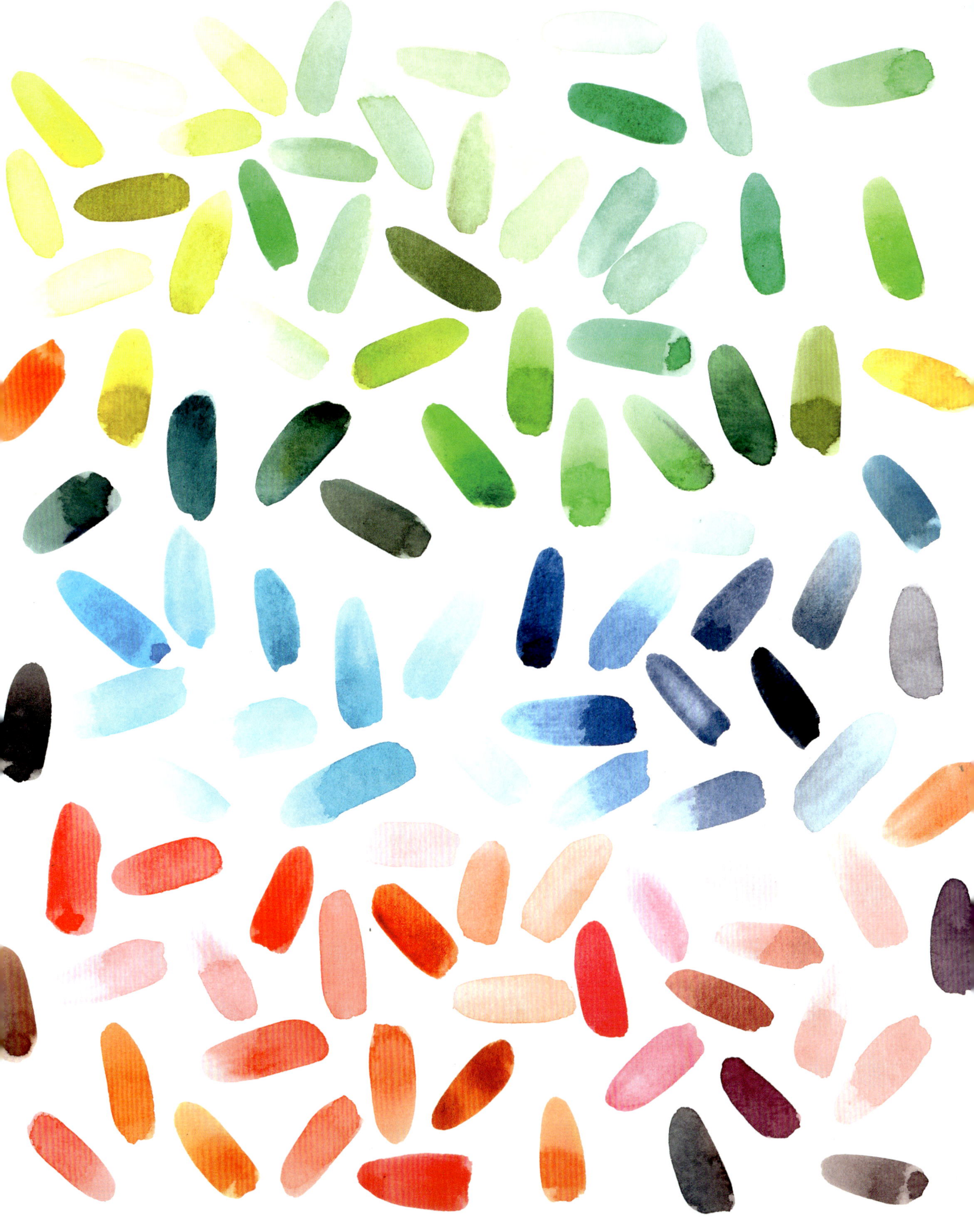

Grundlagen und mehr

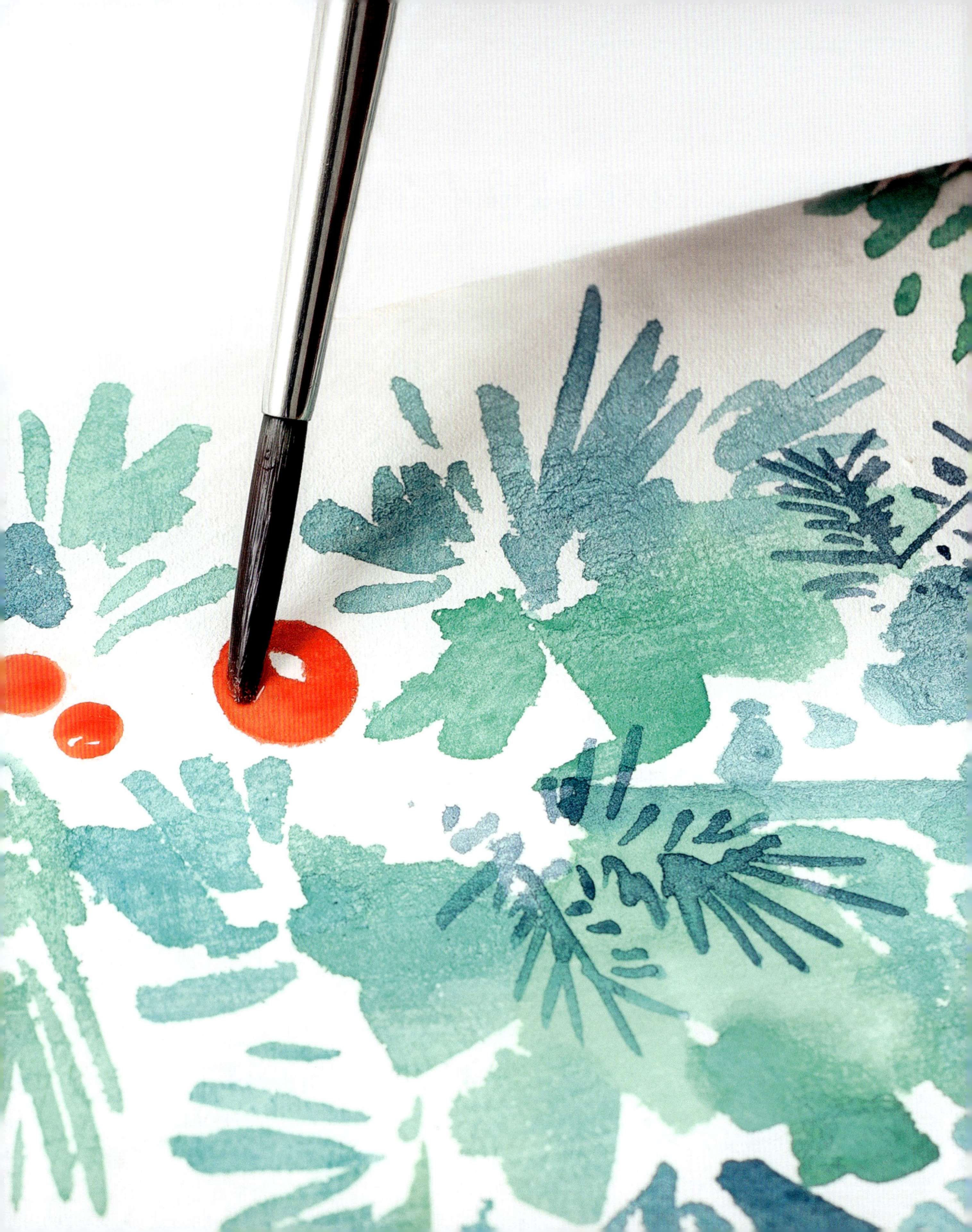

Lavuren und Texturen

Die Aquarellmalerei ist zweifellos ein anspruchsvolles Medium, aber wie so oft macht Übung den Meister. In diesem und dem folgenden Kapitel („Linien und Formen") zeige ich dir verschiedene Techniken, die dir helfen werden, mit mehr Selbstvertrauen an das Aquarell heranzugehen. Nimm dir so viel Zeit, wie du brauchst. Außerdem ist es eine gute Idee, Papier in Studienqualität zu verwenden, bis du dich sicherer fühlst. Viel Spaß beim Malen!

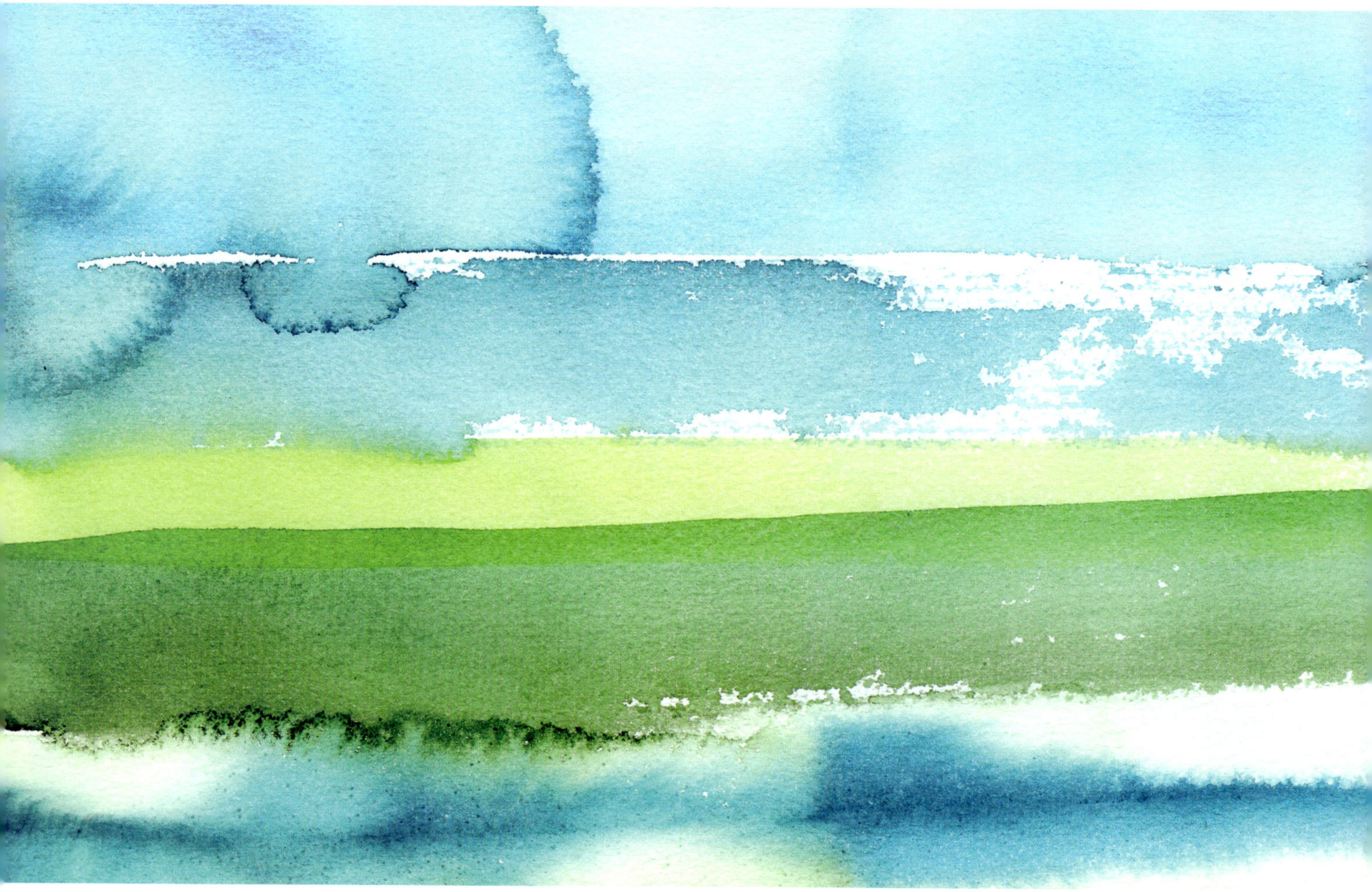

AQUARELL-LAVUREN

Damit Aquarellfarben funktionieren, müssen wir das Gleichgewicht zwischen Wasser und Pigmenten verstehen. Ich habe festgestellt, dass eine der besten Möglichkeiten dafür ist, mit Aquarellfarben alle möglichen Lavuren anzulegen. Eine Lavur bedeutet, dass eine große Fläche mit verdünnter Farbe bedeckt wird. Der Farbauftrag ist halbtransparent, was relativ einfach zu erreichen ist, da Aquarellfarbe von Natur aus durchscheinend ist. Lavuren können als Hintergrund dienen oder als Basis für einen Effekt, wie wir ihn hier ausprobieren werden.

NASS IN NASS

Wenn wir die Nass-auf-Nass-Technik anwenden, bedeutet das einfach, dass wir auf nasses Papier malen.

1 Feuchte dein Papier mit dem Pinsel oder einem Schwamm an. Tauche deinen Pinsel in die Farbe und trage sie auf das Papier auf. Beobachte, wie sich die Pigmente im Wasser auflösen und eine schöne gleichmäßige Oberfläche entsteht.

Einfarbige Nass-in-Nass-Lavur

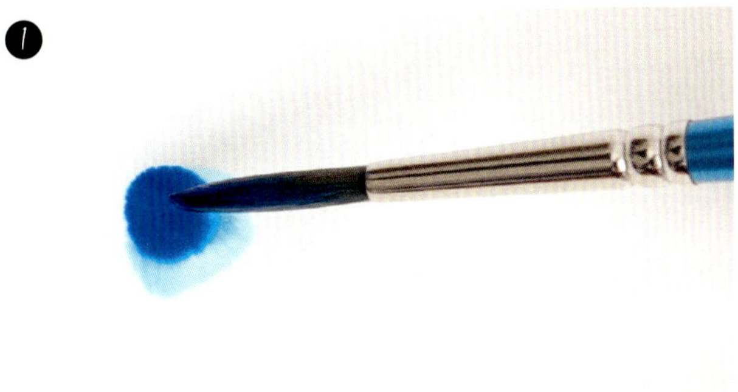

GLEICHMÄSSIGE NASS-IN-NASS-LAVUR

Wenn du über die gesamte Fläche hinweg Farbe aufträgst, erhältst du eine gleichmäßige, flächige Lavur.

1 Feuchte dein Papier mit dem Pinsel oder einem Schwamm an. Streiche die Pigmente von einer Seite zur anderen und nimm mit dem Pinsel immer wieder Farbe auf, um eine gleichmäßige Farbigkeit zu erzielen.

Das Papier hat den richtigen Feuchtigkeitsgrad für die Nass-in-Nass-Technik, wenn die Oberfläche glänzt, wenn du sie von der Seite gegen das Licht betrachtest.

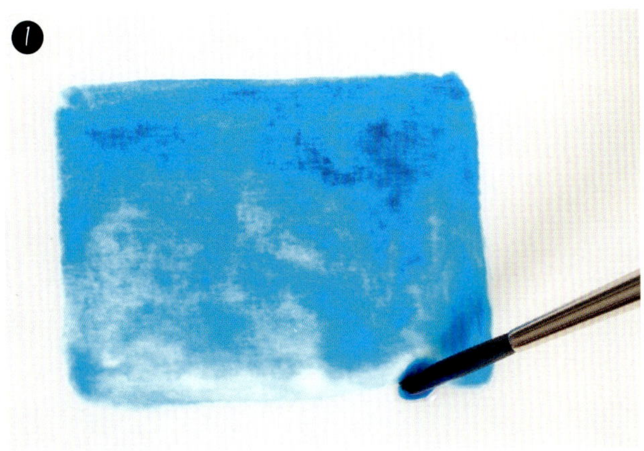

NASS-IN-NASS-VERLAUFSLAVUR

Bei einer Verlaufslavur wird die Farbe zunehmend bis zu ihrem hellsten Wert verdünnt.

1 Feuchte dein Papier mit dem Pinsel oder einem Schwamm an. Verstreiche dann die Pigmente einfach horizontal, ohne mit dem Pinsel erneut Farbe aufzunehmen.

2 Wenn du viel Farbe in deinem Pinsel hast, musst du ihn vielleicht in sauberes Wasser tauchen und den Überschuss mit einem Papiertuch abtupfen. Da das Papier nass ist, ist es nicht nötig, noch mehr Wasser hinzuzufügen. Denke daran, dass wir nur die Pigmente bewegen, die bereits auf dem Papier sind.

Nass-in-Nass-Verlaufslavur

1

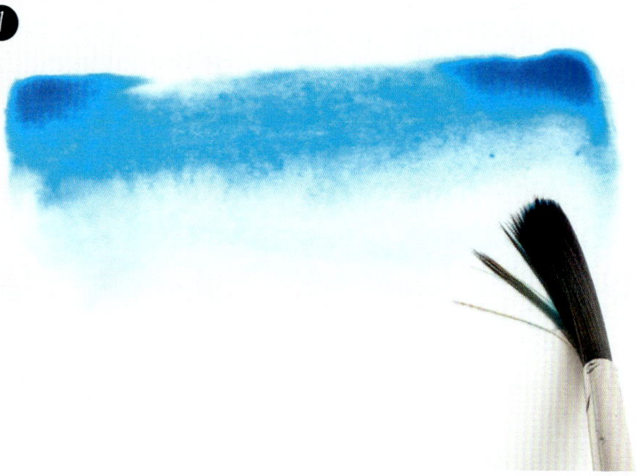

2

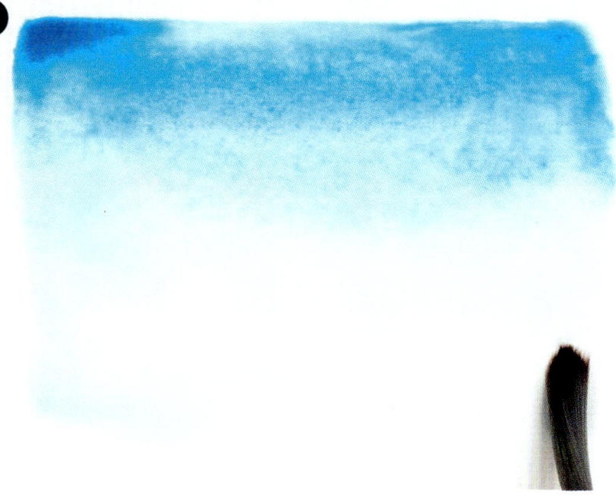

Wassertropfen an den Papierrändern bedeuten, dass das Papier zu nass ist. Dadurch entsteht ein anderer Effekt. Um einen gleichmäßigen Verlauf zu erhalten, nimm das überschüssige Wasser mit der Spitze eines sauberen, trockenen Pinsels auf.

NASS IN SUPER-NASS

Ich habe das Nass-in-Super-Nass-Konzept entwickelt, um meinen Schülern zu zeigen, wie einige der Effekte in meinen charakteristischen Blumenbildern entstehen. Hier ist viel mehr Wasser auf dem Papier als bei der traditionellen Nass-in-Nass-Technik.

1 Trage viel Wasser auf dein Papier auf, bis du eine kleine Lache auf der Oberfläche sehen kannst. Tauche deinen Pinsel in die Farbe und berühre dann das Papier nur mit der Pinselspitze. Du wirst sehen, wie sich die Pigmente ausdehnen.

2 Der Effekt hängt von der Menge des verwendeten Pigments ab.

Nass-in-Super-Nass-Technik

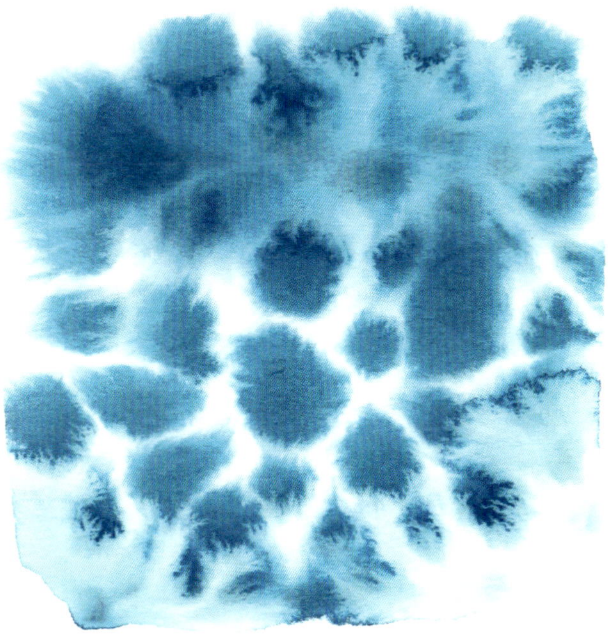

1

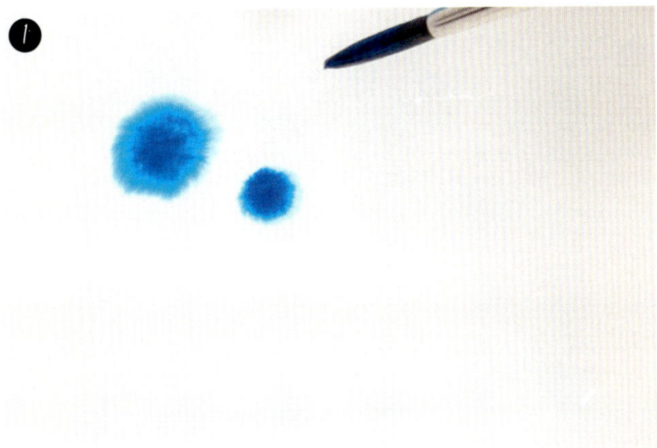

2

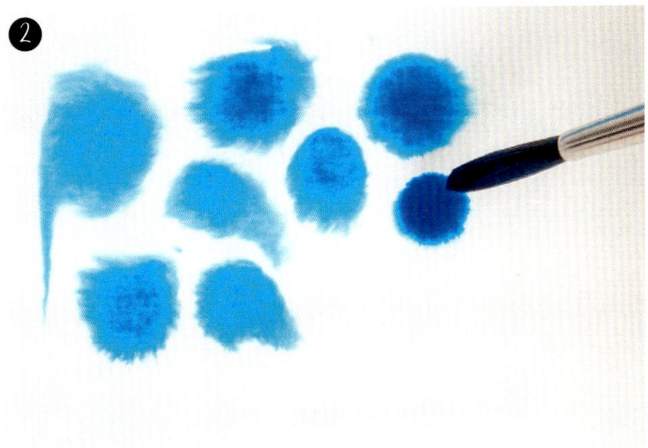

Die Menge des verwendeten Wassers spielt eine wichtige Rolle, wie man beim Vergleich zwischen der Nass-in-Super-Nass-Technik und der Nass-in-Feucht-Technik sehen kann (siehe nächste Seite).

NASS IN FEUCHT

Feuchte dein Papier auf die gleiche Weise an wie bei der Nass-in-Super-Nass-Technik, aber lasse das Papier eine Weile liegen, damit das Wasser in das Papier einziehen kann.

1 Wenn die Oberfläche des Papiers nur noch feucht ist, beginne, mit der Pinselspitze Farbpunkte darauf zu setzen.

2 Der Effekt ist viel gleichmäßiger als bei der Nass-in-Super-Nass-Technik. In den Bereichen, wo das Papier vollständig getrocknet ist, wird kein Effekt erzielt.

Nass-in-Feucht-Technik

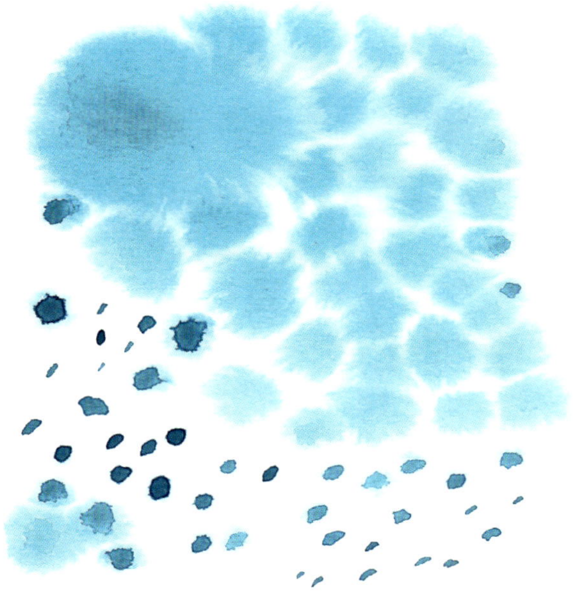

1

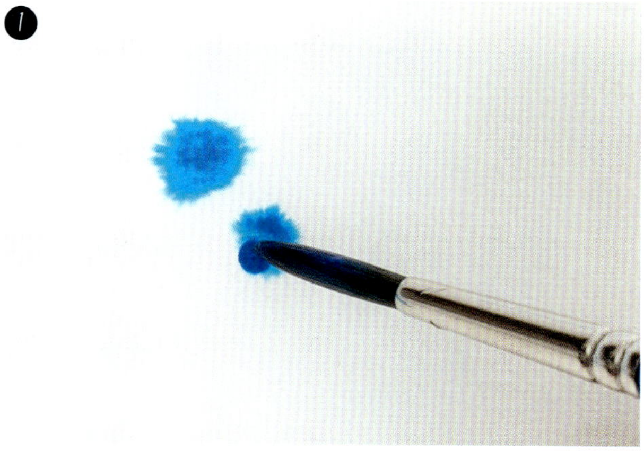

2

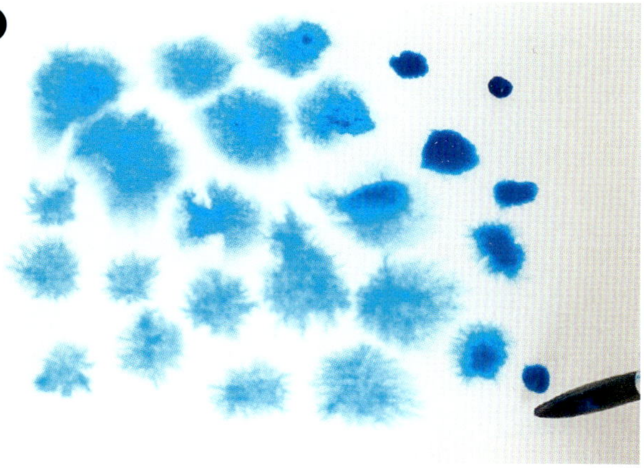

Es ist ganz normal, dass einige Bereiche vollständig trocknen, während andere feucht bleiben. Mit dieser Übung kannst du durch Beobachtung lernen, wie sich der Feuchtigkeitsgrad auf den Verlauf der Pigmente auswirkt.

TROCKEN AUF TROCKEN

Trocken-auf-Trocken-Technik bedeutet ganz einfach, dass auf trockenem Papier gemalt wird.

1 Es ist möglich, mit dem Minimum an Wasser, das notwendig ist, um die Farbe anzulösen, eine Lavur anzulegen. Beachte hier aber, dass die Menge des verwendeten Pigments die Spuren, die auf dem Papier entstehen, beeinflusst.

2 Wenn wir nur ein Minimum an Aquarellfarbe verwenden, geht dem Pinsel irgendwann die Farbe aus.

3 Experimentiere mit deinem Pinsel und versuche, mit dieser Technik zufällige Formen zu malen.

1

2

3

SUPER-TROCKEN AUF TROCKEN

Je trockener der Pinsel ist, desto mehr Textur entsteht. Das kann man gut bei der von mir so genannten Super-Trocken-auf-Trocken-Technik sehen.

1 Ohne Wasser geht dem Pinsel schnell die Farbe aus, und die Pinselspuren sind deutlicher zu sehen.

2 Ich verwende diese Technik gern auf Papier mit viel Textur. So lassen sich sehr interessante Effekte erzielen.

3 Versuche, ein paar schnelle Pinselstriche zu malen. So bekommst du neue Ideen für zukünftige Projekte.

1

2

3

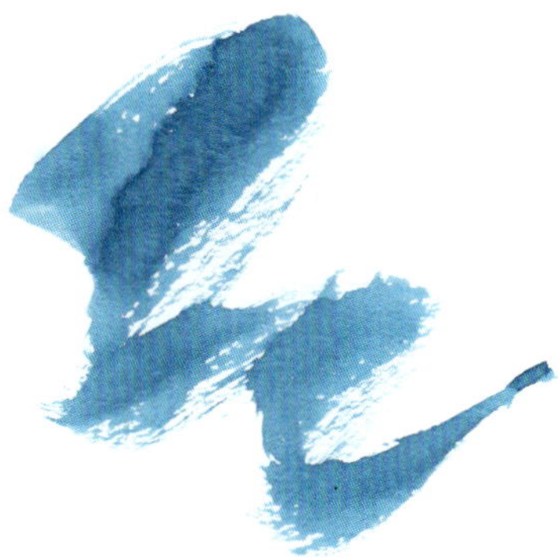

VERLAUF VERSUS SCHICHTEN

Wenn man Farben ineinander verlaufen lässt, vermischen sie sich so, dass man nicht erkennen kann, wo die eine endet und die andere beginnt. Farben verlaufen ganz von selbst ineinander, wenn sich zwei Pinselstriche in unterschiedlichen Farben leicht berühren. Beim Schichten, also beim Übereinanderlegen von Farben, machen wir uns eine der wichtigsten Eigenschaften von Aquarellfarbe zunutze, nämlich ihre Transparenz. Aber um diesen Effekt zu erzielen, muss die erste Schicht getrocknet sein, bevor die nächste aufgetragen wird. Ist sie noch nicht trocken, werden eher Verläufe auftreten.

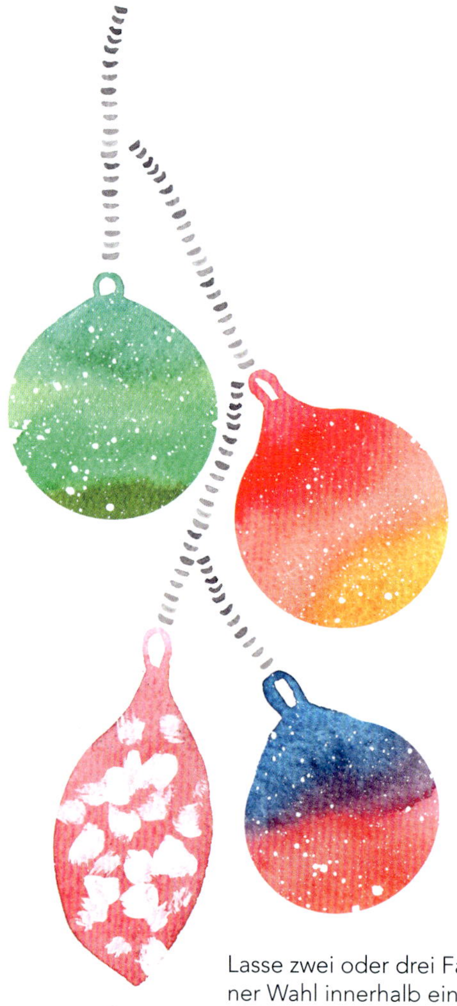

Lasse zwei oder drei Farben deiner Wahl innerhalb eines Kreises ineinanderlaufen und gestalte so ganz einfach Weihnachtskugeln. Probiere für anderen Baumschmuck verschiedene Formen aus.

Verlauf: Hier ist schnelles Arbeiten entscheidend. Beide Farben müssen nass genug sein, um gut ineinander verlaufen zu können.

Schichten: Denke daran, dass deine Aquarellfarben umso durchsichtiger werden, je mehr Wasser du hinzugibst.

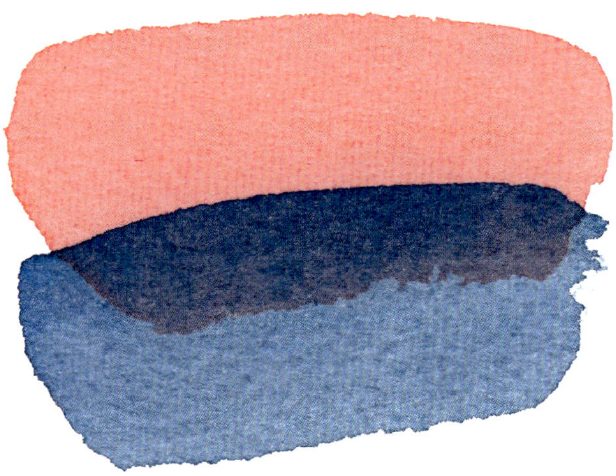

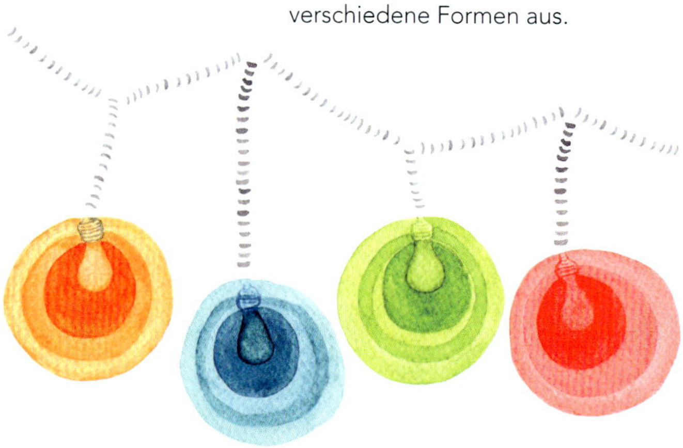

Wenn du nur eine Farbe in Schichten übereinanderlegst, siehst du, wie sich ihr Tonwert verstärkt. Mit dieser Technik kannst du die Anmutung von Licht bei einer Lichterkette, einer Kerze oder einem Himmelskörper erzeugen.

IDEEN FÜR FARBVERLÄUFE

Hier sind einige erste Möglichkeiten, die zeigen, wie du in deinen Bildern Farbverläufe einsetzen kannst.

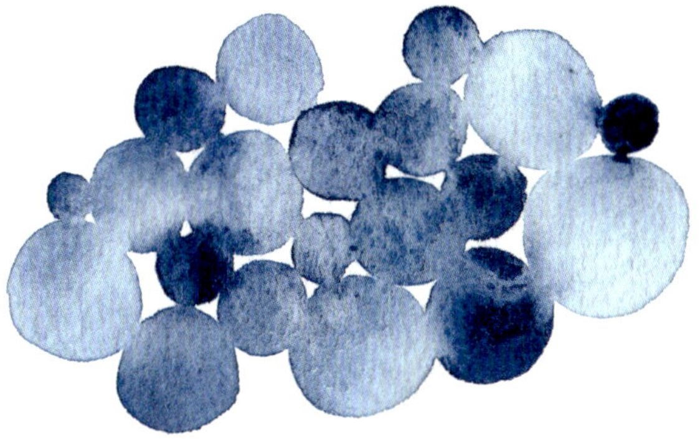

EINE FARBE IN VERSCHIEDENEN TONWERTEN VERWENDEN

Male Kreise mit unterschiedlichen Größen und Tonwerten. Lasse sie einander berühren, während sie noch feucht sind, und beobachte, wie die Farbe verläuft. Wenn du nur eine Farbe verwendest, wie hier, übst du den Einsatz der verschiedenen Tonwerte einer Farbe. Eine detaillierte Anleitung findest du in der Übung „Verlaufende Kreise" im Kapitel „Linien und Formen".

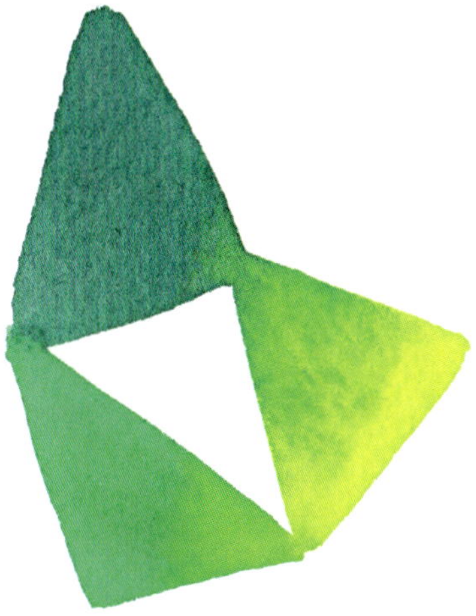

AN DER SPITZE VERBUNDENE DREIECKE MALEN

Male eine Gruppe von Dreiecken in verschiedenen Farben, sodass die Spitzen sich berühren. Beobachte, wie durch das Verlaufen neue Farben entstehen. Diese Technik wird angewendet in „DIY-Projekte: Geschenk-Boxen".

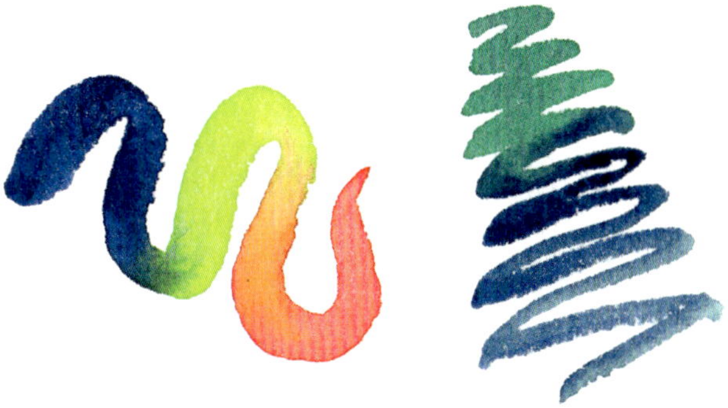

IN DER MITTE EINER LINIE DIE FARBE IM PINSEL ÄNDERN

Beginne, eine Linie mit einer Farbe zu malen. Tauche den Pinsel in eine andere Farbe und setze die Linie fort, während die Farbe noch nass ist. Du kannst mit deinem Pinsel eine andere Farbe aufnehmen so oft du möchtest. Weitere Ideen findest du unter „Linien und Formen: Mit Linien Pflanzenformen malen".

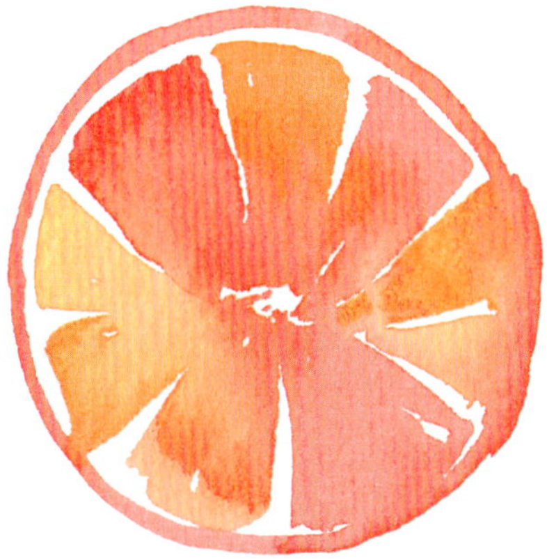

Lasse deiner Fantasie freien Lauf und spiele mit der Position der Dreiecke. Ich habe eine Orange gemalt, indem alle meine Dreiecke in die Mitte eines Kreises zeigen.

EINFACHE FORMEN GESTALTEN

Das Anlegen von Lavuren macht viel Spaß, aber irgendwann wollen wir das, was wir über das Gleichgewicht von Wasser und Pigment und das Verlaufen von Farben gelernt haben, nutzen, um Formen zu gestalten, zum Beispiel, wenn wir eine Karte mit Weihnachtsbäumen malen wollen. Davon inspiriert habe ich drei Weihnachtsbäume gemalt, alle im gleichen Stil und in der gleichen Form, aber jeweils mit einer anderen Technik des Farbauftrags.

Weihnachtsbaum
nass in nass

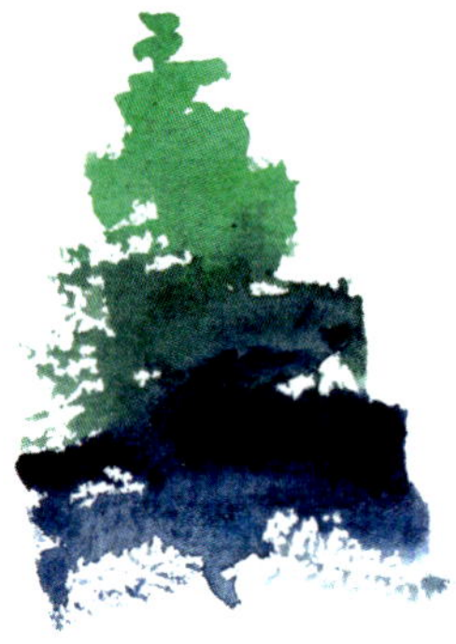

Weihnachtsbaum
trocken auf trocken

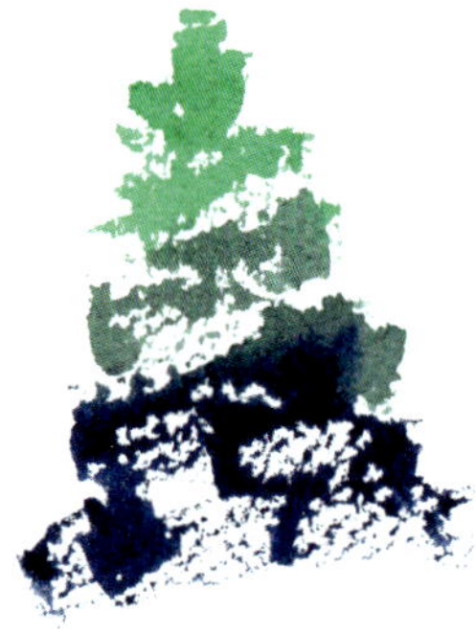

Weihnachtsbaum
super-trocken auf trocken

WEIHNACHTSBAUM NASS IN NASS

1 Feuchte dein Papier an, indem du mit einem nassen Pinsel die Form deines Baumes malst. (Dies kannst du mit sauberem Wasser machen, aber wenn du einen Hauch hellgrüne Farbe hinzufügst, ist einfacher zu erkennen, was passiert).

2 Beginne nun, von der Spitze deines Baumes aus Aquarellfarbe aufzutragen und bewege dabei das Pigment ganz leicht hin und her.

3 Ändere die Farbe, wann du möchtest: Da die Form nass ist, musst du die Pigmente nicht viel bewegen. Das Wasser wird dafür sorgen, dass sie ineinander verlaufen.

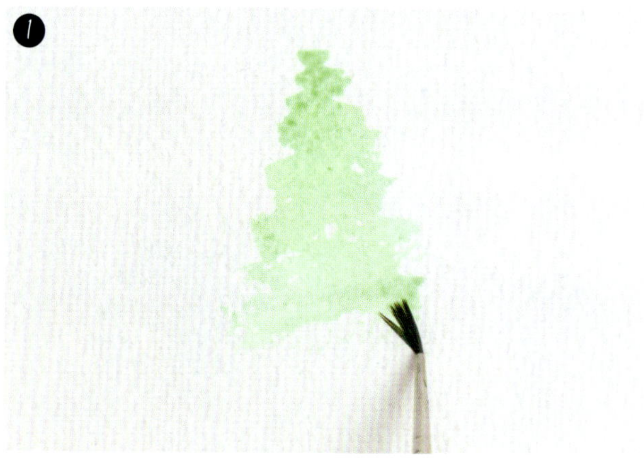

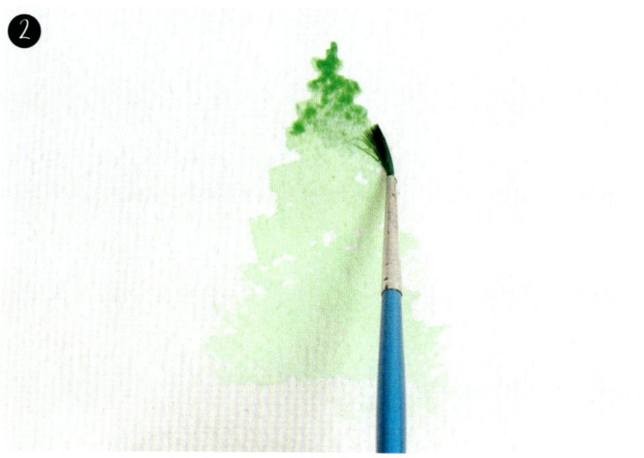

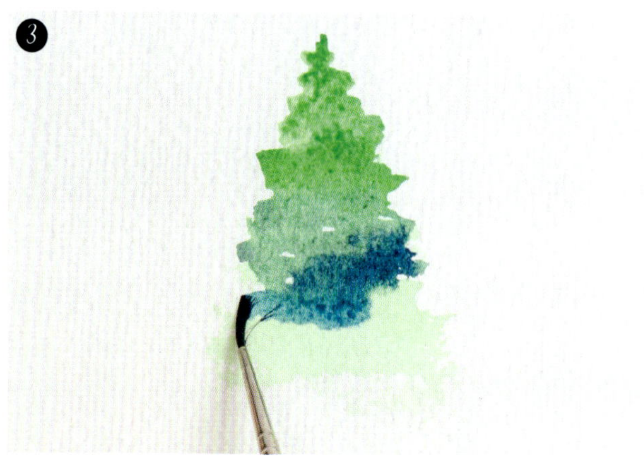

WEIHNACHTSBAUM TROCKEN AUF TROCKEN

1 Tauche deinen Pinsel in deine Aquarellfarbe und beginne, deinen Baum direkt auf das (trockene) Papier zu malen. Arbeite dabei von oben nach unten.

2 Auf halbem Weg nach unten nimm eine andere Farbe auf. Achte darauf, dass sich die Farben berühren. Auch wenn das Papier trocken ist, können die Farben doch etwas ineinander verlaufen, wenn genügend Wasser vorhanden ist.

Die Textur, die mit super-trocken auf trocken erzielt wird, wirkt besonders gut auf kaltgepresstem Papier.

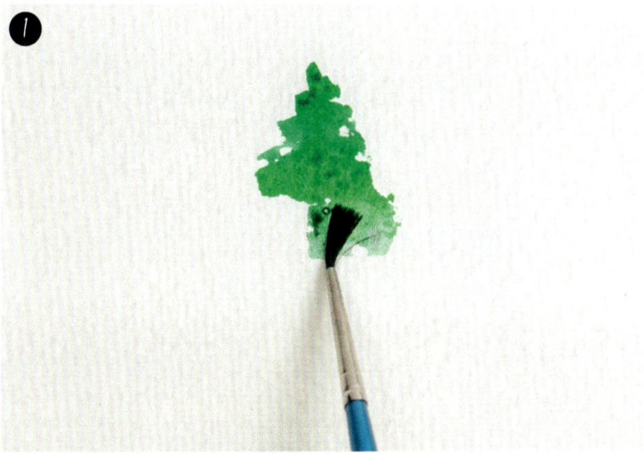

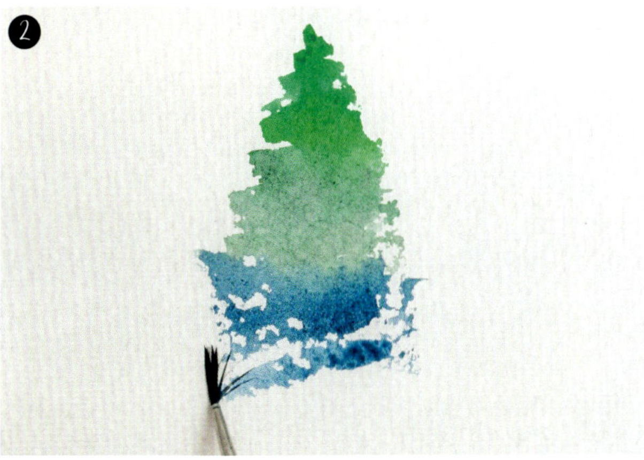

WEIHNACHTSBAUM SUPER-TROCKEN AUF TROCKEN

1 Nimm mit deinem Pinsel viel weniger Wasserfarbe auf und beginne, die Form des Baumes von oben nach unten zu malen. Nimm auf halbem Weg nach unten wieder eine andere Farbe auf.

2 Wenn der Pinsel viel trockener ist, wirst du feststellen, dass sehr viel mehr Textur entsteht.

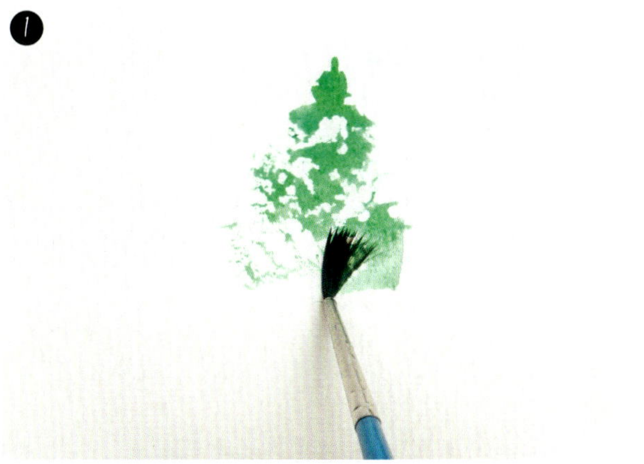

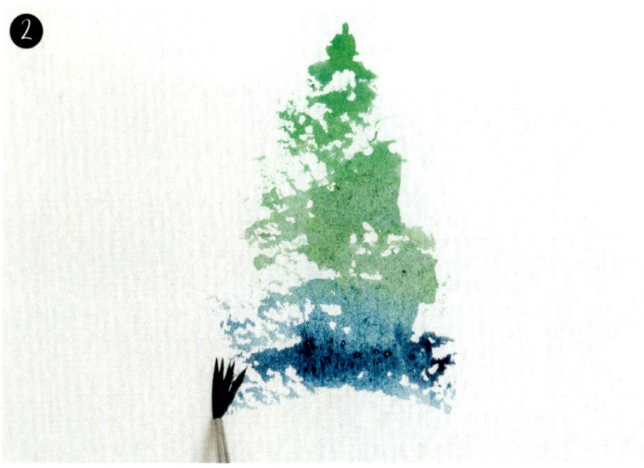

Linien und Formen

Nachdem wir nun alles über Lavuren und Texturen wissen, ist es an der Zeit, das Malen von Formen und Linien zu erkunden. Der Schlüssel dazu ist die richtige Auswahl und Verwendung deiner Pinsel. Packe deine Pinsel aus und analysiere ihre Formen. Beginne dann, ihre einzigartigen Eigenschaften zu erforschen, denn mit jedem Pinsel wirst du unterschiedliche Ergebnisse erzielen. Ich werde dir einige einfache Aktivitäten zeigen, die dir helfen werden zu verstehen, welche Bedeutung deine Pinsel für die Entwicklung deines eigenen Stils haben. Denke daran, dass es viele Möglichkeiten gibt, schöne Bilder zu malen – lass sie uns entdecken!

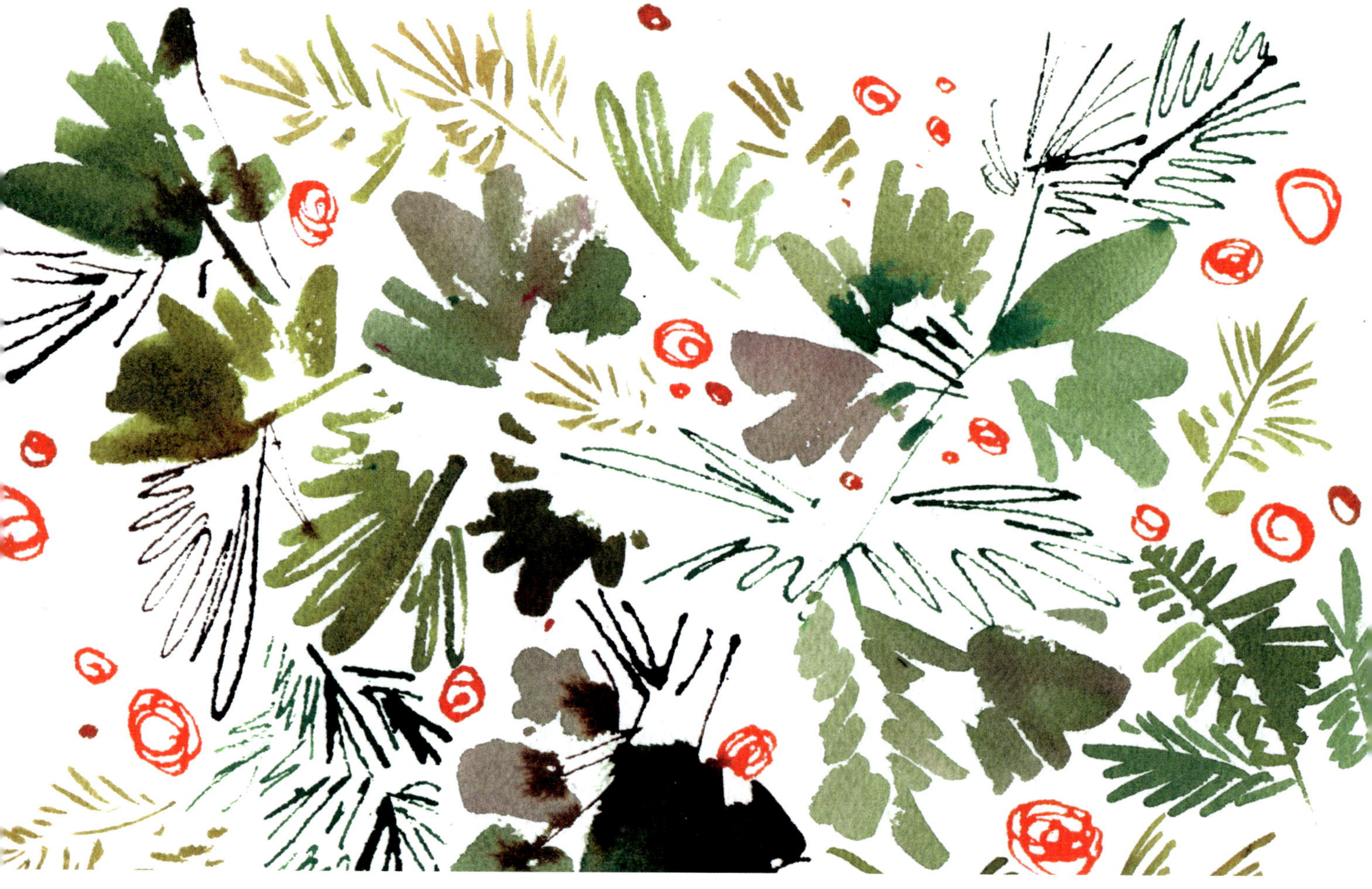

LINIEN MALEN

Als Erstes solltest du ausprobieren, was du mit deinen Pinseln machen kannst. Du wirst feststellen, dass es Pinselspitzen in verschiedenen Formen und Größen gibt: Manche sind rund, manche spitz, manche eckig. Diese Unterschiede bedeuten, dass die Striche dieser Pinsel natürlich unterschiedliche Formen ergeben werden.

Experimentiere mit jedem Pinseltyp, indem du Linien malst und dabei unterschiedlich viel Druck ausübst. Achte auch darauf, die gesamte Länge der Pinselspitze zu nutzen. Verändere beim Bewegen des Pinsels den Druck, den du ausübst. So kannst du herausfinden, wie viel Wasser dein Pinsel aufnehmen kann und wie dick oder dünn seine Linien werden können.

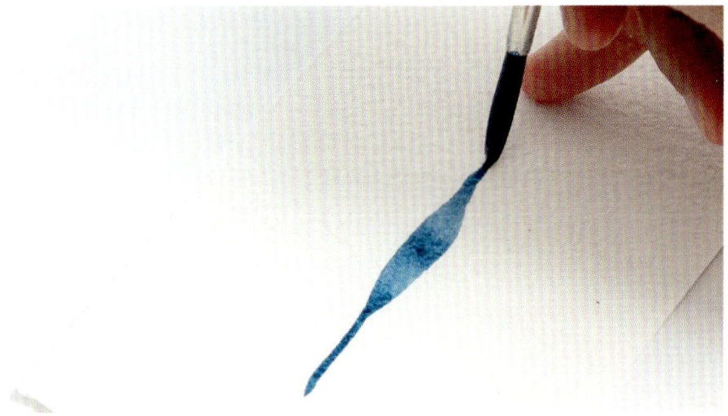

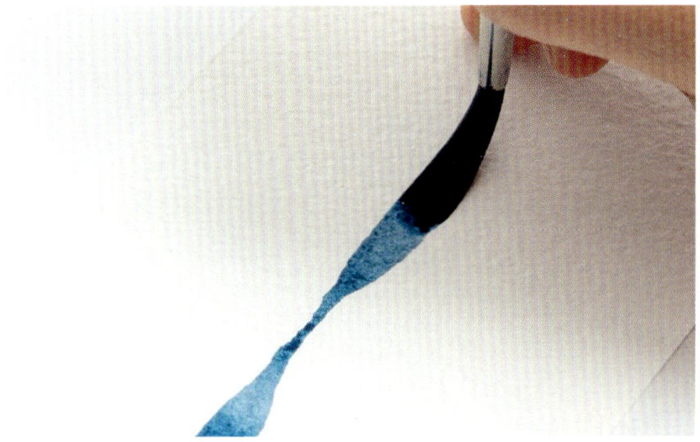

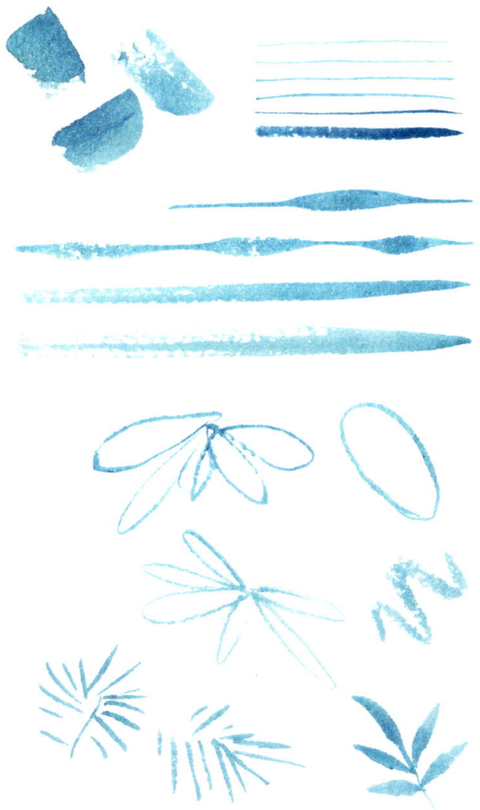

Linien und Formen mit dem Winsor & Newton, Cotman Serie 222 Designer-Pinsel Gr. 0.

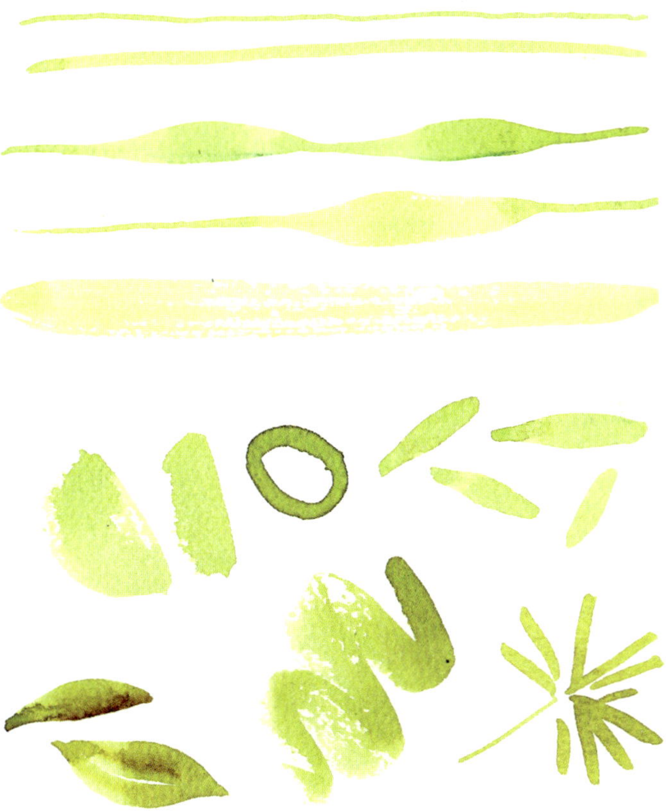

Linien und Formen mit dem Winsor & Newton, Cotman Serie 222 Designer-Pinsel Gr. 6.

MIT LINIEN PFLANZENFORMEN MALEN

Versuche nun, ein paar Pflanzenmotive nur mit Linien zu malen. Nimm mit deinem Pinsel eine andere Farbe auf, um Verläufe zu erzielen. Denke auch daran, den Druck, den du auf den Pinsel ausübst, zu variieren.

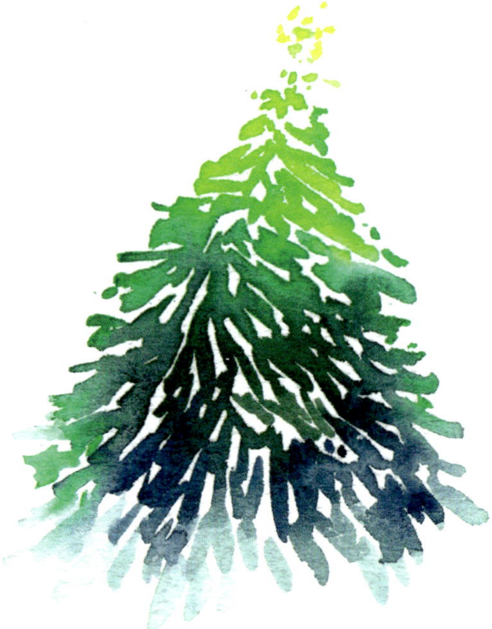

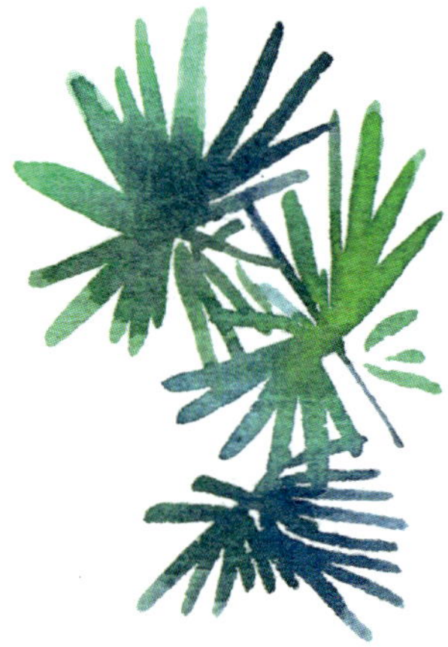

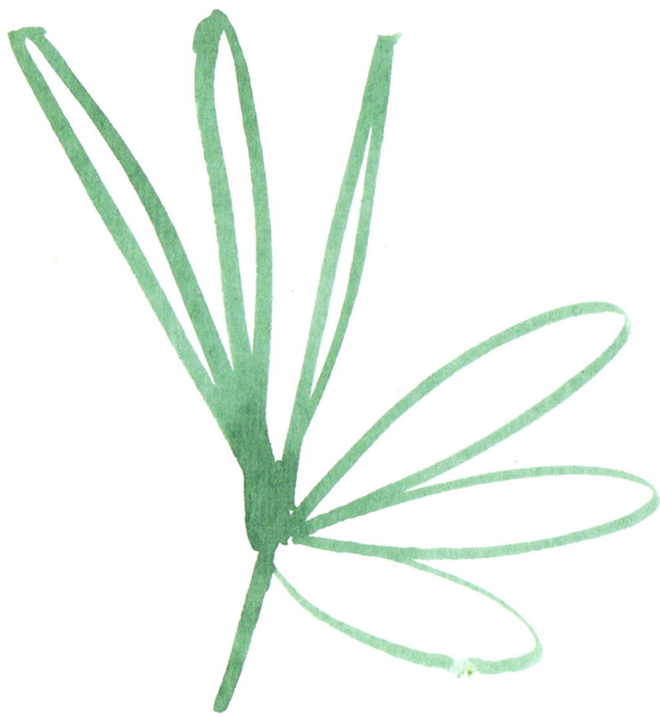

Pflanzenformen, gemalt mit Winsor & Newton, Cotman Serie 222 Designer-Pinsel Gr. 6.

Mit einem kleinen Pinsel kann man breitere Linien ziehen, indem man viel Druck ausübt, oder sehr feine Linien, indem man nur mit der Spitze malt. Mit vielen Linien kann man komplexere Formen gestalten, wie z. B. einen Tannenbaum oder eine Gruppe von Zweigen.

Es mag sehr offensichtlich klingen, aber denke immer daran: Je größer dein Pinsel, desto breiter die Pinselstriche. Dein Bild wird dynamischer und interessanter, wenn du Pinsel in verschiedenen Größen und Formen verwendest.

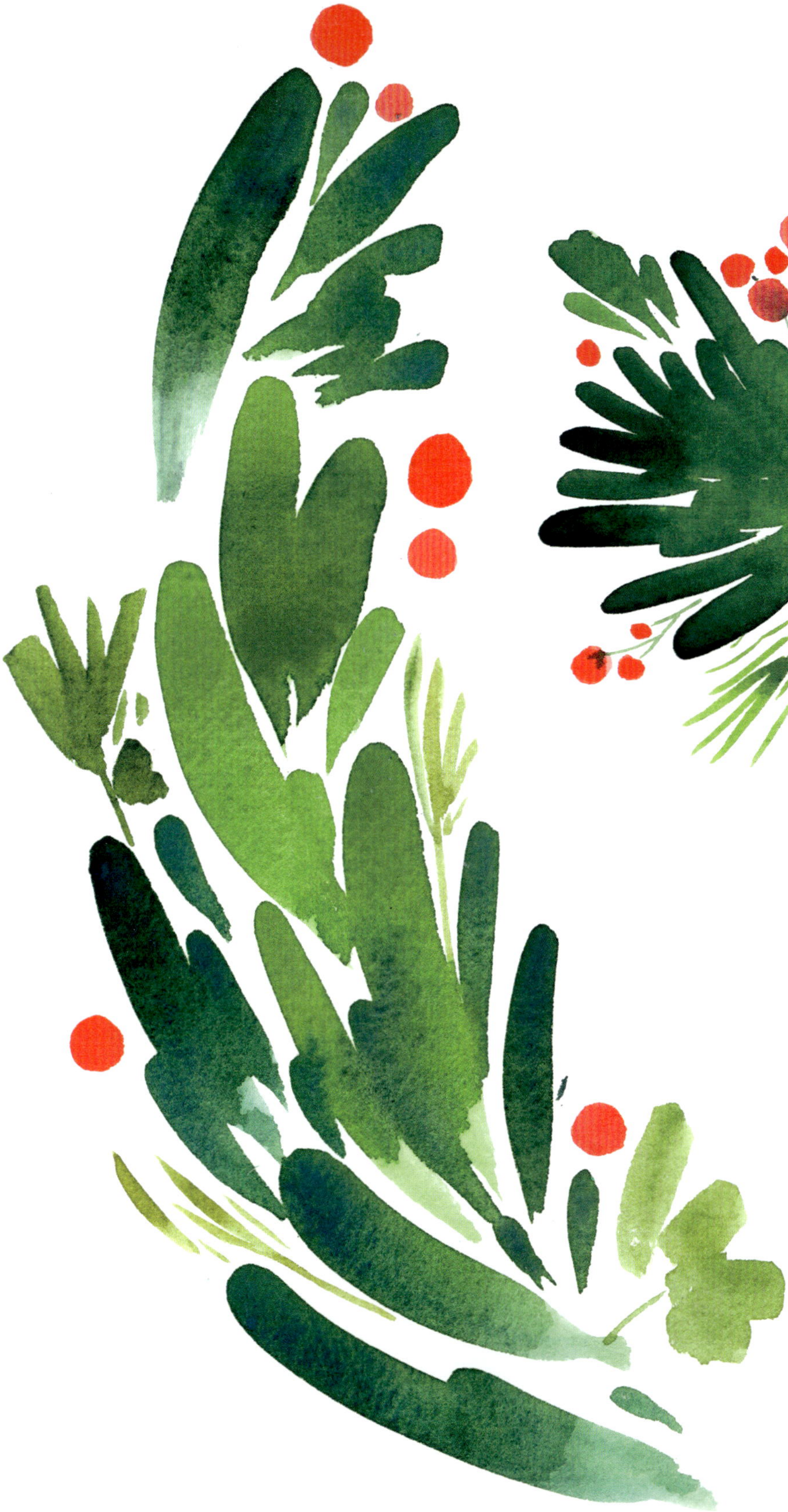

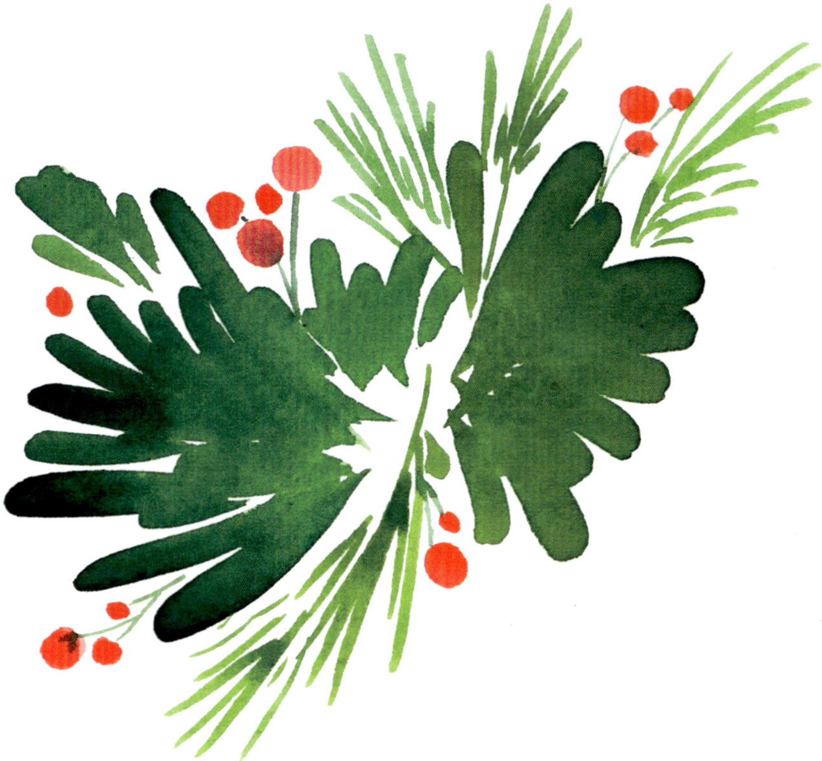

Pflanzenmotive, gemalt mit Winsor & Newton, Cotman Serie 222 Designer-Pinsel Gr. 6 und Daler Rowney, Aquafine Brush, rund, Gr. 12.

Beachte, wie du durch unterschiedlich große Pinsel eine Vielzahl von Blättern malen kannst. Denke auch daran, mit der Richtung der Pinselstriche zu spielen und andere Farben zu verwenden, damit dein Bild lebendiger wirkt.

QUADRATE UND KREISE MALEN

Wenn ich Schüler im Atelier habe, lasse ich sie als erste Aufgabe ein Blatt mit Quadraten füllen. Obwohl der Zweck dieser Übung darin besteht, mit den Tonwerten der verwendeten Farben zu spielen, beobachte ich gerne, wie sie dabei vorgehen, denn die Art und Weise, wie sie ein Quadrat aufbauen, verrät mir viel über ihre Mal-Vorlieben.

Für das Malen eines Quadrats würde ich zunächst den richtigen Pinsel wählen, nämlich einen, dessen Form es leicht macht, das Quadrat direkt auf das Papier zu malen. Idealerweise ist das also ein flacher Pinsel. Viele Menschen zeichnen jedoch lieber die Umrisse des Quadrats vor und füllen es dann mit Aquarellfarbe – ich spreche dann vom „Zeichnen und Ausmalen".

Ganz gleich, ob du Formen lieber direkt malst oder sie erst vorzeichnest und dann ausmalst: In beiden Fällen entstehen sehr ähnliche Quadrate. Wenn es aber um komplexere Formen geht, wirst du je nach deiner Vorgehensweise zu völlig unterschiedlichen Ergebnissen kommen. Es sind Entscheidungen wie diese, die dir helfen, deinen eigenen Malstil zu entwickeln.

Natürlich gibt es hier kein Richtig oder Falsch. Ich zeichne nie vor, weil ich lieber mit dem natürlichen Fluss der Farbe arbeite. Daher ist mein Stil sehr locker und dynamisch. Wenn du mit der Aquarellmalerei erst anfängst, solltest du beide Herangehensweisen ausprobieren, um zu sehen, welche für dich besser funktioniert. Beginne mit einfachen Formen wie Quadraten und Kreisen.

MALEN

Verwende für ein Quadrat einen flachen Pinsel. Mit der geraden Kante kannst du die Aquarellfarbe direkt auf das Papier malen.

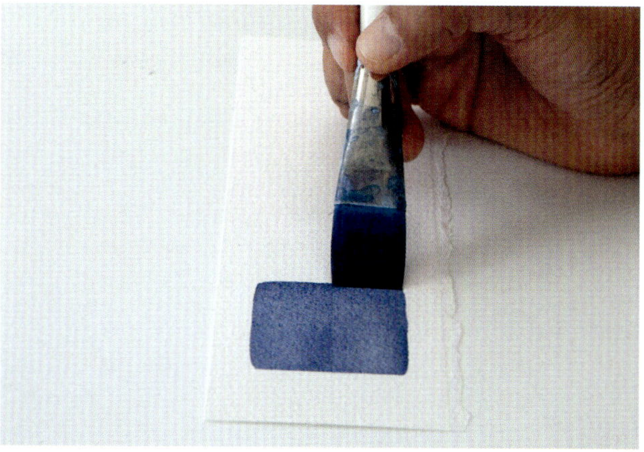

Für einen Kreis eignet sich die Form eines ovalen Pinsels, um die Aquarellfarbe direkt auf das Papier zu malen.

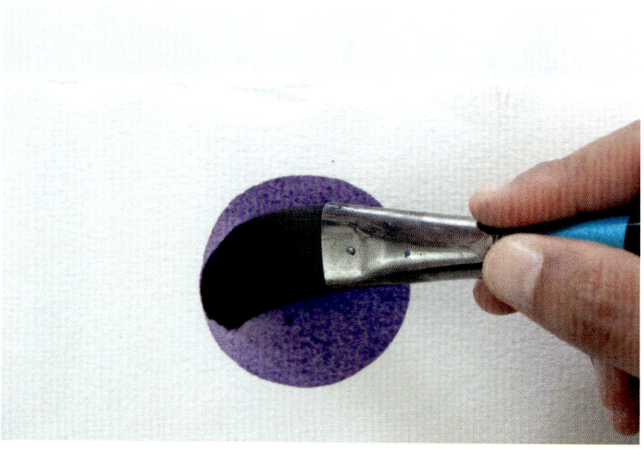

ZEICHNEN UND AUSMALEN

Diese Vorgehensweise gilt für jede Form: Zeichne zuerst den Umriss der Form mit einem Bleistift, dann male die Form mit Aquarellfarbe und deinem Lieblings-Pinsel aus.

Die fertigen Quadrate: gemalt (links) und gezeichnet und ausgemalt (rechts).

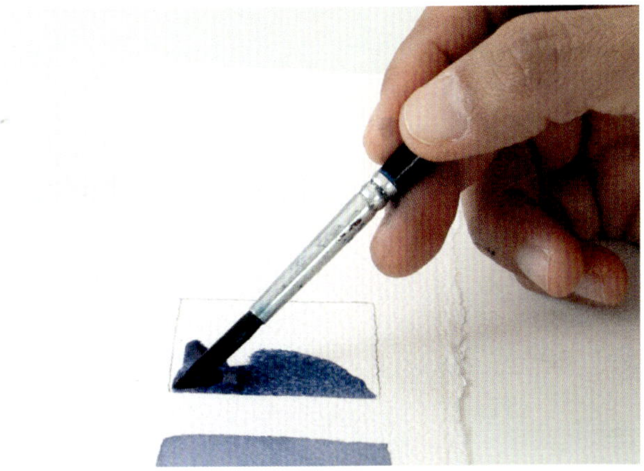

Die fertigen Kreise: gemalt (links) und gezeichnet und ausgemalt (rechts).

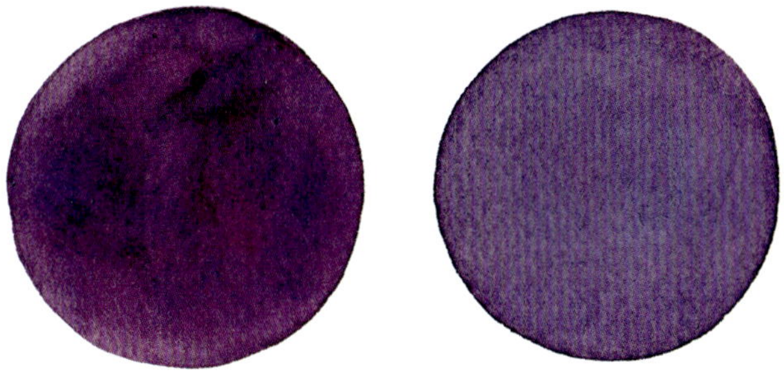

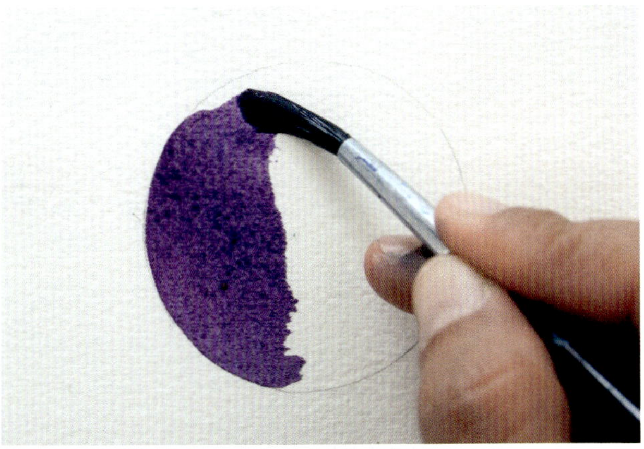

Wenn du die Form zuerst vorzeichnen möchtest, verwende einen HB-Bleistift und übe nur sehr wenig Druck aus, um die Oberfläche des Papiers nicht zu zerkratzen. Alternativ kannst du einen Aquarellstift verwenden.

ÜBUNG: VERLAUFENDE KREISE

Diese Übung soll dir helfen, bei der Gestaltung von Tonwerten und Verläufen das richtige Verhältnis zwischen Wasser und Pigmenten zu finden. Schnelles Arbeiten ist hier wesentlich, denn die Kreise müssen nass genug sein, um ineinander verlaufen zu können.

1 Bereite deine Farben vor. Hier habe ich eine kalte Farbe gewählt – Blau.

2 Beginne damit, dass du einen Kreis mit so viel Wasser malst, dass du Zeit hast, einen zweiten Kreis zu malen, bevor der erste trocknet. Male den zweiten Kreis so, dass er den ersten leicht berührt. Beide Farbaufträge verlaufen ineinander. Lass das Wasser und die Pigmente natürlich fließen und berühre sie nicht noch einmal.

3 Füge nun über das ganze Papier hinweg weitere Kreise hinzu. Dabei sollten sie immer die vorher gemalten berühren. Wie in Schritt 4 beschrieben kannst du dabei mit den Tonwerten experimentieren.

4 Wenn du mehr Wasser zu deiner Farbe hinzugibst, werden die Kreise transparenter; wenn du mehr Pigment hinzufügst, werden die Kreise deckender. Es wirkt interessanter, wenn du Kreise mit verschiedenen Tonwerten nebeneinandersetzt, als wenn du mit nur einem Tonwert malst.

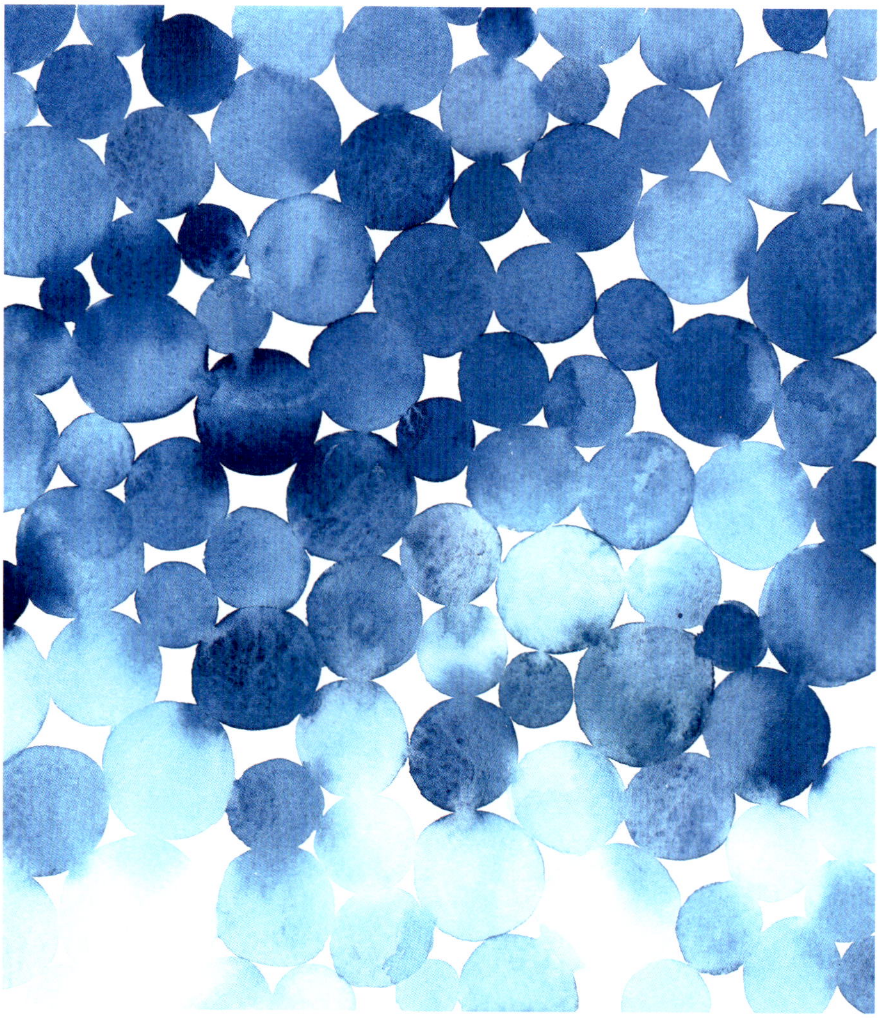

Arbeite schnell oder verwende viel Wasser, damit die Kreise nicht trocknen, bevor sie ineinander verlaufen können.

ÜBUNG: KREISE ÜBEREINANDERLEGEN

Diese Nass-auf-Trocken-Übung macht Spaß und du kannst ganz einfach üben, wie man Farbschichten übereinanderlegt. Hierbei wird die transparente Eigenschaft von Aquarellfarbe ganz besonders deutlich. Anders als bei der Übung „Verlaufende Kreise" müssen wir hier geduldig sein und warten, bis jede Schicht vollständig getrocknet ist.

1 Bereite deine Farben vor. Ich habe hier eine warme Farbpalette mit Rot, Orange und Gelb gewählt.

2 Male verteilt auf deinem Papier mehrere Kreise (siehe Schritt 3), sodass sie sich **nicht** berühren.

3 Male die Kreise in unterschiedlichen Tonwerten, indem du die Menge des verwendeten Wassers und der Pigmente variierst. Je durchsichtiger ein Kreis ist, desto mehr Schichten können darüber gelegt werden.

4 Lasse deine erste Schicht Kreise vollständig trocknen. Dann kannst du weitere Kreise hinzufügen. Wiederhole dabei die Schritte 2 und 3.

5 Du kannst so viele Schichten mit Kreisen hinzufügen, wie du möchtest. Denke immer daran, dass jede neue Schicht trocknen muss, bevor du eine weitere darüber malst.

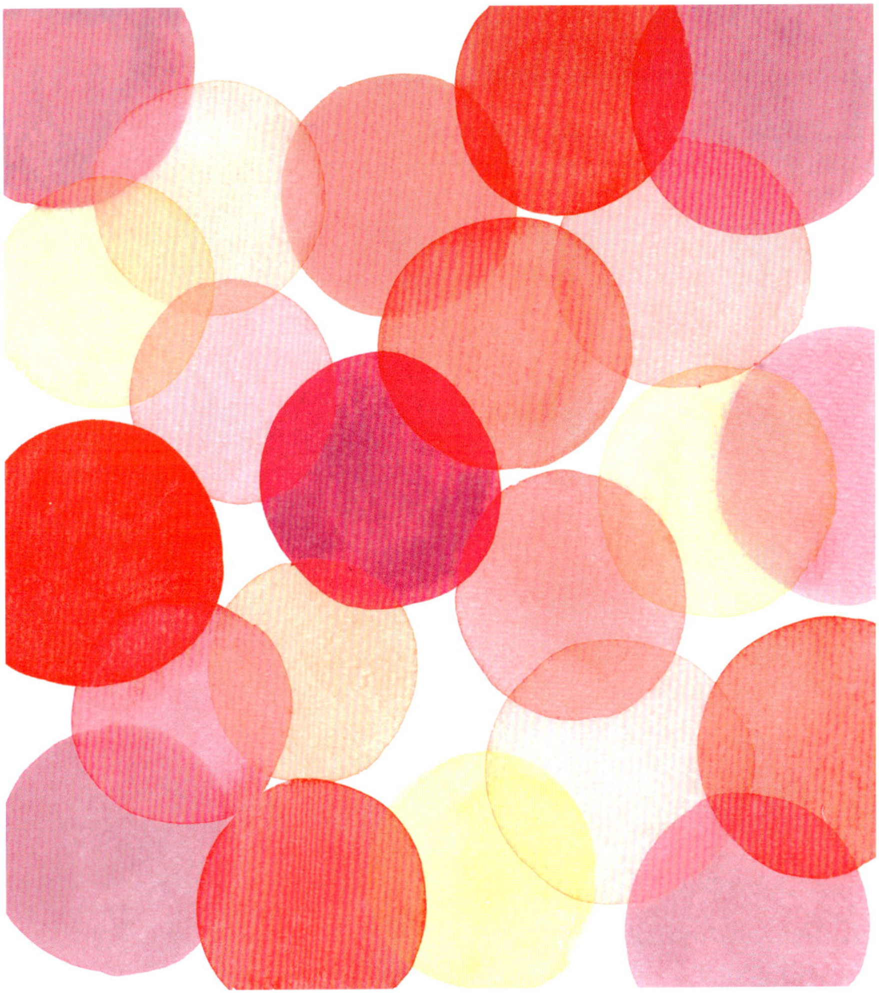

Du kannst den Trocknungsprozess mit einem Föhn beschleunigen. Achte aber darauf, nicht zu nahe an das Papier zu kommen! Lasse das Papier abkühlen, bevor du eine neue Schicht Kreise hinzufügst.

BLÄTTER MALEN

Lass uns nun herausfinden, wie man eine komplexere Form, wie z. B. Blätter, sowohl direkt auf das Papier als auch mit der Zeichnen-und-Ausmalen-Methode malen kann. Blätter kannst du mit jedem Pinsel malen, aber je nach ausgewähltem Pinsel wirst du sehr unterschiedliche Ergebnisse erzielen. Wir malen ein sehr einfaches Blatt und konzentrieren uns nur auf die Silhouette. Dafür verwenden wir einen Rundpinsel. Bereite zunächst deine Farben vor – Grün- und Blautöne passen sehr gut zusammen.

MALEN

1 Beginne, indem du mit der Pinselspitze eine feine Linie an der Blattspitze ziehst. Erhöhe mit der Pinselbewegung den Druck.

2 Um das Blatt fertigzustellen, kehre zur Pinselspitze zurück, um eine feine Linie zu erhalten. Male so viele Blätter dazu, wie du möchtest. Nimm für einen natürlichen Verlauf während des gesamten Prozesses verschiedene Farben mit dem Pinsel auf.

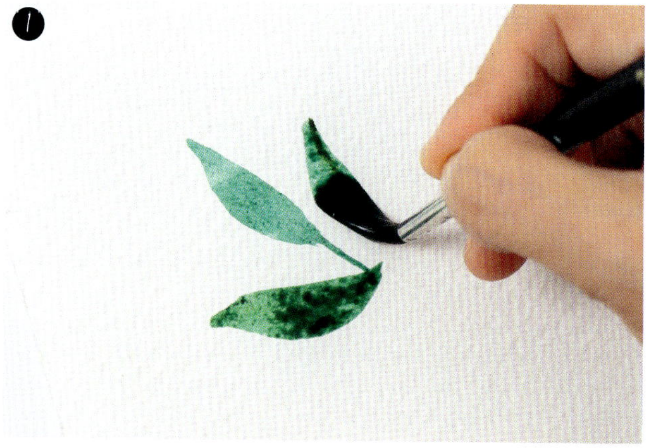

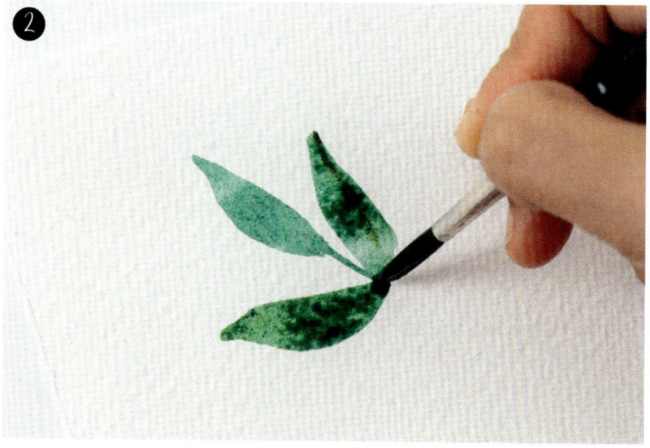

ZEICHNEN UND AUSMALEN

1 Zeichne mit einem Bleistift die Form der Blätter vor, bis du einen ganzen Zweig gezeichnet hast.

2 Male nun die gezeichneten Formen mit Aquarellfarbe aus. Denke daran, beim Malen die Farben zu variieren. Sobald die Farbe vollständig getrocknet ist, radiere alle sichtbaren Bleistiftlinien aus.

Um sich für diese Übung aufzuwärmen, kannst du wieder etwas mit deinen Pinseln experimentieren, wie in „Linien zeichnen".

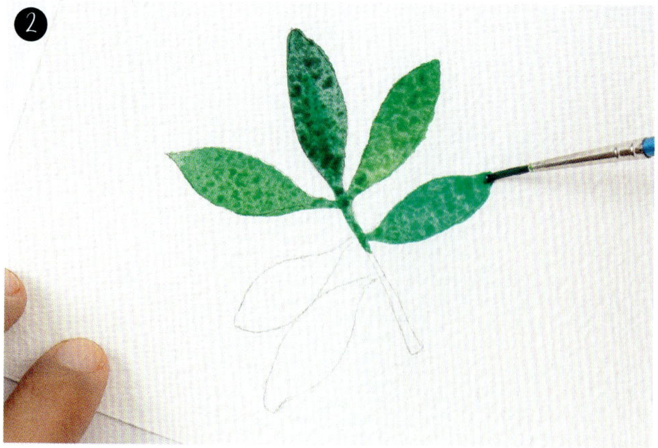

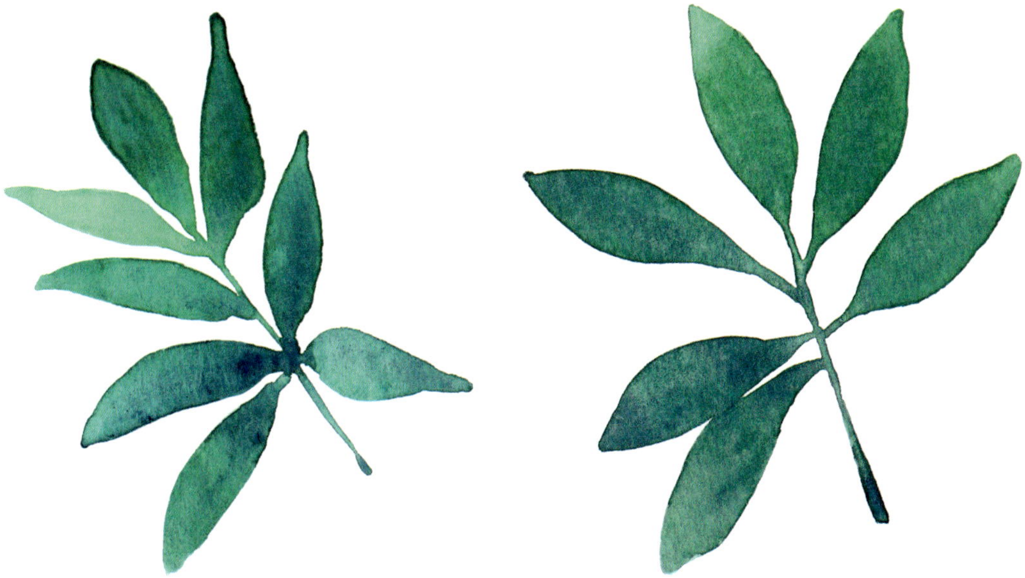

Die fertigen Blätter. Siehst du den Unterschied? Die direkt auf das Papier gemalten Blätter (links) haben freiere Formen, während die vorgezeichneten und dann ausgemalten Blätter (rechts) mit ihren klaren Linien sehr ordentlich aussehen.

MALEN ODER ZEICHNEN UND AUSMALEN: WELCHE METHODE IST BESSER FÜR DICH?

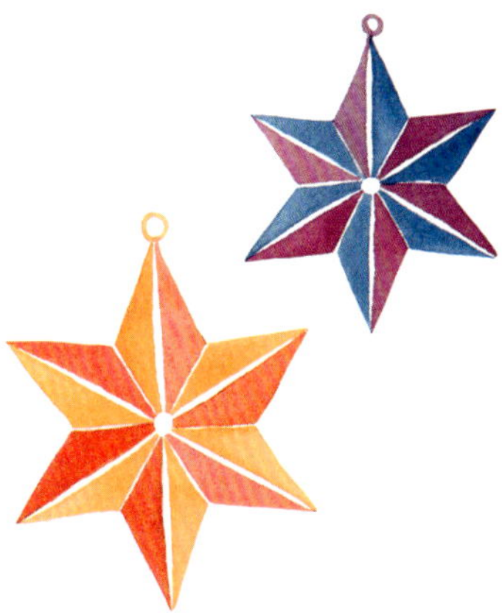

Wenn du beide Methoden ausprobiert hast, hast du sicher festgestellt, dass nicht nur das Ergebnis unterschiedlich ist, sondern auch das Vorgehen. Direkt auf das Papier zu malen, ist in der Regel schneller. Außerdem setzt es geistige Beweglichkeit voraus, da man sich schnell entscheiden muss, wo man weitermalen möchte, bevor die Farbe trocknet. Beim Zeichnen und Ausmalen hingegen kann man langsamer arbeiten, was sehr meditativ sein kann.

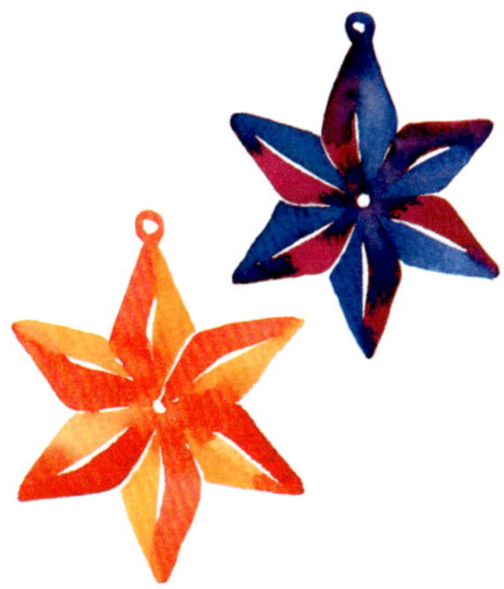

Die Ergebnisse können sehr unterschiedlich ausfallen. Vergleiche die klaren Linien der vorgezeichneten und ausgemalten Sterne (links) mit dem lockeren Verlauf der direkt auf das Papier gemalten Sterne (rechts). Obwohl es dieselben Farben sind, bringen die lockeren Pinselstriche mehr Pigmente auf das Papier, wodurch die Farben leuchtender wirken.

Ich habe Schüler, die meinen lockeren Stil als unglaublich befreiend empfinden, während es für andere sehr belastend sein kann, wenn sie nicht wissen, was als nächstes passiert. Obwohl mir das saubere Ergebnis der Zeichnen-und-Ausmalen-Methode sehr gut gefällt, male ich dennoch lieber intuitiv. Malen mit Aquarellfarben sollte Spaß machen und Freude bringen, probiere also beides aus und schaue, was für dich besser funktioniert.

Experimentelles Watercolor

Aquarellfarbe ist ein wirklich vielseitiges Medium, und die Möglichkeiten werden schier unendlich, sobald wir sie mit anderen Farben kombinieren, z. B. mit Acrylfarben oder Gelstiften, oder mit alternativen Materialien, die wir zu Hause haben, von Salz und Alkohol bis hin zur Malausstattung unserer Kinder. Du wirst auch entdecken, dass es einen großen Unterschied machen kann, mit was du deine Aquarellfarbe aufträgst.

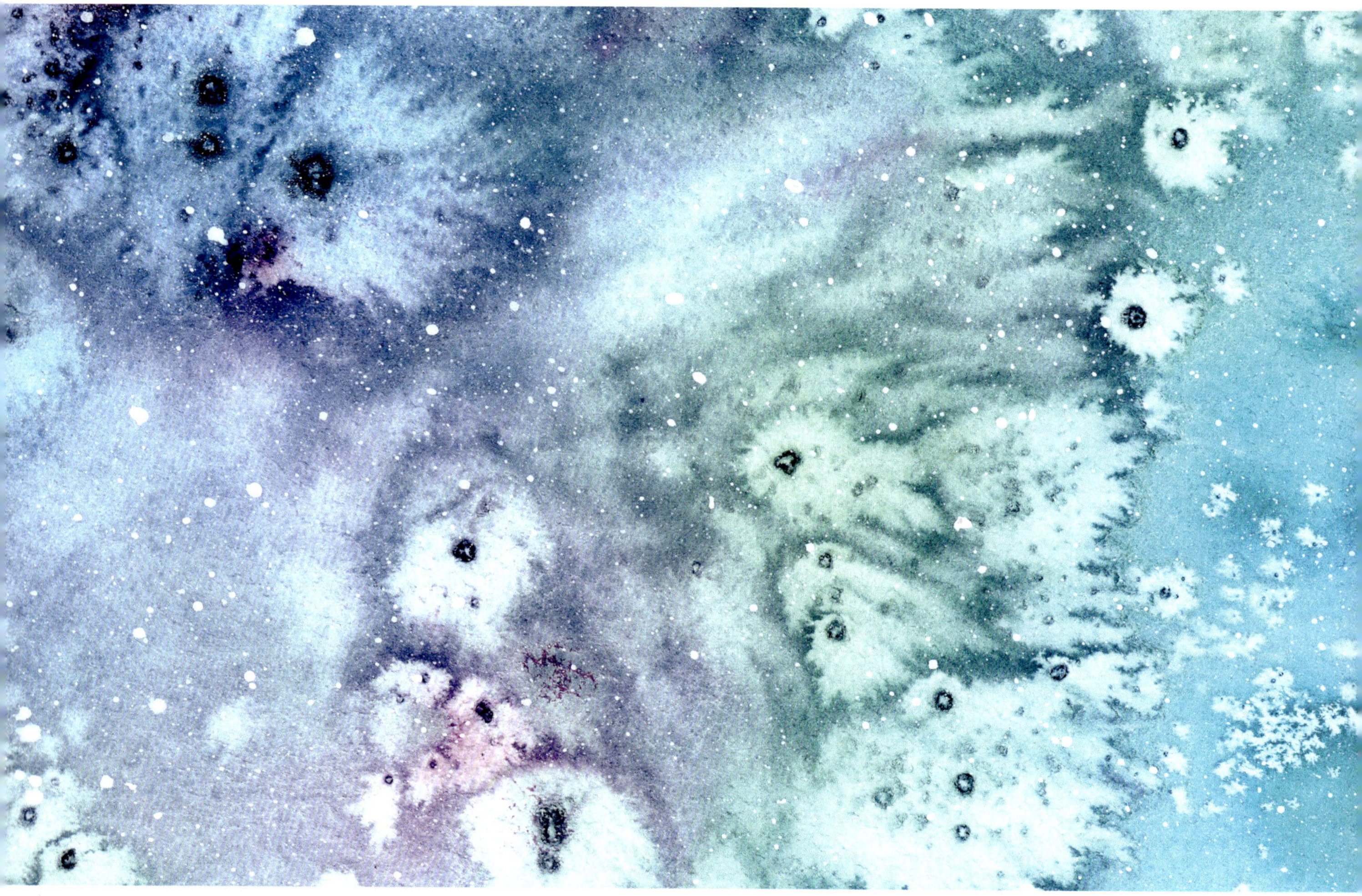

SALZ-TEXTUR-TECHNIK

Du kannst wunderschöne Ergebnisse erzielen, indem du ganz gewöhnliches Tafelsalz auf deine Aquarellfarben streust. Wenn sich das Salz auflöst, verdrängt es das Pigment und erzeugt einen sternähnlichen Effekt. Das Ergebnis kann sehr unterschiedlich ausfallen und ist abhängig von der Menge des verwendeten Pigments, der Wassermenge auf dem Papier und der Größe der Salzkörner.

Wenn das Papier sehr nass ist, kann es passieren, dass sich das Salz einfach auflöst, ohne dass ein Effekt entsteht. Ist das Papier hingegen nur sehr wenig feucht, kann die Körnung sehr dicht sein. Tafelsalz hinterlässt kleine Pünktchen und kann im Wasser leicht verschwinden, während sich grobkörniges Salz kaum auflöst, sodass die Form der einzelnen Körner auf dem Papier zu sehen ist. Um einen extremen Effekt zu erzielen, kannst du mit viel Pigment arbeiten. Das Ergebnis wird jedes Mal völlig anders ausfallen und jedes Bild zu einem Unikat machen.

1 Lege eine Lavur in einer oder mehreren Farben an und lasse sie ein paar Minuten ruhen.

2 Streue etwas Salz auf die Farbe und lasse sie trocknen. Der Effekt tritt nicht sofort ein, es dauert einige Minuten, bis er sichtbar wird. Widerstehe der Versuchung einzugreifen, sei einfach geduldig. Wenn du grobkörniges Salz verwendest, kannst du mit der Spitze deines Pinsels noch etwas Pigment auf die Körner geben.

Wenn das Papier ganz trocken ist, kannst du das Salz einfach mit der Hand abwischen.

Salz-Textur-Technik mit Tafelsalz

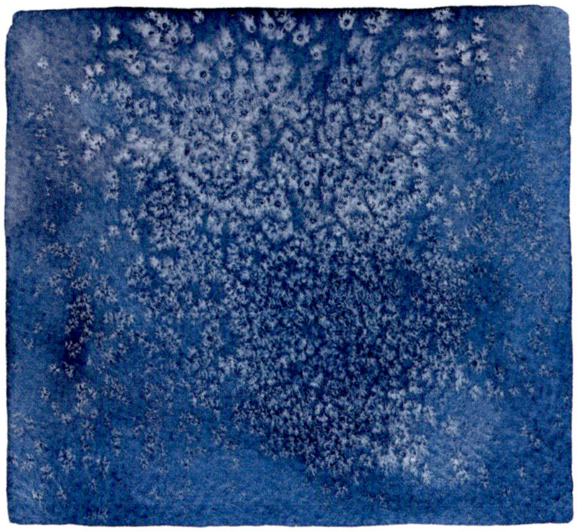

Salz-Textur-Technik mit einer Mischung aus Tafel- und grobkörnigem Salz

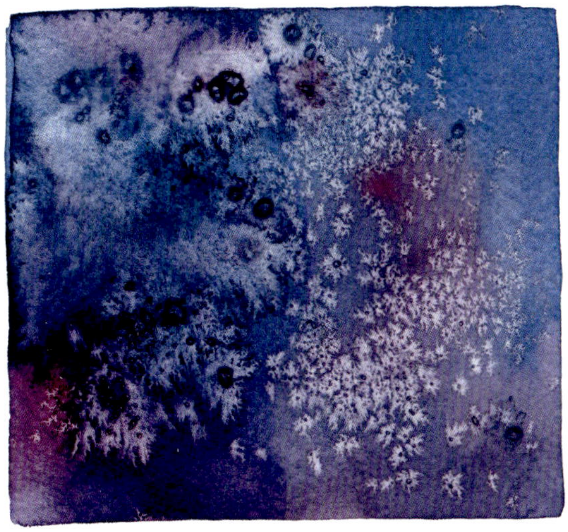

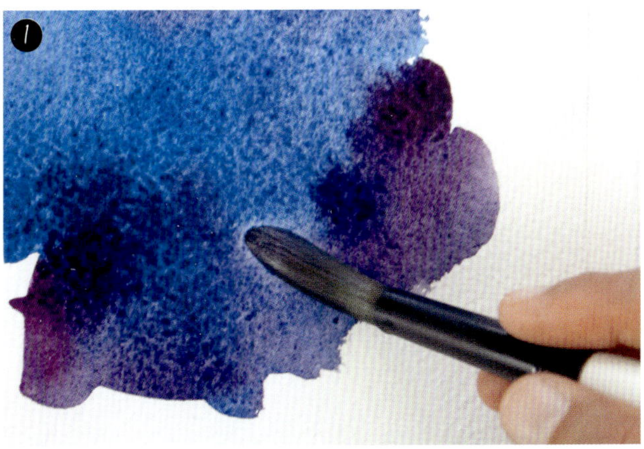

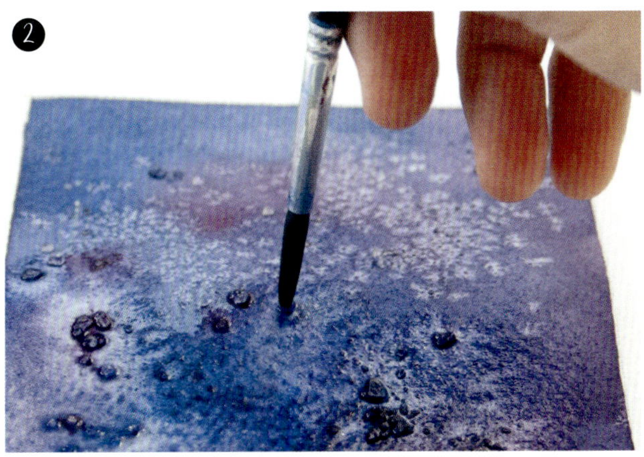

NASS IN NASS MIT ZUSATZSTOFFEN

Eine weitere Möglichkeit für ungewöhnliche Aquarelleffekte ist die Zugabe von anderen Flüssigkeiten zu unseren Lavuren, von Reinigungsalkohol und Wodka oder Gin bis hin zu Bleichmittel und Seifenlauge. Ich verwende Alkohol und Seife besonders gern, weil sie sicher in der Anwendung sind und ich das meditative Element genieße, das sie in den Malprozess einbringen.

ALKOHOL

Alkohol verdrängt das Pigment auf ähnliche Weise wie Salz, da er aber verdunstet, erscheint der Effekt fast geisterhaft. Alkohol kann mit dem Pinsel, einem Wattebausch, einem Schwamm oder sogar einer Sprühflasche aufgetragen werden. Ich verwende gerne ein Wattestäbchen, weil ich damit die gewünschte Kontrolle habe. Ich liebe diese Methode: Ich finde den Prozess sehr entspannend, und es ist eine der wenigen Techniken, bei denen ich versuche, das Endergebnis zu beeinflussen.

1 Lege eine Lavur an – sie muss nass sein, damit der Alkohol wirken kann. Tupfe mit einem Wattestäbchen den Alkohol auf.

2 Drücke dein Wattestäbchen ruhig fest auf das Papier und beobachte, was passiert. Genieße die Magie: Falls der Effekt ganz verschwindet, probiere es einfach noch einmal und füge weitere Alkoholtupfer hinzu. Das kannst du beliebig oft wiederholen.

Nass-in-Nass-Technik mit Alkohol

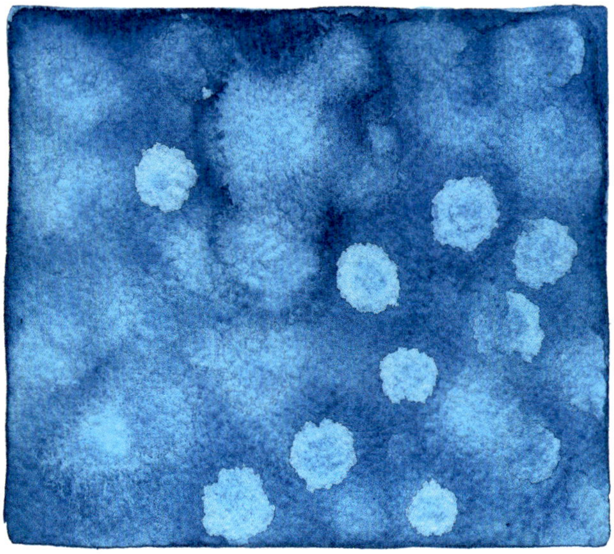

1

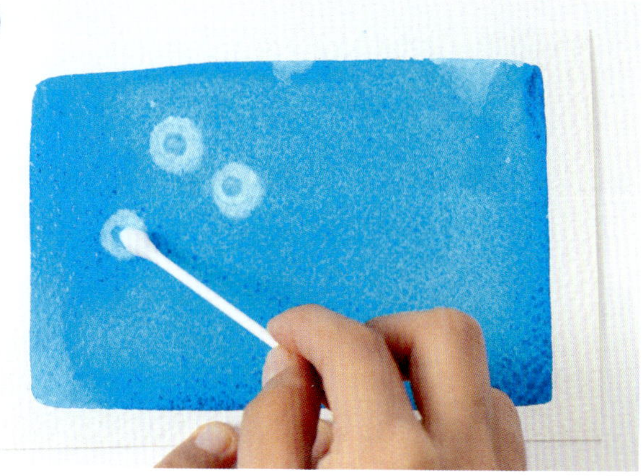

2

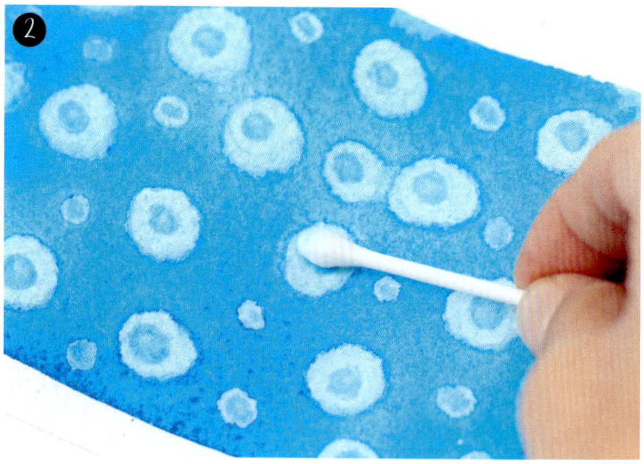

SEIFENWASSER

Durch das Auftragen von Seifenwasser auf deine Aquarellfarbe erhältst du eine ähnliche Wirkung wie bei dem Sterneneffekt, der mit der Salz-Textur-Technik entsteht. Dieser hier ist aber gleichmäßiger und hinterlässt keine Spuren, wie sie von den Salzkörnern verursacht werden. Um das Seifenwasser zu mischen, gib ein paar Tropfen Spülmittel in ein halbes Glas Wasser.

1 Lege eine Lavur an – sie kann nass oder feucht sein, wenn du damit beginnst, das Seifenwasser darauf zu geben. Trage die Seifenmischung tropfenweise mit einem Pinsel auf das Papier auf. Bewege die Mischung auf dem Papier nicht, sondern lasse zu, dass sie sich von selbst ausdehnt und trocknet.

2 Für einen dynamischeren Effekt kannst du die Seifenlauge alternativ auch auf das Papier spritzen.

Nass-in-Nass-Technik mit Seifenwasser

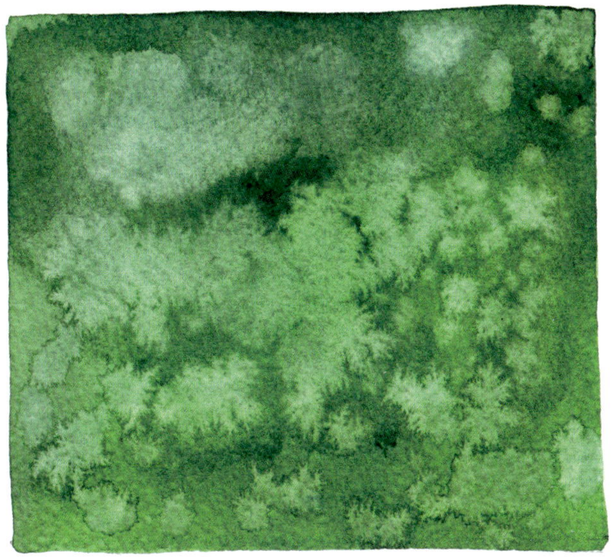

1

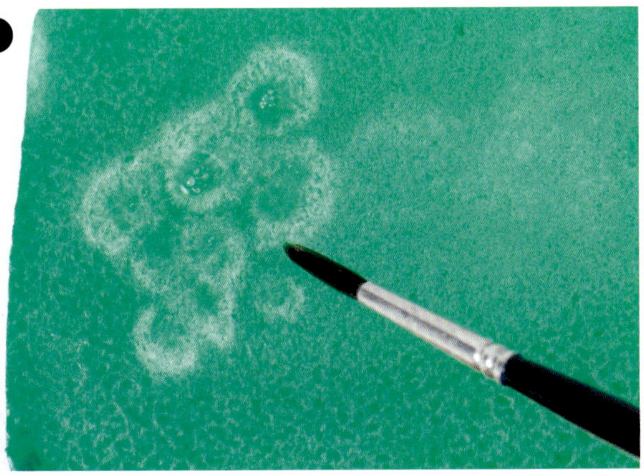

2

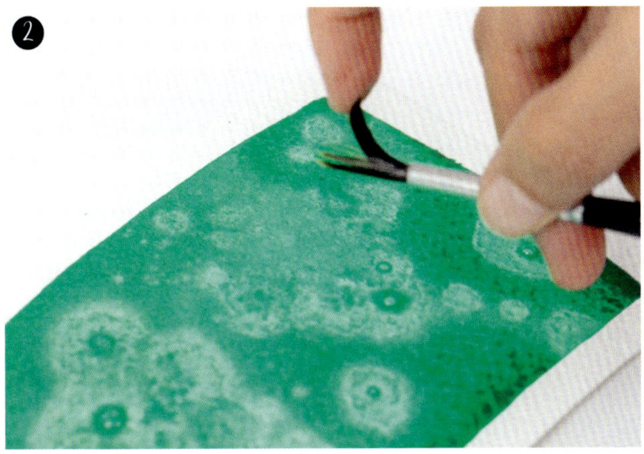

RESERVIERUNGSTECHNIKEN

Es gibt eine Vielzahl von Materialien, die wir als eine Art Versiegelung verwenden können, um das Weiß des Papiers beim Malen zu schützen – Klebeband, Farbstifte, Wachs, Klebstoff, Aufkleber und mein persönlicher Favorit, Maskierflüssigkeit. Sie alle sind wasserabweisend oder halten seinen Fluss auf.

MASKIERFLÜSSIGKEIT

Dies ist ein sehr vielseitiges Material für die Reservierungstechnik. Die Flüssigkeit sorgt dafür, dass Weiß des Papiers erhalten bleibt, und ergibt saubere, klare Linien und Kanten. Außerdem lassen sich durch das Übereinanderlegen von Schichten spektakuläre und ungewöhnliche Effekte erzielen. Allerdings kann die Anwendung für Anfänger eine Herausforderung sein, und es gibt ein paar wichtige Dinge, die du beachten solltest:

- Bereite immer deinen Pinsel vor, bevor du ihn zum Auftragen von Maskierflüssigkeit verwendest (siehe unten „Den Pinsel vorbereiten").
- Maskierflüssigkeit darf nur auf völlig trockenes Papier aufgetragen und davon entfernt werden.
- Lasse die Maskierflüssigkeit vollständig trocknen, bevor du darüber eine Farbschicht aufträgst. Achte auch darauf, die erste Schicht vollständig trocknen zu lassen, bevor du eine weitere Schicht darüber legst.

DEN PINSEL VORBEREITEN

Wenn Maskierflüssigkeit in einem Pinsel eintrocknet, ist er schnell ruiniert. Daher solltest du deinen Pinsel in einem Glas Wasser mit einem Teelöffel Flüssigseife einweichen, bevor du ihn zum Auftragen von Maskierflüssigkeit nutzt. Denke daran, dies unbedingt jedes Mal zu tun, wenn du noch mehr Maskierflüssigkeit aufträgst – es ist wirklich die Rettung für deine Pinsel.

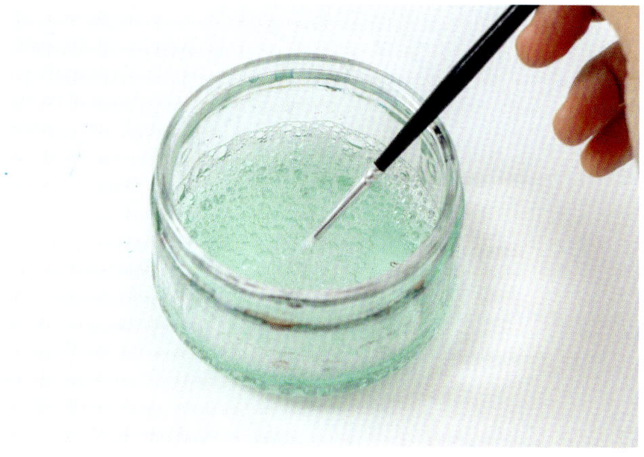

Reservierungstechnik mit Maskierflüssigkeit

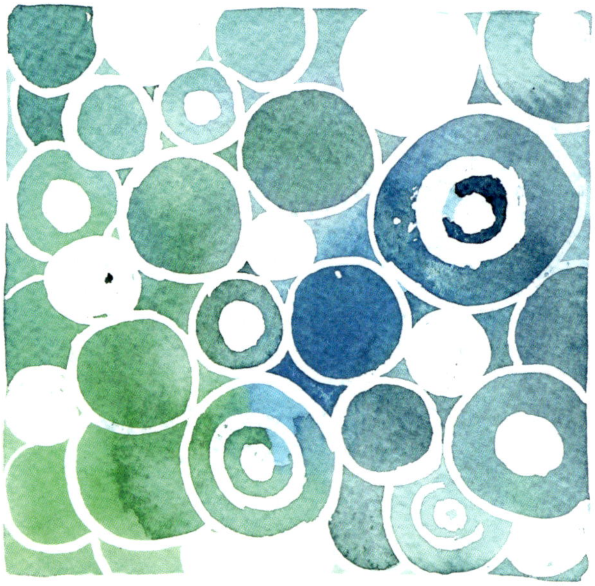

Die hellen weißen Flächen auf diesem Geschenk sind mit Maskierflüssigkeit entstanden.

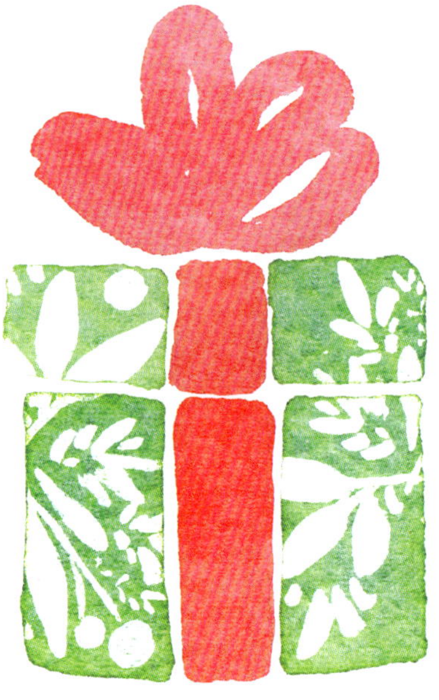

1 Zeichne mit einem Bleistift unterschiedlich große Kreise vor, sodass sie sich berühren. Tauche deinen vorbereiteten Pinsel (siehe „Den Pinsel vorbereiten") in die Maskierflüssigkeit und „zeichne" damit auf deiner Bleistiftzeichnung die Kreise nach. Du kannst die Stärke der Linien variieren und einige der Kreise ganz ausfüllen. Denke daran, den Pinsel immer wieder in die Seifenlauge zu tauchen, bevor du weitere Maskierflüssigkeit aufträgst. Dadurch wird die Maskierflüssigkeit auch dünner und sie lässt sich leichter auftragen. Wenn du mit dem Auftragen der Maskierflüssigkeit fertig bist, lasse sie vollständig trocknen.

2 Prüfe, ob die Abdeckflüssigkeit vollständig getrocknet ist, bevor du die erste Lavurschicht auf das Papier aufträgst.

3 Lege eine Lavur mit einer oder mehreren Farben an. Sobald sie trocken ist, kannst du eine zweite Schicht darüber malen.

4 Sobald die Farbe vollständig getrocknet ist, reibe die Maskierflüssigkeit mit den Fingern ab, um sie zu entfernen.

Wasche deine Pinsel mit Seife unter fließendem Wasser aus, um die Maskierflüssigkeit vollständig zu entfernen.

Mit einem Radiergummi kannst du die Maskierflüssigkeit leichter entfernen.

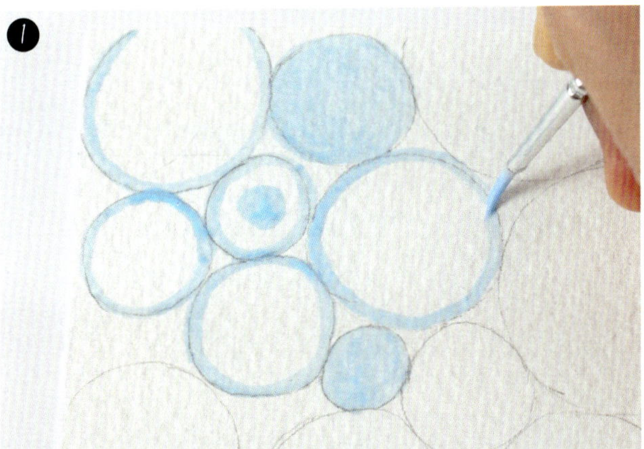

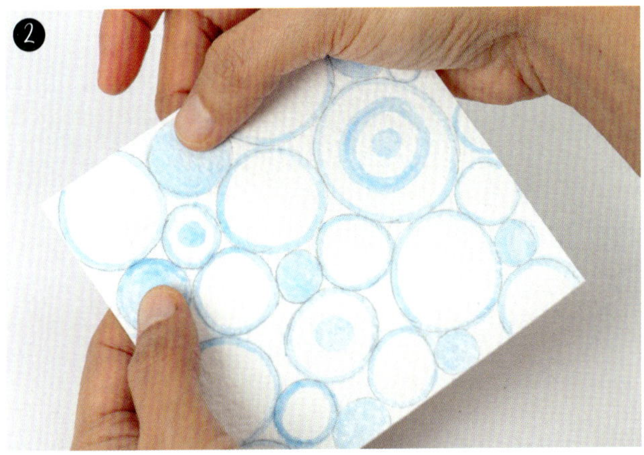

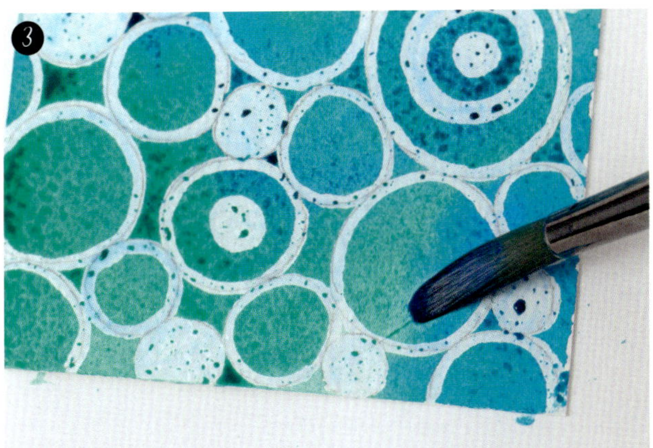

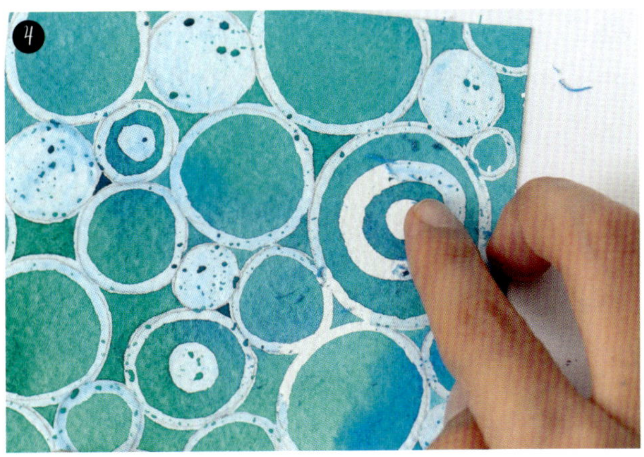

WEISSE WACHSMALKREIDE

Dieses Material lässt sich gut für die Reservierungstechnik verwenden, ganz besonders, wenn du nach einer Aktivität für Kinder suchst. Die Ergebnisse wirken rauer und etwas gröber als bei der Verwendung von Maskierflüssigkeit und man kann nur schwer scharfe Linien erzielen, aber diese Unvollkommenheit hat auch ihren besonderen Reiz. Je mehr Textur das Papier hat, desto schwieriger ist es, saubere Kanten zu ziehen. Wenn du also klare, durchgehende Linien bevorzugst, verwende am besten heiß gepresstes Papier.

1 Zeichne mit einem Wachsmalstift eine beliebige Form auf das Papier deiner Wahl.

2 Male mit deinem Pinsel eine Lasur auf das Papier.

3 Beobachte, wie die Aquarellfarbe von der Wachsmalkreide abperlt.

Reservierungstechnik mit weißer Wachsmalkreide

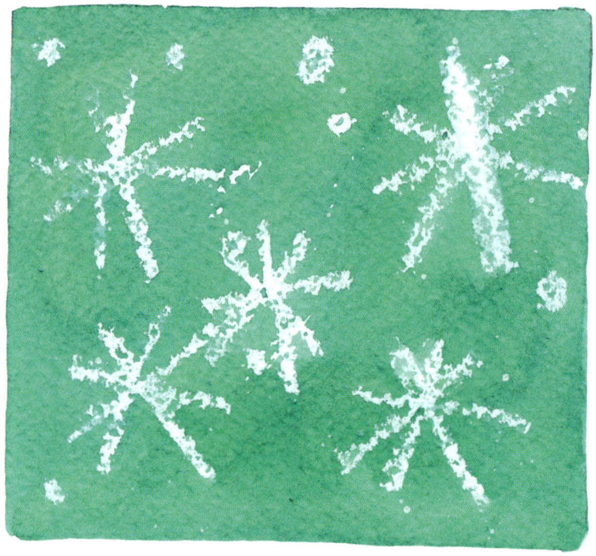

1

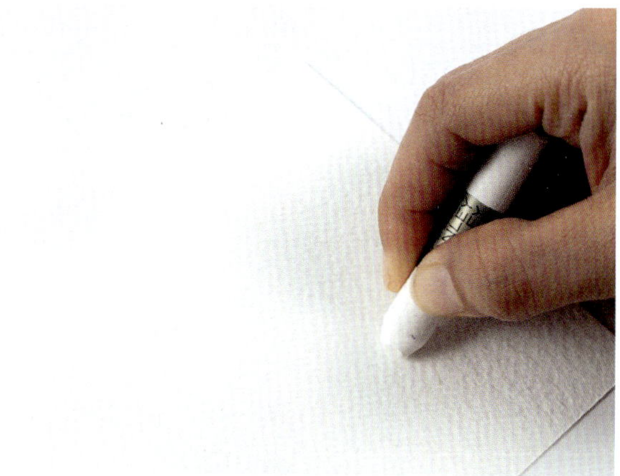

2

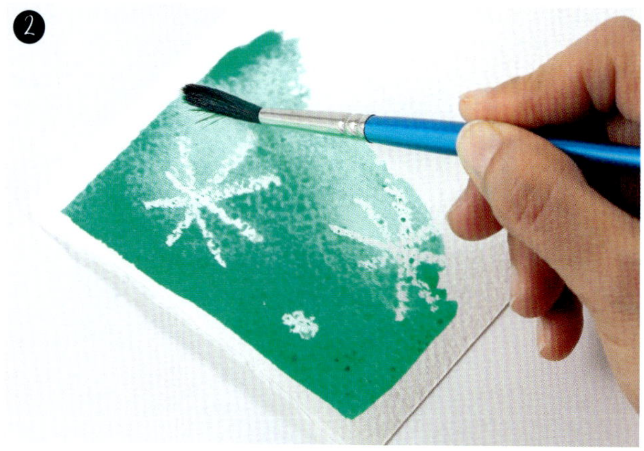

3

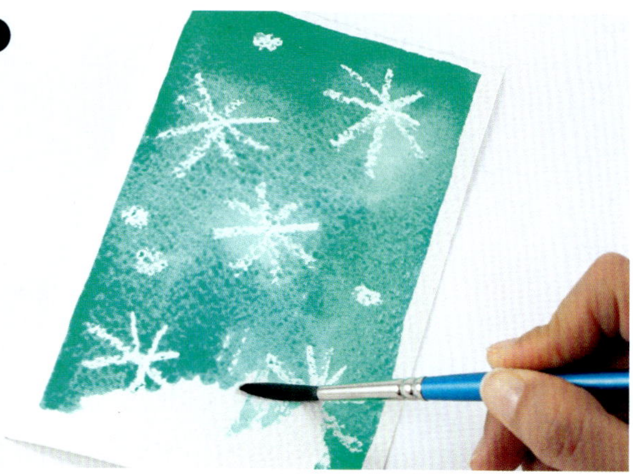

Du kannst zuerst eine Farbschicht auftragen, bevor du dein Motiv auf das (dann trockene) Papier zeichnest, und dann eine weitere Schicht darüber legen. Experimentiere auch mit Wachsmalkreiden in verschiedenen Farben.

AQUARELLSTIFTE UND -KREIDEN

Eines der Dinge, die mir an der Aquarellmalerei besonders gefällt: Man kann sie leicht an individuelle Fähigkeiten oder Vorlieben anpassen. Ich bevorzuge es zum Beispiel, mit meinen Pinseln direkt auf dem Papier zu arbeiten. Das Malen macht mir so viel Spaß, dass das Zeichnen in meiner Malerei nur den zweiten Platz einnimmt. Dennoch habe ich Wege gefunden, ohne zu zeichnen mit meinen Aquarellstiften und meiner Aquarellkreide die ungewöhnlichen Struktureffekte zu erzielen, die ich so liebe.

Mit Aquarellkreide und -stiften kann man natürlich auf trockenem oder nassem Papier zeichnen, und die Kreide kann sogar wie Näpfchen-Aquarellfarbe verwendet werden, aber am liebsten benutze ich sie für die Herstellung eines Pulvers, das ich dann auf meinem Papier auflöse.

1 Feuchte dein Papier mit Wasser an oder lege eine leichte Farblavur darüber.

2 Halte deine Aquarellkreide über das nasse Papier und schabe mit einem Messer feine Späne ab. Beobachte, wie sich das Pulver auf dem Papier auflöst und eine Farbexplosion erzeugt, ein Effekt fast wie ein Feuerwerk. Berühre es nicht – sonst löst es sich vollständig auf und der Effekt geht verloren.

Farbexplosion durch Pigmentpulver

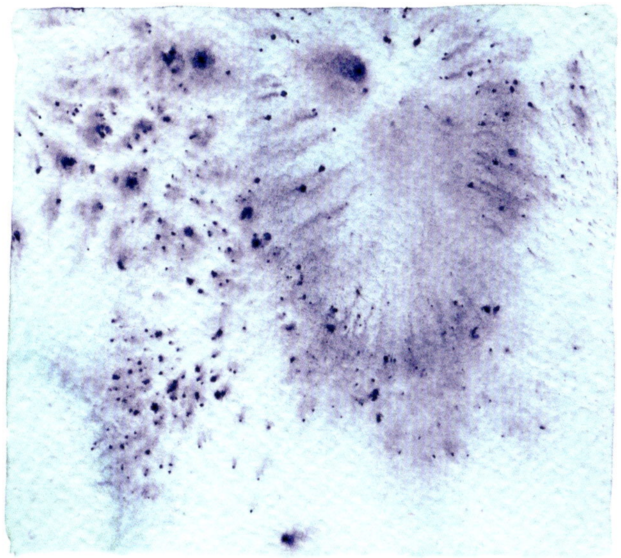

1

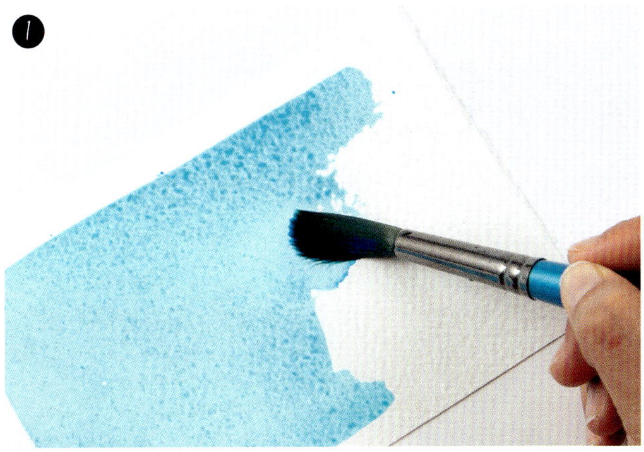

2

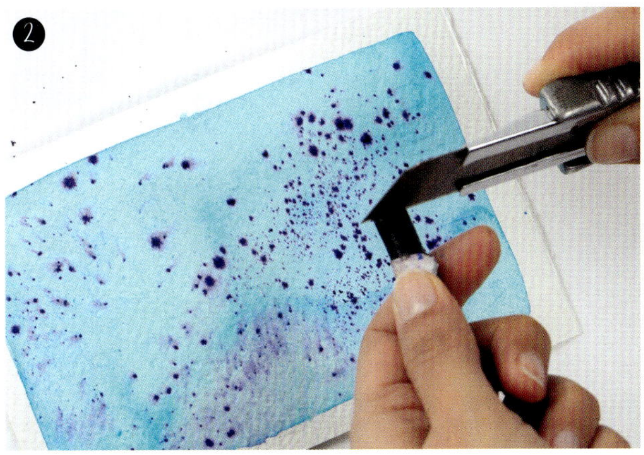

Wenn du keine Aquarellkreide hast, aber diesen Effekt ausprobieren möchtest, kannst du es auch mit einem Aquarellstift versuchen. Der Effekt ist dann ähnlich, aber dezenter.

MALEN MIT MIXED MEDIA

Wenn man verschiedene Malmedien – Aquarellfarben, Acrylfarben, Ölfarben usw. – in einem Bild kombiniert, spricht man von Mixed Media oder auch von Mischtechnik. Ein Mixed-Media-Werk kann zum Beispiel ein Bild sein, in dem Aquarell- und Acrylfarben oder Aquarell- und Gouachefarben oder Aquarellfarben und Gelstifte verwendet wurden. Dies eröffnet viele Möglichkeiten, vom Setzen von Highlights bis zum Zeichnen von Mustern. Du kannst durch Spritzer von Acrylfarbe Sterne einfügen oder mit einem Gelstift kleine Fehler überdecken. Das bedeutet auch, dass es eine Alternative für das Einbringen der Farbe Weiß in deine Arbeit gibt, wenn du das Papierweiß nicht über Reservierungstechniken mit Maskierflüssigkeit oder Wachsmalkreide schützen willst. Lege einfach eine Lasur an, lasse sie trocknen und male dann mit Acrylfarben oder zeichne mit Gelstiften darüber.

Ich habe hier einige der Farbmaterialien, die ich am liebsten zusammen mit meinen Aquarellfarben verwende, aufgeführt. Du kannst natürlich deine eigene Auswahl entdecken, aber diese Dinge solltest du zuerst beachten:

- Wenn es nicht dein Ziel ist, einen ungewöhnlichen Effekt zu erzielen, solltest du sicherstellen, dass deine Aquarellfarbe vollständig getrocknet ist, bevor du ein neues Medium auf dein Bild bringst.
- Um die Eigenschaften und die Qualität deiner Materialien zu erhalten, solltest du andere Medien von deiner Aquarellpalette fernhalten.
- Acrylfarben trocknen wasserfest auf und lassen sich nach dem Trocknen nur schwer wieder entfernen. Lasse daher Acrylfarbe nie auf deinen Pinseln eintrocknen.
- Du kannst mit Acrylfarbe auf Aquarellfarbe malen, aber mit Aquarellfarbe kann nicht auf Acrylfarbe gemalt werden. Wenn Acrylfarbe trocknet, bildet sie eine Schicht, die verhindert, dass die Aquarellfarbe das Papier berührt.

WEISSE ACRYLFARBE

Diese Farbe kann mit einem Pinsel oder sogar einer Zahnbürste aufgetragen werden. Ich verwende sie gern, weil sie die darunterliegende Farbe absorbiert und sich so ganz natürlich in das Bild einfügt. Wenn sich die Farbe zu dick anfühlt, füge etwas Wasser hinzu, damit sie sich leichter auftragen lässt. Denke daran, dass die Farbe wasserfest ist, d. h. wenn sie einmal auf dem Papier getrocknet ist, kann sie nicht mehr entfernt werden.

GELSTIFTE

Wenn du gerne zeichnest oder kritzelst, sind diese Stifte eine gute Wahl. Weiße Gelstifte wirken lebendiger als weiße Acrylfarbe, und es ist viel einfacher, Linien zu ziehen und kleine Details hinzuzufügen. Gelstifte sind meist wasserbasiert. Wenn dir also das Ergebnis nicht gefällt, tauche einfach einen Pinsel in sauberes Wasser und entferne die Farbe. Achten aber darauf, nicht zu stark zu reiben, sonst löst sich die Aquarellfarbe ebenfalls ab.

GOLDFARBENES PIGMENT

Pigment in Goldfarbe ist in verschiedenen Farbmedien enthalten, aber am liebsten verwende ich Goldpigment in Pulverform, weil die Oberfläche dann metallisch schimmert. Dieses goldfarbene Pigment erfordert eine gewisse Vorbereitung, und jede Marke schlägt ein anderes Rezept vor. Eine andere, einfachere Möglichkeit ist die Verwendung eines Aquarellgrundes in Gold, der ebenfalls ein metallisches Finish hat. Die Basis ist Acryl; mehr zur Verwendung findest du unter „Weiße Acrylfarbe“.

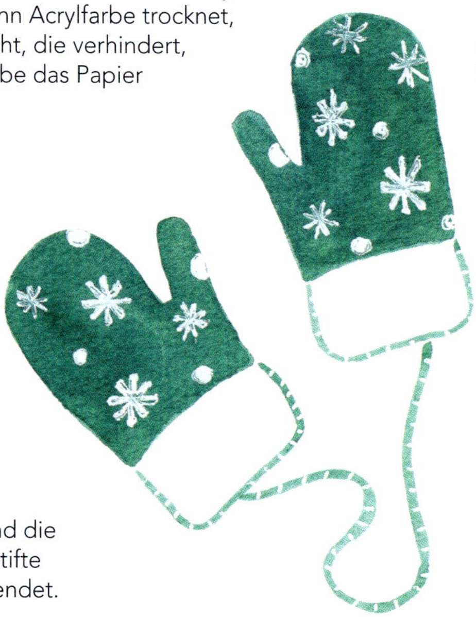

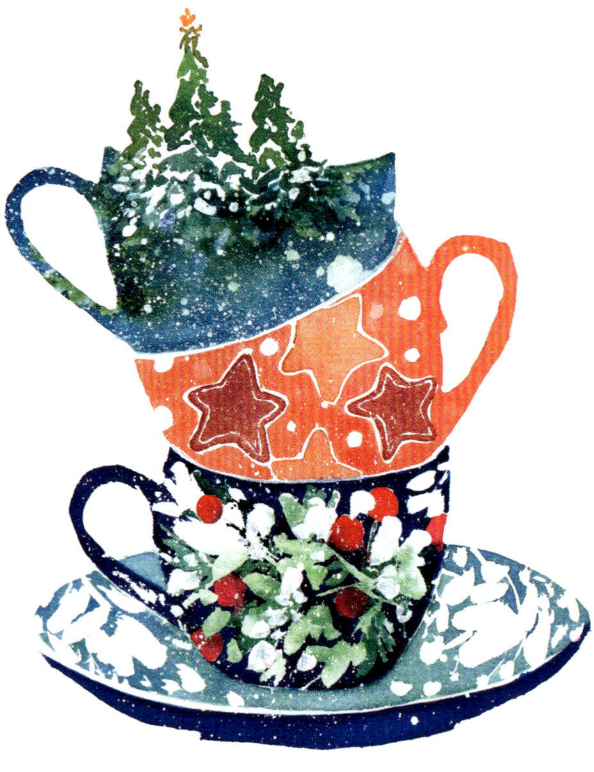

Für diese Fäustlinge und die Teetassen wurden Gelstifte und Spritzeffekte verwendet.

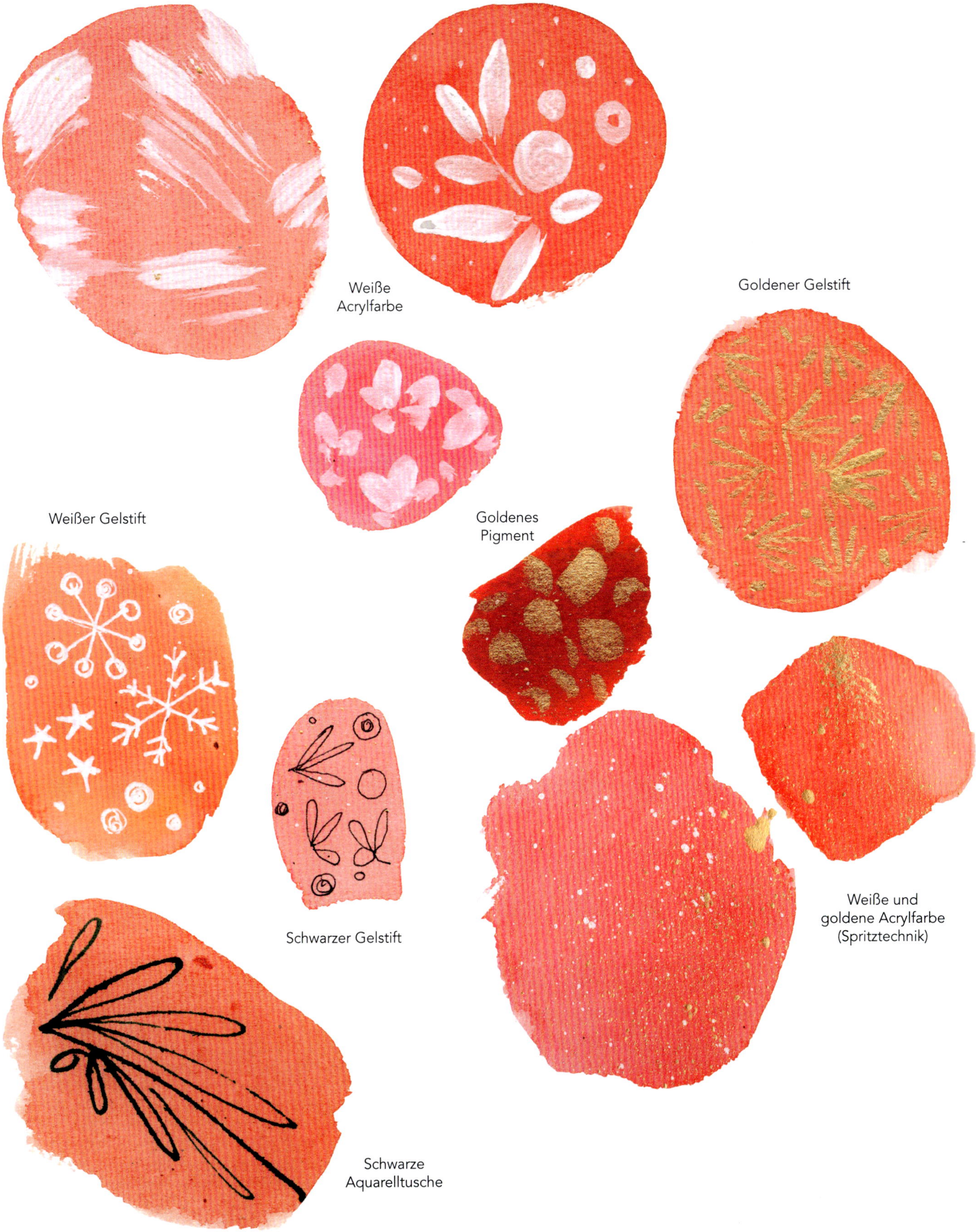
Weiße
Acrylfarbe
Goldener Gelstift
Weißer Gelstift
Goldenes
Pigment
Schwarzer Gelstift
Weiße und
goldene Acrylfarbe
(Spritztechnik)
Schwarze
Aquarelltusche

NICHT NUR PINSEL

Genauso wie ungewöhnliche Zutaten wie Salz oder Alkohol deine Bilder bereichern können, gibt es auch viele Alltagsgegenstände, mit denen du in deinen Kunstwerken völlig unerwartete Effekte erzielen kannst. Das hier Gezeigte sind nur einige Ideen, wie du dynamische Spuren und interessante Texturen schaffen kannst. Experimentiere ruhig; die Möglichkeiten sind endlos!

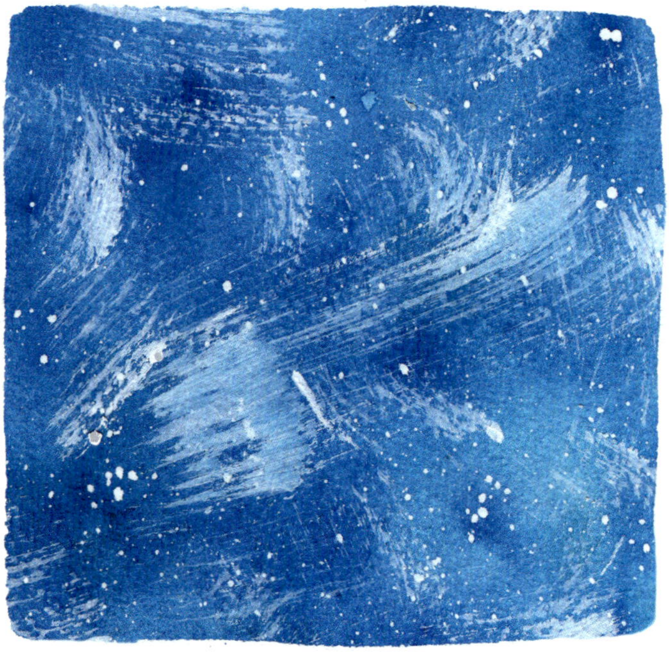

Zahnbürste: Die steifen Borsten eignen sich perfekt zum Spritzen und Malen deutlicher Spuren.

Papiertaschentuch: Zusammengeknüllt kann man damit nasse Farbe abnehmen, um einen wolkigen Effekt zu erzielen.

Übertreibe es nicht! Schaffe in deinen Bildern mit einer oder zwei Techniken etwas Einzigartiges, aber wenn es zu viele sind, geht leicht der Überraschungseffekt verloren.

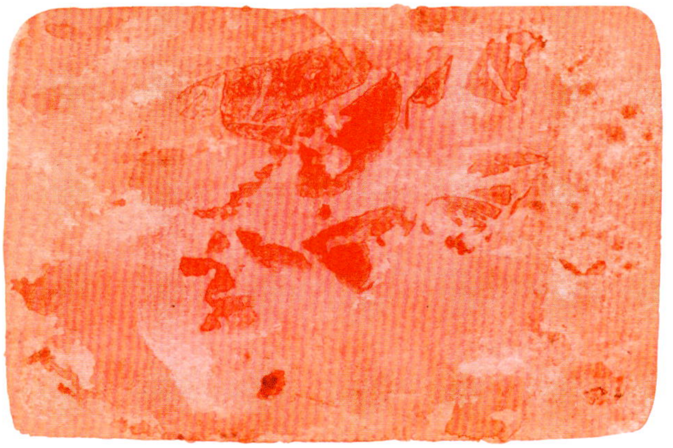

Frischhaltefolie: Drücke sie in nasse Aquarellfarbe und lasse sie trocknen. Wenn du sie entfernst, bleiben interessante Muster zurück.

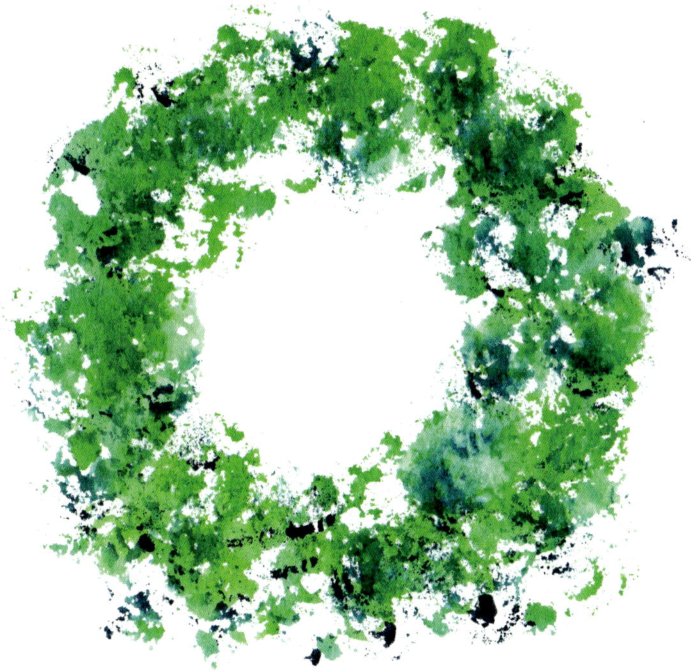

Naturschwamm: Tauche den Schwamm in Aquarellfarbe und tupfe ihn auf das trockene Papier. So erhältst du eine interessante Textur.

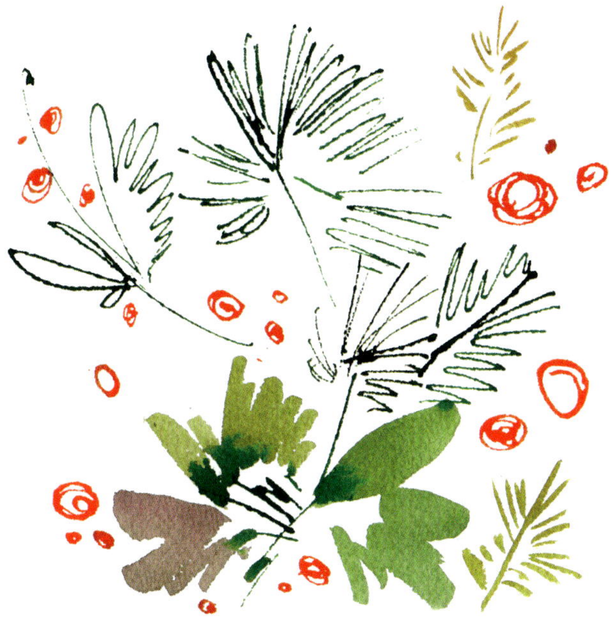

Bambus- oder Kalligrafiefeder: Damit kannst du mit Tinte oder Aquarelltinte feine Linien zeichnen.

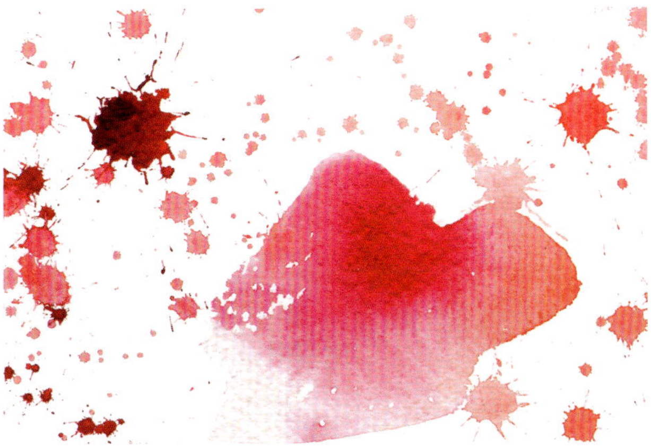

Tropf-Technik: Tropfe mit einer Pipette Tinte oder Aquarelltinte auf nasses oder trockenes Papier und lasse die Tropfen verlaufen.

Einige dieser Techniken erfordern Vertrautheit und dynamisches Vorgehen. Probiere sie aus, um zu verstehen, wie sie funktionieren, bevor du sie in einem Projekt einsetzt.

ÜBUNG: STERNENNACHT

In dieser Übung geht es darum, dass du die experimentellen Techniken, die du in diesem Kapitel kennengelernt hast, in deinen Watercolor-Bildern einsetzen kannst und die Effekte mit Bedacht auswählst. Sei geduldig, lasse die Pigmente fließen und denke daran, dass einige Effekte Zeit brauchen, um sich zu entwickeln.

1 Bereite deine Farben vor. Zeichne mit einem Bleistift einfache Nadelbäume und die Umrisse der Sterne. Male dann die Sterne mit Maskierflüssigkeit und ziehe damit auch die Linien deiner Nadelbäume nach. Lasse alles trocknen.

2 Sobald die Maskierflüssigkeit getrocknet ist, lege eine Lavur über die gesamte Bildfläche hinweg an: Beginne von oben, feuchte dein Papier an und nimm auf dem Weg nach unten andere Farben auf.

3 Streue eine Prise Salz in die noch feuchte Farbe. Wenn du einen blauen Aquarellstift hast, schabe auch gleich ein wenig Pigment von der Mine auf dein Bild. Dann lasse dein Kunstwerk vollständig trocknen. Wenn es ganz getrocknet ist, male mit einem Pinsel die Formen deiner Bäume um die Linien aus Maskierflüssigkeit herum.

4 Male anschließend mit dem Pinsel Kreise um die Sterne aus Maskierflüssigkeit, um das Licht darzustellen.

Denke daran, die Maskierflüssigkeit mit den Fingern abzurubbeln und alle Salzreste abzuwischen, sobald dein Bild vollständig getrocknet ist.

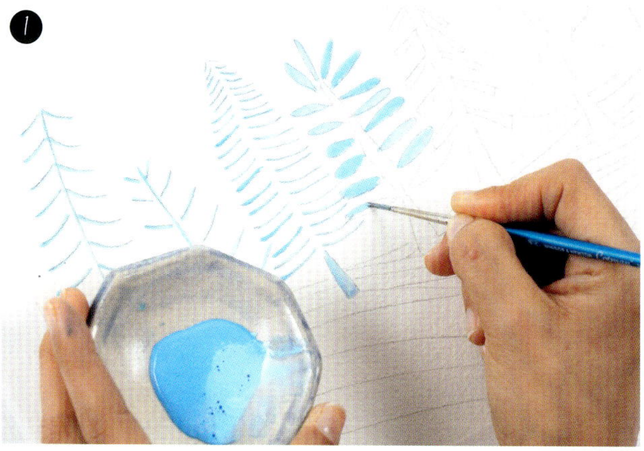

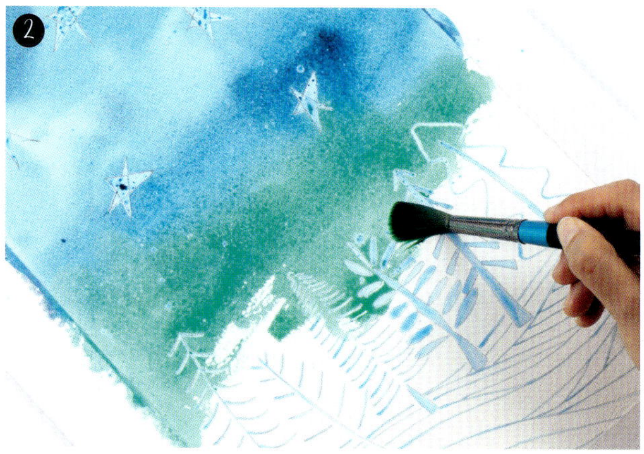

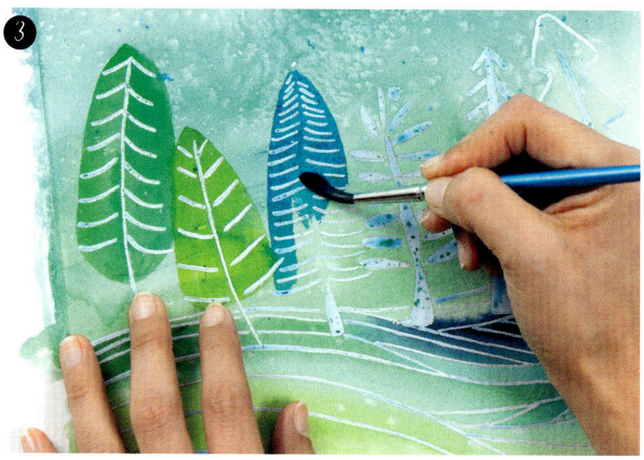

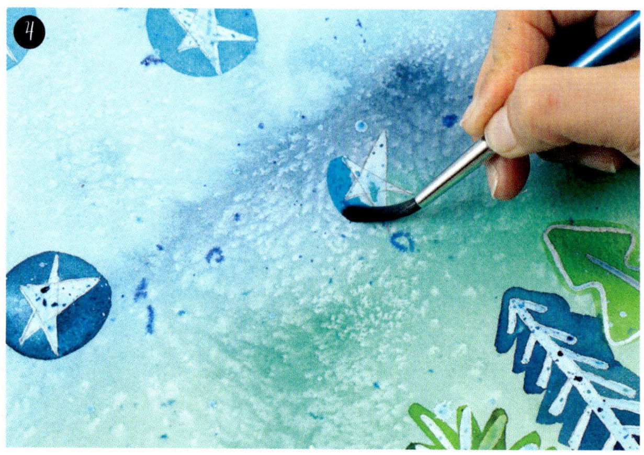

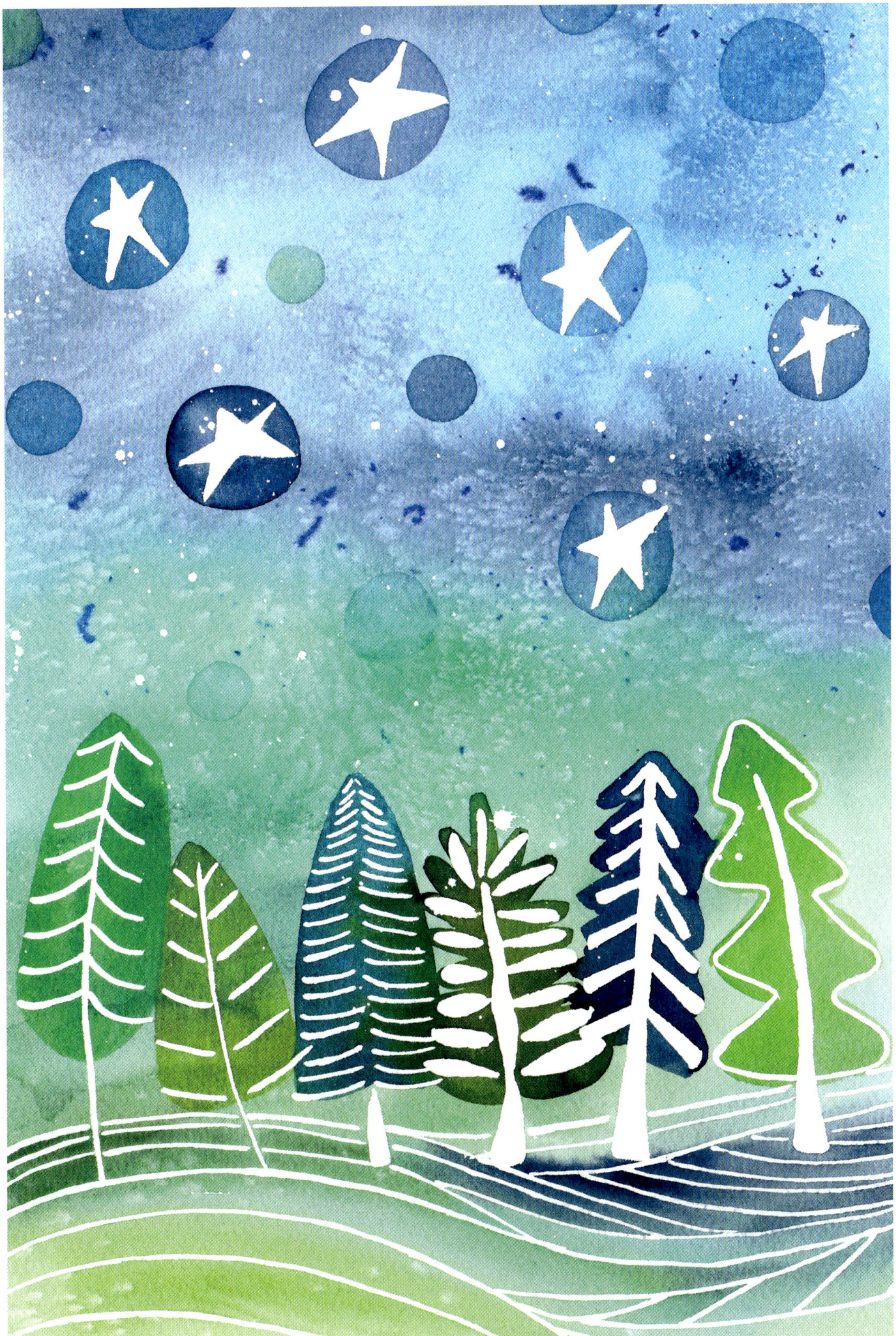

Projektvorbereitung

Bevor du mit einem der Projekte in diesem Buch beginnst, egal ob du dir eine der Ideen aus dem Abschnitt „Papierprojekte", bei denen wir auf Papier malen, ausgesucht hat oder aus dem Abschnitt „Heimwerkerprojekte" mit Ideen für das Malen auf anderen Oberflächen als Papier, solltest du ein paar wichtige Dinge beachten. Andere Oberflächen als Papier erfordern eine besondere Vorbereitung, daher habe ich das hier ebenfalls beschrieben!

TIPPS VOR JEDEM PROJEKT

- **Mache einen Plan** Notiere deine Ideen zum Thema, zur Komposition und zur Farbgebung deines Werks oder skizziere sie – je nachdem, was für dich am besten funktioniert. Vermeide es, ohne Plan sofort loszulegen.
- **Bereite dein Material vor** Das Material umfasst alles, was du für die Fertigstellung deines Bildes brauchst, von der Papier- und Pinselauswahl bis hin zur Vorbereitung deiner Palette. Wenn du eine der unter „Experimentelles Watercolor" beschriebenen Techniken verwendest, denke daran, dass durch die Arbeit mit Wasser die Zeit begrenzt ist, die dir zum Auftragen der alternativen Materialien bleibt.
- **Stelle deine Farbpalette zusammen** So kannst du dich auf das Malen konzentrieren, anstatt überlegen zu müssen, welche Farbe als nächstes an der Reihe ist.
- **Probiere deine Idee aus** Du brauchst nicht sofort auf deinem teuren Aquarellpapier zu malen. Ich male normalerweise zunächst auf Schmier- oder einfacherem Papier. Denke daran, dass es am Anfang nur darum geht, eine Idee zu entwickeln, die richtigen Pinsel zu finden und Farbkombinationen auszuprobieren.

Wirf deine Testpapiere nicht weg – du kannst sie für zukünftige Projekte verwenden!

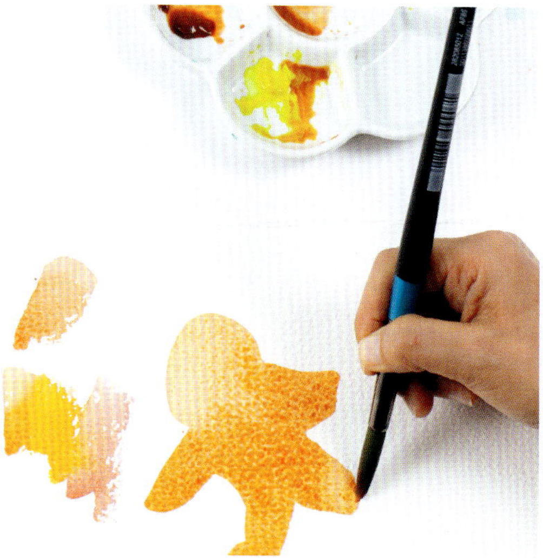

ALTERNATIVE OBERFLÄCHEN VORBEREITEN

Traditionell wird Aquarellfarbe auf aus Baumwolle hergestelltem Papier gemalt. Sie kann aber auch sehr gut auf anderen Untergründen verwendet werden, wenn diese entsprechend vorbereitet sind. Die einfachste Möglichkeit ist die Grundierung mit einem Aquarellgrund. Aquarellgrundierungen gibt es in verschiedenen Farben, aber wenn du denselben Effekt erzielen möchtest wie auf Baumwollpapier, ist Weiß die richtige Wahl. Für einige Projekte habe ich aber auch goldfarbene Grundierung verwendet (goldfarbene Grundierung eignet sich auch hervorragend als dekoratives Medium, wie in „Experimentelles Watercolor: Malen mit Mixed Media" beschrieben).

EINE AQUARELLGRUNDIERUNG AUFTRAGEN

Die meisten Aquarellgrundierungen können auf viele verschiedene Oberflächen wie Papier, Glas, Holz, Metall, Stoff und Kunststoff aufgetragen werden. Einige Hersteller empfehlen, nicht saugfähige Oberflächen zuerst anzuschleifen, aber ich trage stattdessen lieber eine Schicht weißer Acrylfarbe auf. Dies ist sowohl bei saugfähigen als auch bei nicht saugfähigen Oberflächen ratsam, vor allem, wenn du eine Farbe oder ein Muster abdecken willst, z. B. bei der Wiederverwendung alter Glasuntersetzer.

Trage zunächst eine Schicht weiße Acrylfarbe auf und lasse sie trocknen. Anschließend werden für ein optimales Ergebnis zwei Schichten Aquarellgrund aufgetragen, wobei die erste zuvor vollständig getrocknet sein sollte. Nach dem Auftragen der zweiten Schicht sollte der Untergrund mindestens 24 Stunden lang aushärten, bevor mit der Aquarellfarbe gemalt wird.

Von alten Platzdeckchen bis hin zu recycelten Einmachgläsern – fast alles kann zu einer „Leinwand" werden. Außerdem sind im Handel Deko-Rohlinge speziell für die Herstellung von handgefertigten Dekorationen und Geschenken erhältlich.

AN DIESE WICHTIGEN DINGE SOLLTEST DU DENKEN

Obwohl sich nach dem Auftragen von Aquarellgrundierung die meisten Oberflächen wie Baumwollpapier anfühlen, gibt es dennoch einige Einschränkungen, was das Malen mit Aquarellfarben betrifft. Z. B. funktioniert das Übereinanderlegen von Schichten etwas anders als bei der Arbeit auf Papier, da sich die Pigmente auf dem Aquarellgrund viel schneller auflösen. Daher ist es am besten, nur eine Schicht zu malen. Diese Eigenschaft hat jedoch einige Vorteile: Die Farben verlaufen leichter ineinander und man muss nicht so schnell arbeiten wie auf Papier!

Die Basis von Aquarellfarbe ist Wasser, daher solltest du sie nicht auf Oberflächen malen, die Gefahr laufen, nass zu werden, oder die gereinigt werden müssen. Aus diesem Grund ist die Wiederverwendung von Haushaltsgegenständen wie Untersetzern, Tabletts oder Platzdeckchen nur dann zu empfehlen, wenn du ihre Nutzung ändern willst: Ein Platzdeckchen könnte zum Beispiel zu einem Wandbild werden oder ein Tablett zu einem Ordnungshelfer für den Schminktisch.

Aquarellfarbe ist sehr empfindlich – ganz gleich, auf welcher Oberfläche du malst, braucht sie eine gewisse Pflege. Damit deine Werke lange erhalten bleiben, kannst du ein UV-Schutzspray, ein Sprüh-Firnis oder ein Sprüh-Fixativ verwenden.

Um eine Oberfläche, die nicht aus Papier besteht, für das Malen vorzubereiten, trage zunächst eine Schicht weiße Acrylfarbe auf und lasse sie trocknen.

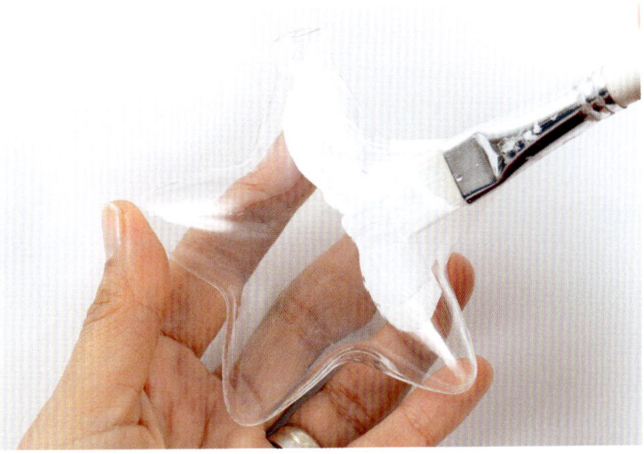

Trage dann zwei Schichten Aquarellgrundierung auf und lasse sie 24 Stunden lang aushärten, bevor du mit deinen Aquarellfarben malst.

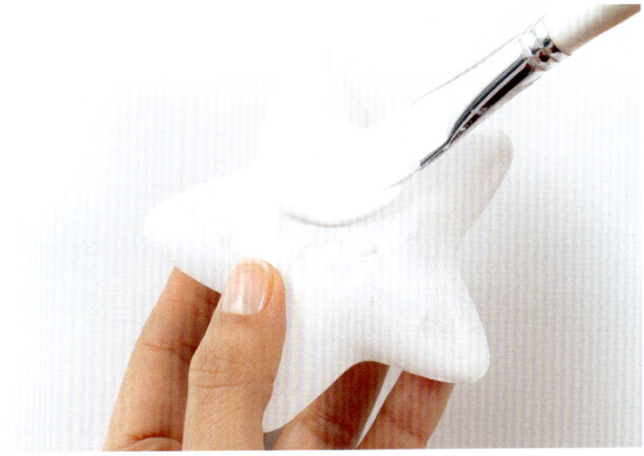

Projekte auf Papier

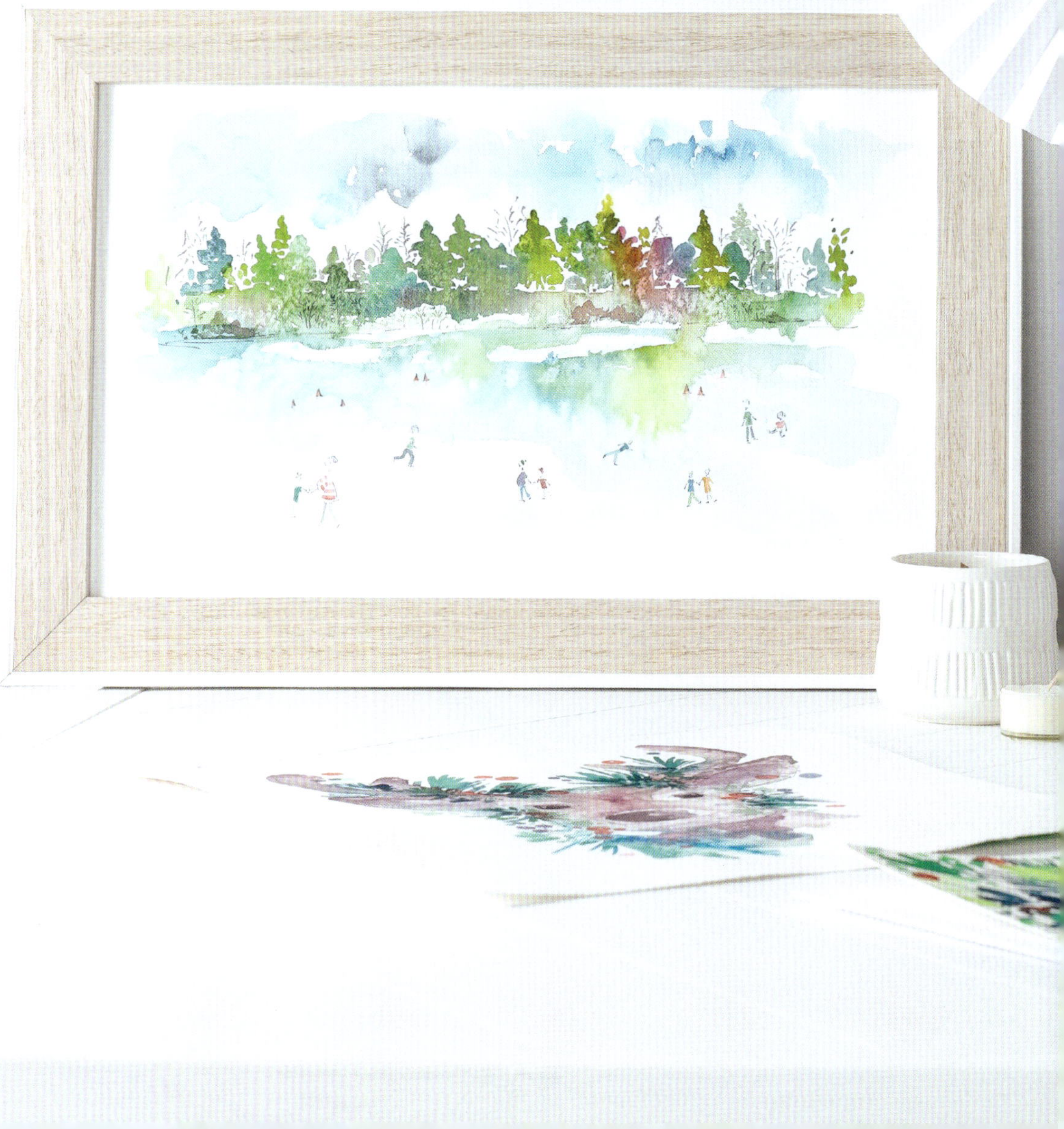

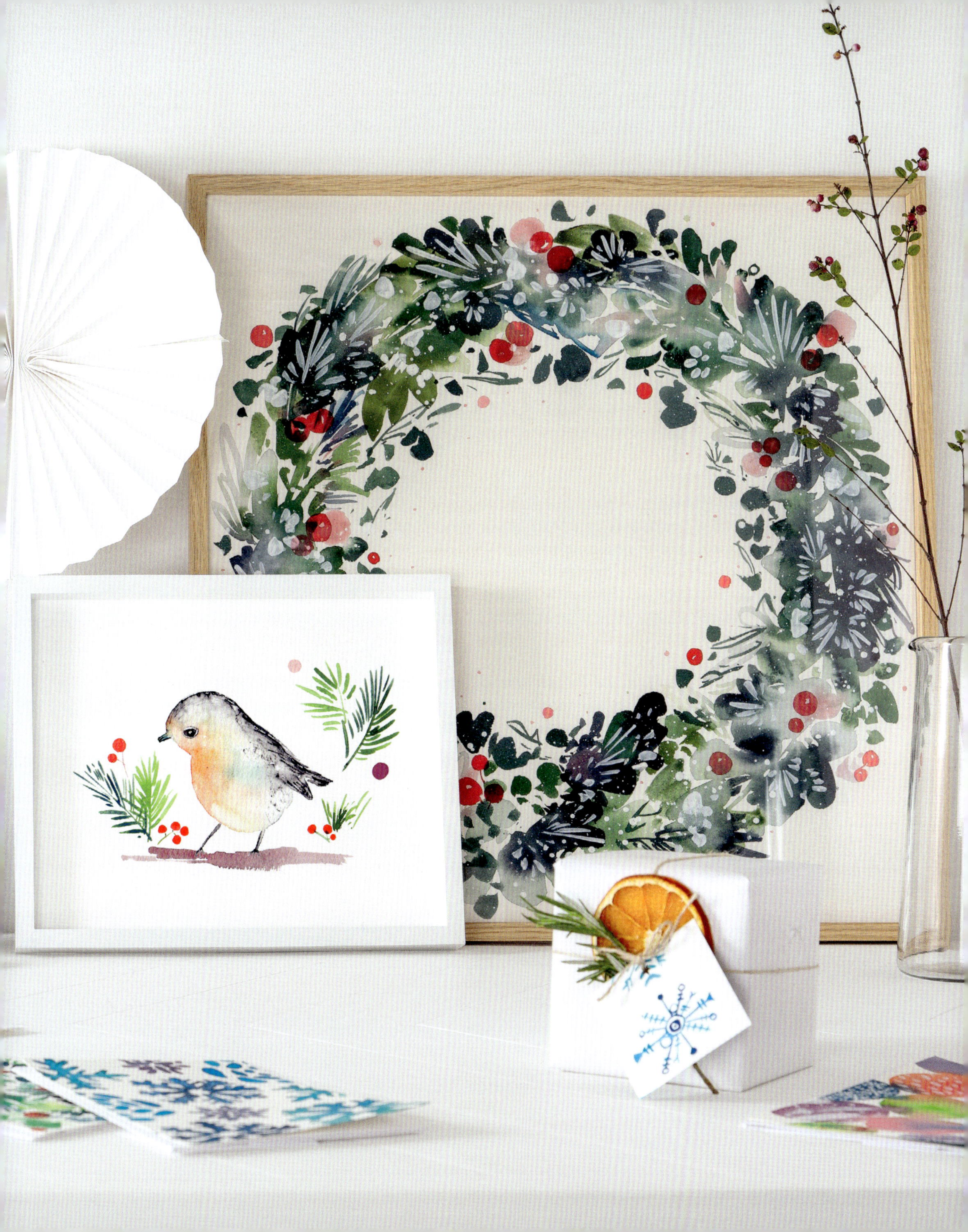

Kreative Weihnachtskarten

Warum probierst du nicht einmal aus, deine eigene Weihnachtspostkarten-Kollektion zu gestalten? Das ist eine tolle Möglichkeit, eine ganze Reihe von Watercolor-Tricks und -Techniken zu üben und gleichzeitig ein paar der beliebtesten Weihnachtsmotive zu verfeinern, von Stechpalmenblättern über Schneeflocken und Zuckerstangen bis hin zu Lebkuchenmännern. Ich zeige dir für den Anfang ein paar Ideen, aber experimentiere ruhig selbst, um deine eigenen Kombinationen zu kreieren und deine eigenen Designs zu entwickeln. Du musst nur daran denken, dich vorzubereiten, wie du es vor jedem Projekt tun solltest: Mache einen Plan – skizziere deine Ideen für deine Karte, die Komposition und das Farbschema; bereite dein Material vor, einschließlich aller alternativen Materialien, die du ausprobieren möchtest; und stelle deine Farbpalette zusammen und probiere sie zunächst aus. Jetzt wird's festlich!

DU BRAUCHST

- Papier: siehe „Materialien und Ausrüstung"
- Pinsel in verschiedenen Formen und Größen: siehe „Materialien und Ausrüstung"
- Andere Medien deiner Wahl (z. B. weiße Acrylfarbe, Tinte, Farbstifte)
- Alternative Materialien deiner Wahl (z. B. Tafelsalz)

MEINE FARBPALETTE

Die Farben, die ich verwendet habe, findest du bei den einzelnen Kartenentwürfen.

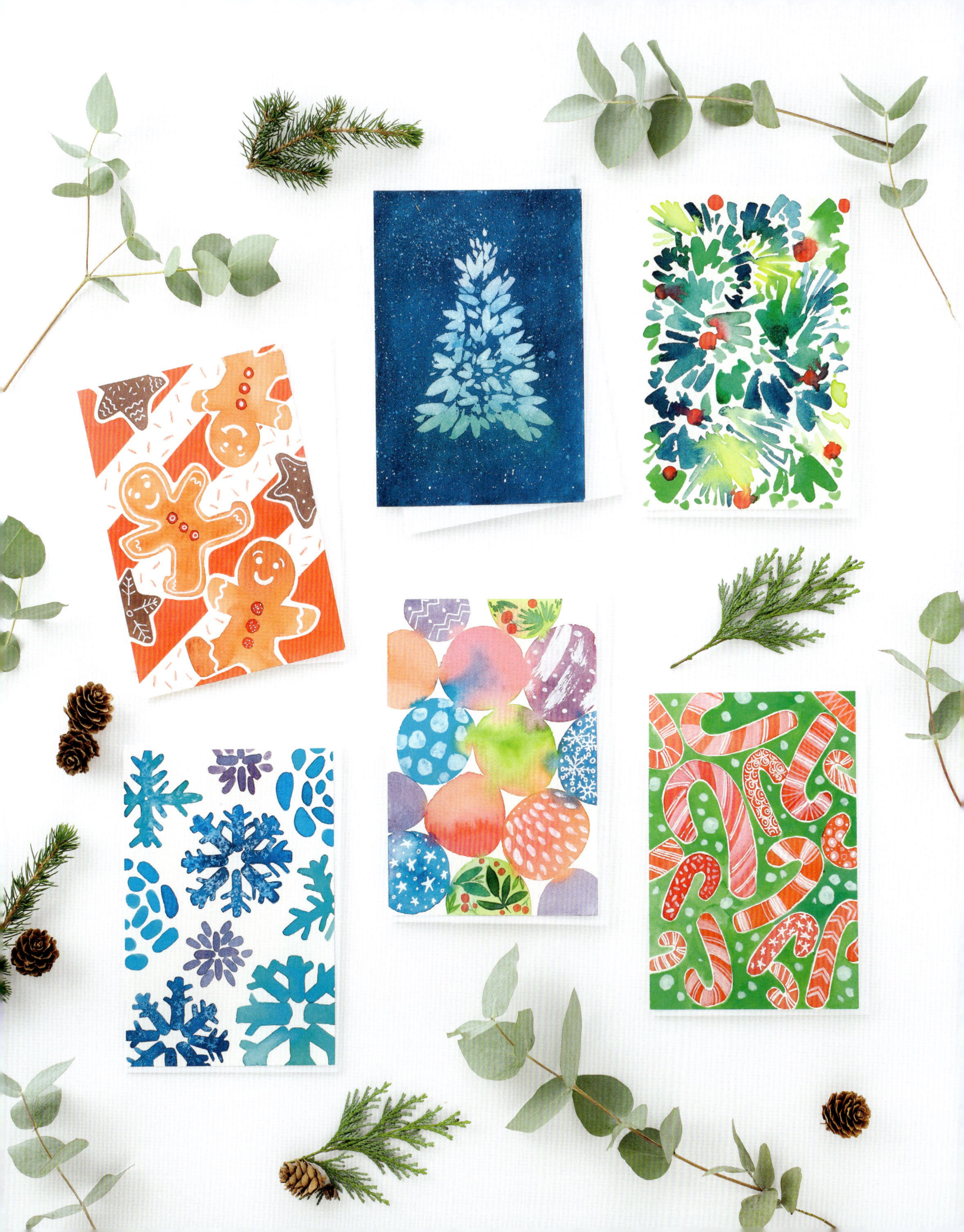

Bunte Christbaumkugeln

Hier vermittelt die Technik der verlaufenden Kreise (siehe die Übung „Verlaufende Kreise" in „Linien und Formen") den Eindruck einer Schachtel voller bunter Christbaumkugeln. Für die Kugeln wurden viele verschiedene Farben verwendet, und einige wurden auf unterschiedliche Weise verziert.

MEINE FARBPALETTE

Gemischt aus: Winsorgelb, Grüngold, Phthalogrün, Kadmiumrot, Zinnoberrot, Siena gebrannt, Cyan, Phthalotürkis, Preußischblau, Indigo. Um ein leuchtendes Rosa zu erzeugen und das Violett zu verstärken, habe ich einen Tropfen flüssige Aquarellfarbe in Kirschrot hinzugefügt.

1 Male zuerst einen Test. Probiere dein Farbschema aus und prüfe, ob dir gefällt, wie die Farben ineinander verlaufen. Achte auf die notwendige Wassermenge; wenn das Papier zu schnell trocknet, musst du eventuell mehr Wasser verwenden.

2 Wenn du zufrieden bist, kannst du mit der Gestaltung deiner Karte beginnen. Fülle dein Papier mit großen Kreisen in verschiedenen Farben. Arbeite schnell und lasse die Farben von selbst ineinanderfließen.

3 Sobald die Farbe vollständig getrocknet ist, zeichne mit einem weißen Gelstift weihnachtliche Motive – Sterne, Schneeflocken usw. – in einige der Kugeln. Füge dann in einigen anderen Kugeln Muster hinzu, z. B. mit weißer Acrylfarbe. Experimentiere mit unterschiedlichen Pinseln oder alternativen Materialien, um Texturen zu schaffen.

4 Male mit Aquarellfarbe, Tinte oder Farbstiften Blätter und Beeren in eine oder zwei der Kugeln. Um ein visuelles Gleichgewicht zu schaffen, lasse ein paar Kugeln unbemalt.

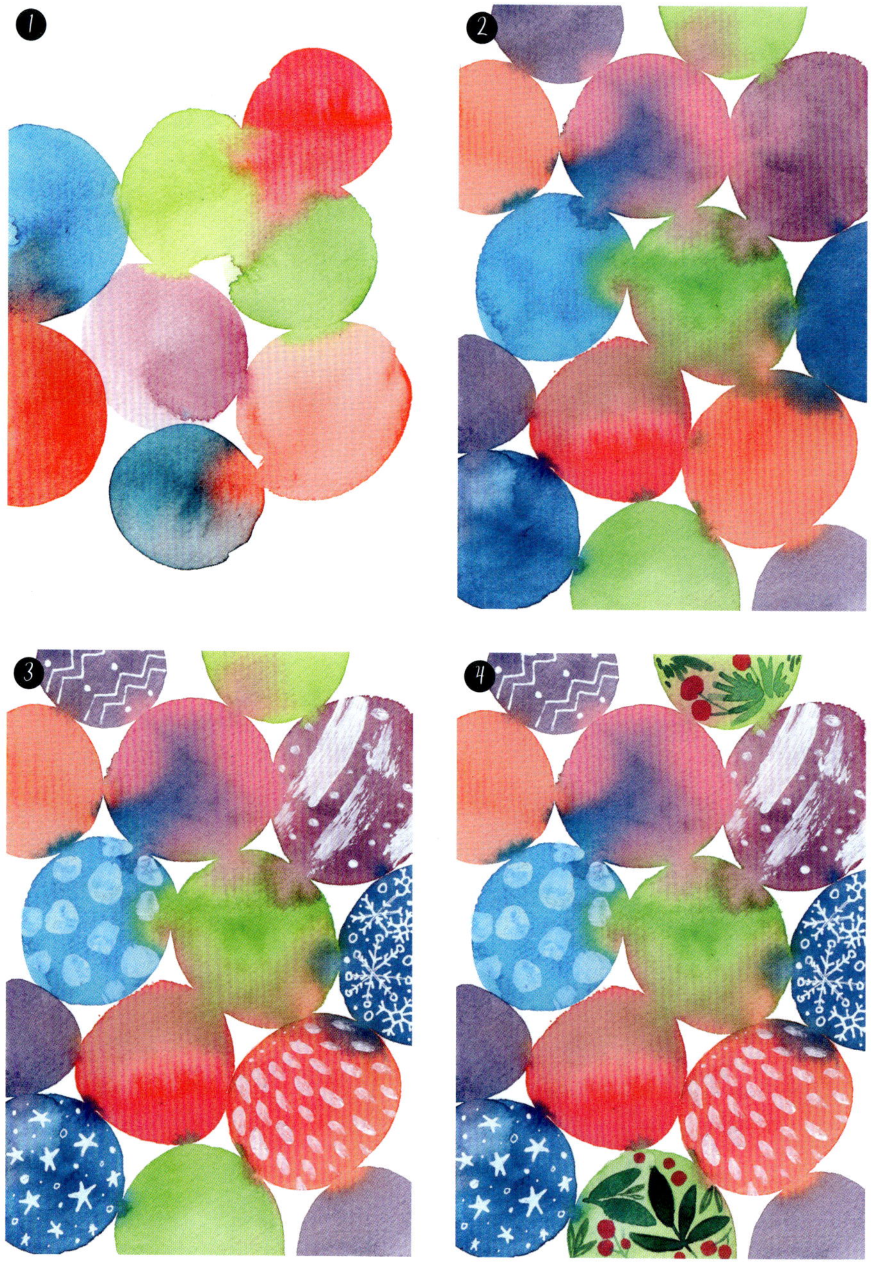

Stechpalmenblätter

Bei diesem Kartendesign versuchen wir, das Wesen der Stechpalmenblätter auf eine spielerische Weise mit einem lockeren Freihand-Malstil und einfachen Pinselstrichen einzufangen. Schnelles Arbeiten ist entscheidend, wenn die Blätter ineinander verlaufen sollen.

MEINE FARBPALETTE

Gemischt aus: Preußischblau, Indigo, Phthalogrün, Karminrot. Für die leuchtenden Grüntöne habe ich je einen Tropfen flüssige Aquarellfarbe in Olivgrün und Zitronengelb hinzugefügt.

1 Bereite deine Palette mit einer begrenzten Farbauswahl von Blau- und Grüntönen vor. Übe deine Pinselstriche zunächst mit verschiedenen Pinseln, bis du mit dem Ergebnis zufrieden bist.

2 Male deine ersten Linien mit nur einer Farbe. Denke daran, dass der Druck, den du auf den Pinsel ausübst, entscheidet, wie dünn oder dick deine Blätter werden (siehe „Linien und Formen: Linien malen"). Fahre fort, weitere Blätter hinzufügen, während du andere Farben auf den Pinsel nimmst. Wechsle von Hellgrün zu Tiefblau, um etwas Kontrast zu schaffen.

3 Wenn du ein paar Beeren hinzufügen möchtest, male einige rote Punkte, solange das Papier noch feucht ist, sodass die Farbe leicht in die umliegenden Blätter verläuft.

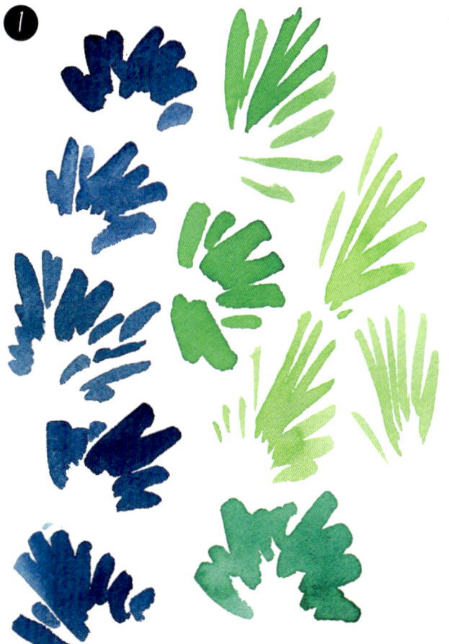

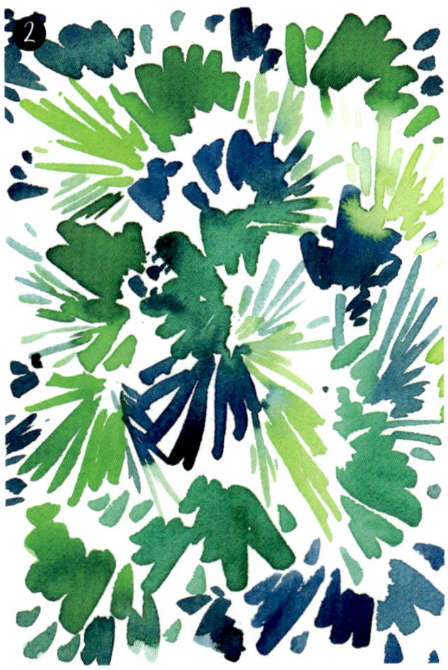

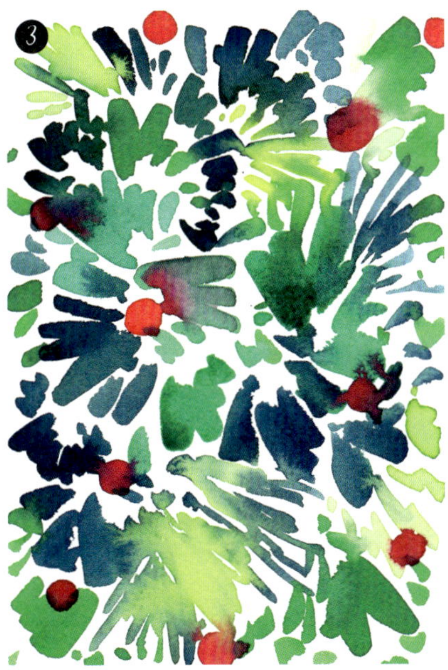

Wenn das Bild vollständig getrocknet ist, löse das Blatt vom Block, indem du es von einer leimfreien Ecke her abreißt.

Schneeflocken

Wusstest du, dass es 35 verschiedene Schneeflocken-Formen gibt? Auf diese Tatsache bin ich auf der Suche nach Inspiration für meine Schneeflocken-Karten in der Zeichnen-und-Ausmalen-Methode gestoßen. Aber natürlich kannst du, genauso wie ich, auch eine oder zwei Formen selbst dazuerfinden.

MEINE FARBPALETTE

Gemischt aus: Cyan, Phthalotürkis, Preußischblau, Karminrot. Um ein leuchtendes Türkis zu mischen, gib einen Tropfen flüssige Aquarellfarbe in Wacholdergrün dazu.

1 Bereite zunächst deine Palette mit zwei oder drei verschiedenen Blau-, Grün- und Lila-Tönen vor. Zeichne dann mit einem Bleistift Schneeflocken auf das Papier (Ideen findest du in der Motivgalerie).

2 Beginne damit, deine erste Schneeflocke mit einer Farbe auszufüllen. Verändere den Farbton oder füge einen Tropfen einer anderen Farbe hinzu, solange sie noch feucht ist. Wenn du möchtest, kannst du etwas Salz darüber streuen (siehe „Experimentelles Watercolor: Salz-Textur-Technik").

3 Male eine Schneeflocke nach der anderen. Nimm dir dabei Zeit zu beobachten, welche Effekte entstehen, z. B. wie die Farben auf das Salz reagieren.

4 Um eine visuelle Ausgewogenheit zu erreichen, wechsle Schneeflocken mit Farbeffekten und Schneeflocken mit Salztextur ab. Lasse deine Schneeflocken von selbst trocknen.

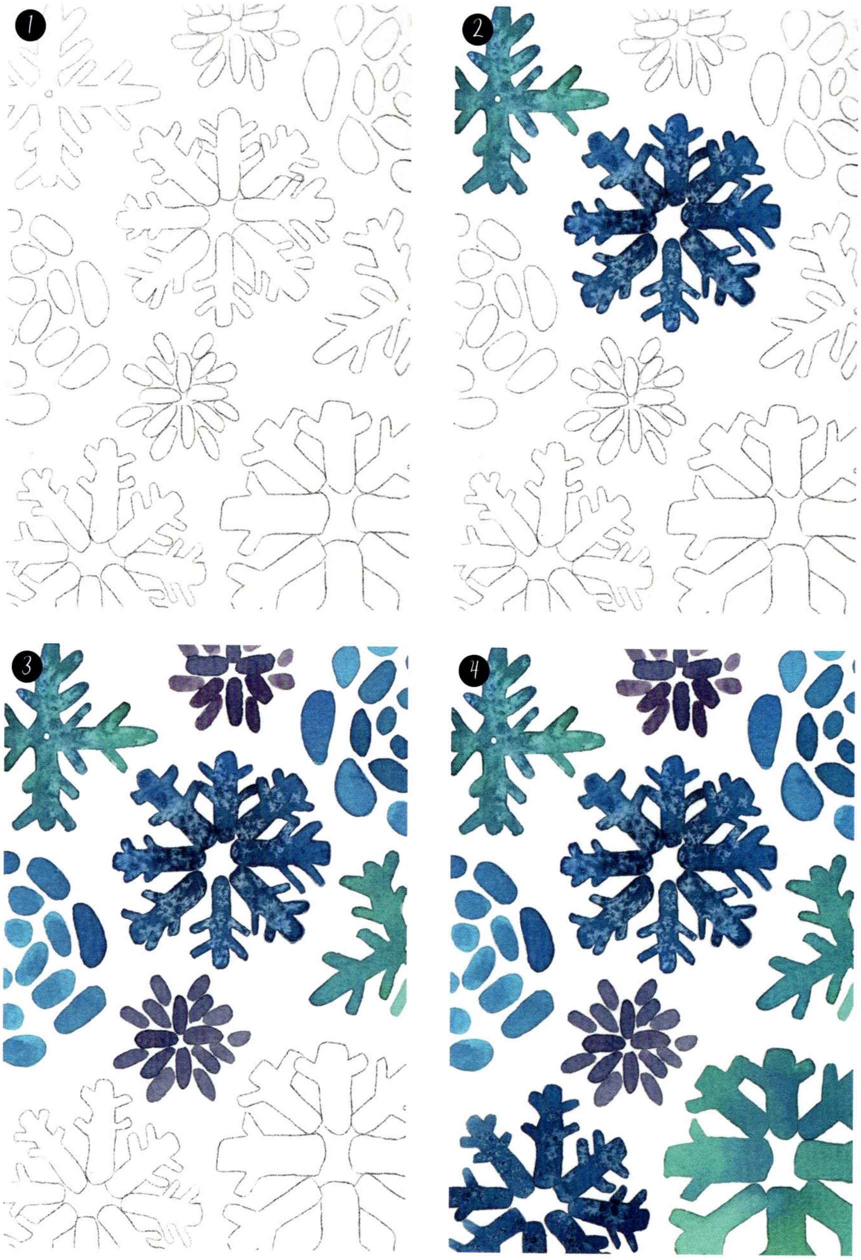

Wenn du für deine Schneeflocken einen lockeren Malstil ausprobieren möchtest, siehe „Supercoole Schneeflocken".

Weihnachtsbaum

Bei dieser Kartengestaltung kannst du die Reservierungstechnik mit Maskierflüssigkeit üben und mit Schichten experimentieren. Bevor du beginnst, lies bitte die Anleitungen für die Vorbereitung deines Pinsels für die Maskierflüssigkeit (siehe „Experimentelles Watercolor: Reservierungstechniken").

MEINE FARBPALETTE

Gemischt aus: Cyan, Phthalotürkis, Intensivgrün und Indigo

1 Male eine Farbverlaufs-Lavur mit den Farben deiner Wahl. Ich habe Cyan, Phthalotürkis und Intensivgrün verwendet. Wenn das Papier vollständig getrocknet ist, male mit Maskierflüssigkeit einzelne Pinselstriche, sodass sie die Silhouette eines Weihnachtsbaums ergeben.

2 Sobald die Maskierflüssigkeit vollständig getrocknet ist, trage über das ganze Blatt hinweg eine einfarbige Lavur auf. Füge einen Effekt deiner Wahl hinzu: Ich habe eine Prise Salz über das Bild gestreut und nach dem Trocknen mit einer Zahnbürste etwas Maskierungsflüssigkeit aufgespritzt.

3 Lasse wieder alles trocknen und trage dann eine weitere Lasurschicht auf, vorzugsweise mit einer dunkleren Farbe: Ich habe Indigo verwendet und noch mehr Salz über die noch feuchte Farbe gestreut. Wenn du so malst, ist jede Schicht eine Gelegenheit, weitere Effekte hinzuzufügen.

4 Lasse das Bild trocknen und entferne dann die Maskierflüssigkeit und alle Salzreste vom Papier.

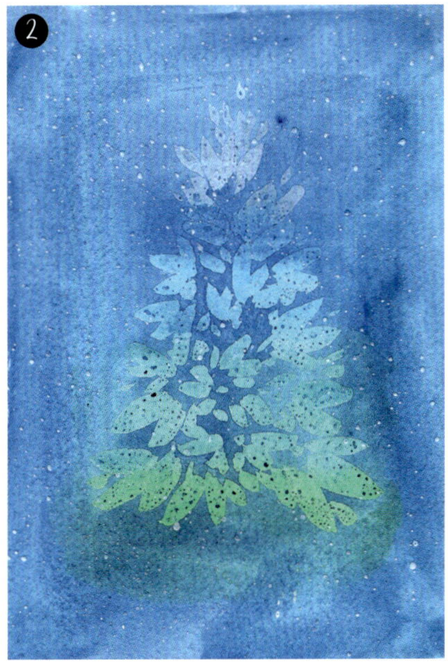

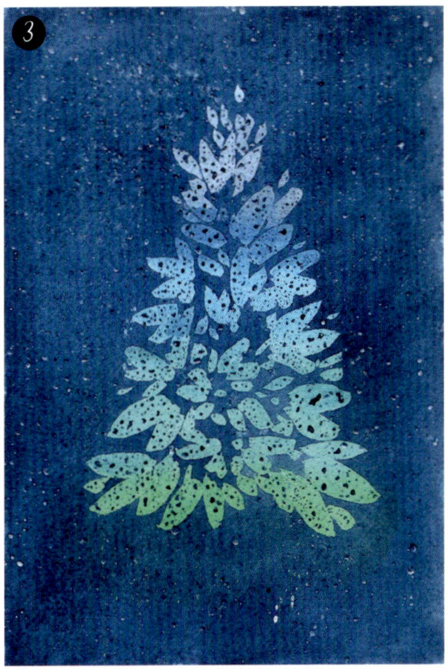

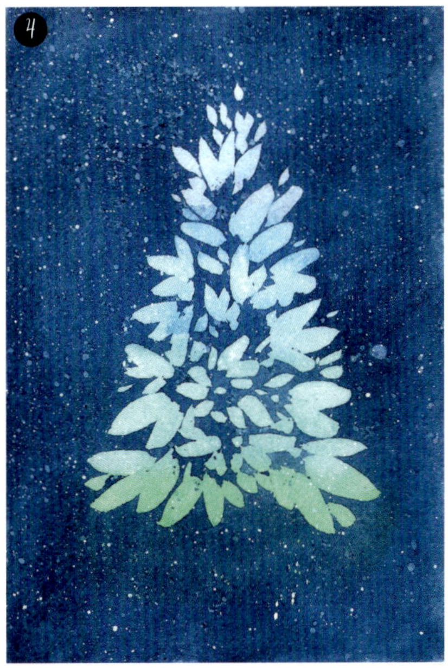

Du kannst diese Technik auch mit weißer Wachsmalkreide ausprobieren, denke aber daran, dass die Kreide die Farben deines Baumes beeinflusst.

Candy Cane

Das traditionelle Candy Cane, eine gebogene Zuckerstange, ist wie ein umgekehrtes „j" geformt. Man kann sie mit einem runden Pinsel sehr leicht frei Hand malen. Bei dieser Kartengestaltung kannst du mit weißer Acrylfarbe und einem weißen Gelstift experimentieren. Dabei ist es interessant zu beobachten, wie sich die unterschiedlichen weißen Farbmedien auf die Aquarellfarbe auswirken, wenn sie in Schichten aufgetragen werden.

MEINE FARBPALETTE

Gemischt aus: Kadmiumrot, Zinnoberrot, Karminrot, Intensivgrün

1 Male mit einem runden Pinsel die Zuckerstangenformen über das ganze Papier verteilt. Variiere dabei sowohl die Größe als auch die Ausrichtung und drehe das Papier während du malst.

2 Bereite weiße Acrylfarbe auf einem kleinen Teller vor: Wenn sie sich zu dick anfühlt, gib etwas Wasser hinzu, damit sie sich leichter auftragen lässt. Male mit den Pinseln deiner Wahl Linienmuster in verschiedenen Stärken und Winkeln in einige der Zuckerstangenformen. Ich habe hier auch ein Punktmuster verwendet.

3 Verziere mit dem weißen Gelstift die übrigen Candy Cane-Formen mit Mustern oder Motiven deiner Wahl. Beachte, dass die Acrylfarbe ein wenig von der roten Farbe absorbiert, während der Gelstift heller wirkt.

4 Du kannst deine Karte so lassen, wie sie ist, oder den Hintergrund ausmalen, wenn du möchtest. Wenn du den Hintergrund malst, lasse einen weißen Rand um die Zuckerstangen herum. Du kannst den gemalten Hintergrund so lassen oder einen Effekt hinzufügen: Ich habe mit weißer Acrylfarbe weiße Punkte in unterschiedlichen Größen hinzugefügt, um Schnee anzudeuten.

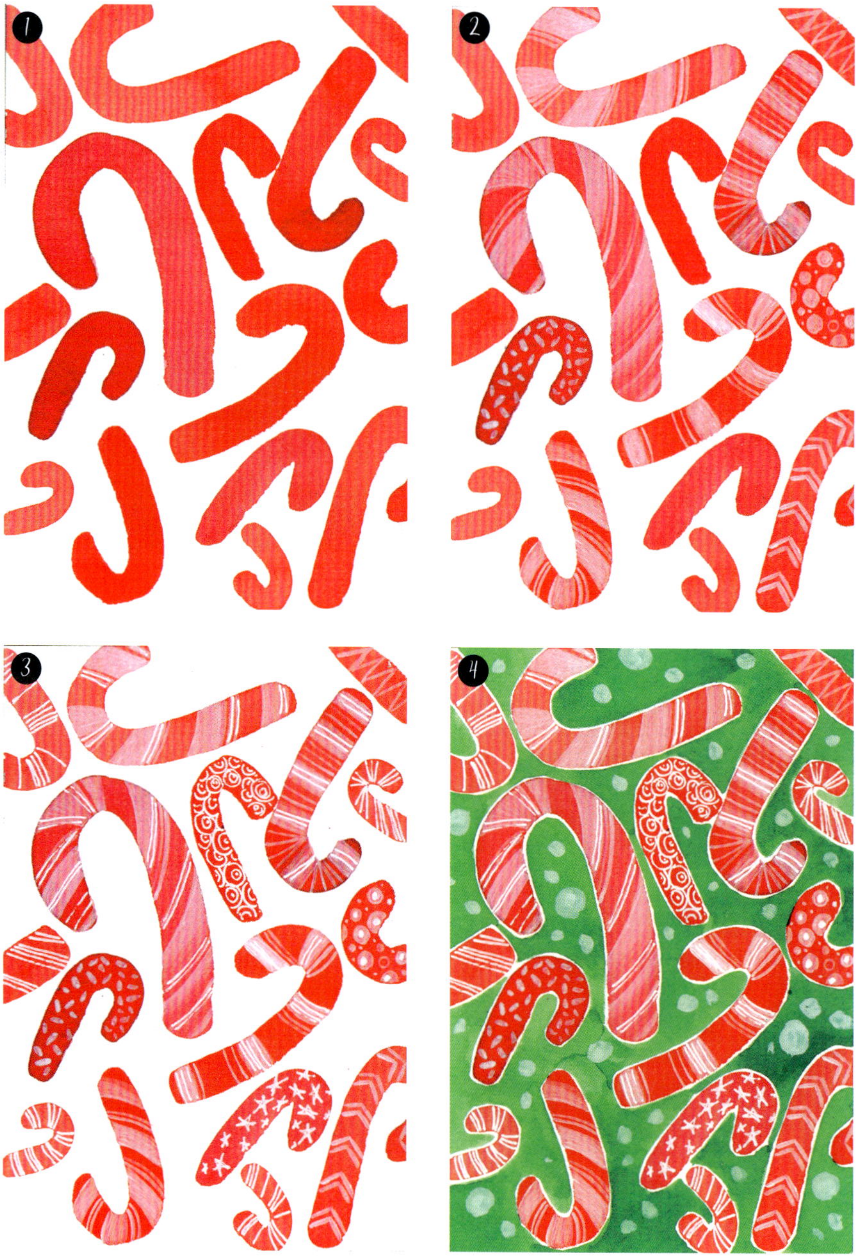

Lebkuchenmänner

Wir alle lieben Lebkuchenmänner! Zu Weihnachten kann man diese leckeren Gesellen wunderbar mit Kindern backen, und sie sind immer willkommene Geschenke. Für dieses Lebkuchenmann-Motiv kannst du die Zeichnen-und-Ausmalen-Methode anwenden oder sie einfach frei Hand malen, was mit einem runden Pinsel auch sehr leicht gelingt.

MEINE FARBPALETTE

Gemischt aus: Siena gebrannt, Winsorgelb, Karminrot, Indischrot und Paynesgrau

1 Übe die Form des Lebkuchenmännchens zuerst mit einem Rundpinsel auf einem Extrastück Papier. Probiere dabei auch deine Farben aus. Ich habe Indischrot mit etwas Winsorgelb verwendet. Male über das Blatt purzelnd dann Lebkuchenmänner – oder zeichne und male sie aus. Nach dem Trocknen verziere die Lebkuchenmänner mit weißer Acrylfarbe oder einem weißen Gelstift (Hinweis: Ich habe die Knöpfe zuerst mit roter Aquarellfarbe aufgemalt und sie trocknen lassen, bevor die weißen Details hinzukamen).

2 Füge die dunklen Lebkuchensterne hinzu, indem du sie vorzeichnest und dann mit brauner Aquarellfarbe ausmalst. Ich habe meine Farbe aus Indischrot und Paynesgrau gemischt. Nach dem Trocknen füge mit einem Gelstift oder Acrylfarbe wieder ein paar Details hinzu.

3 Bereite nun die Karte für den gestreiften Hintergrund vor. Klebe drei Streifen Malerkrepp diagonal und in gleichmäßigen Abständen auf die Karte. Male den Hintergrund mit roter Aquarellfarbe aus. Lasse dabei einen weißen Rand um die Lebkuchenmänner und Sterne.

4 Lasse die Hintergrundfarbe vollständig trocknen und entferne dann die Klebebandstreifen, sodass die weißen Streifen sichtbar werden. Du kannst sie so lassen, wie sie sind, oder ein zusätzliches Element hinzufügen. Ich habe mit einem Farbstift Linien gezeichnet, um süße Streusel anzudeuten.

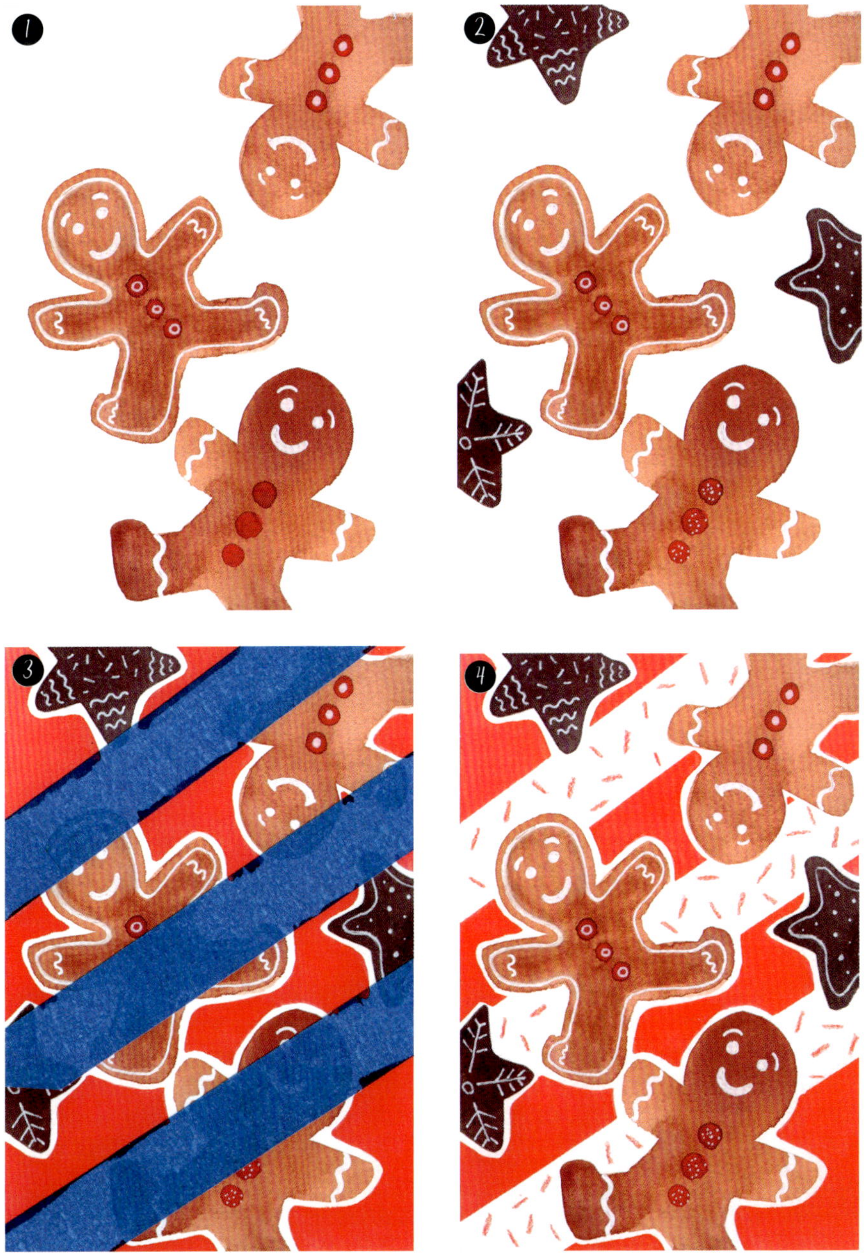

Winterlandschaft

Welche Landschaft kommt dir in den Sinn, wenn du an Weihnachten denkst? Ich denke an Menschen, die Schlittschuh laufen. Ich bin in Mexiko aufgewachsen, wo man Schnee nur aus Filmen kennt. Als Kind träumte ich davon, einen Schneemann zu bauen und unter weihnachtlichem Lichterschmuck Schlittschuh zu laufen. Ich war 24 Jahre alt, als ich zum ersten Mal Schnee sah, und erst viele Jahre später, als ich in New York City lebte, konnte ich mit viel Freude auf der Eislaufbahn im Central Park Schlittschuh laufen. Bis heute kann ich, wenn ich die Augen schließe und an Weihnachten denke, die Schlittschuhläufer im Park sehen. Dieses kleine Gemälde verleiht dieser Erinnerung Ausdruck.

DU BRAUCHST

- Papier: siehe „Materialien und Ausrüstung"
- Bleistift und Radiergummi
- Pinsel: siehe „Materialien und Ausrüstung"
- Tafelsalz
- Papiertaschentuch

MEINE FARBPALETTE

Gemischt aus: Phthalotürkis, Olivgrün, Grüngold, Phthalogrün, Indigo, Paynesgrau, Karminrot

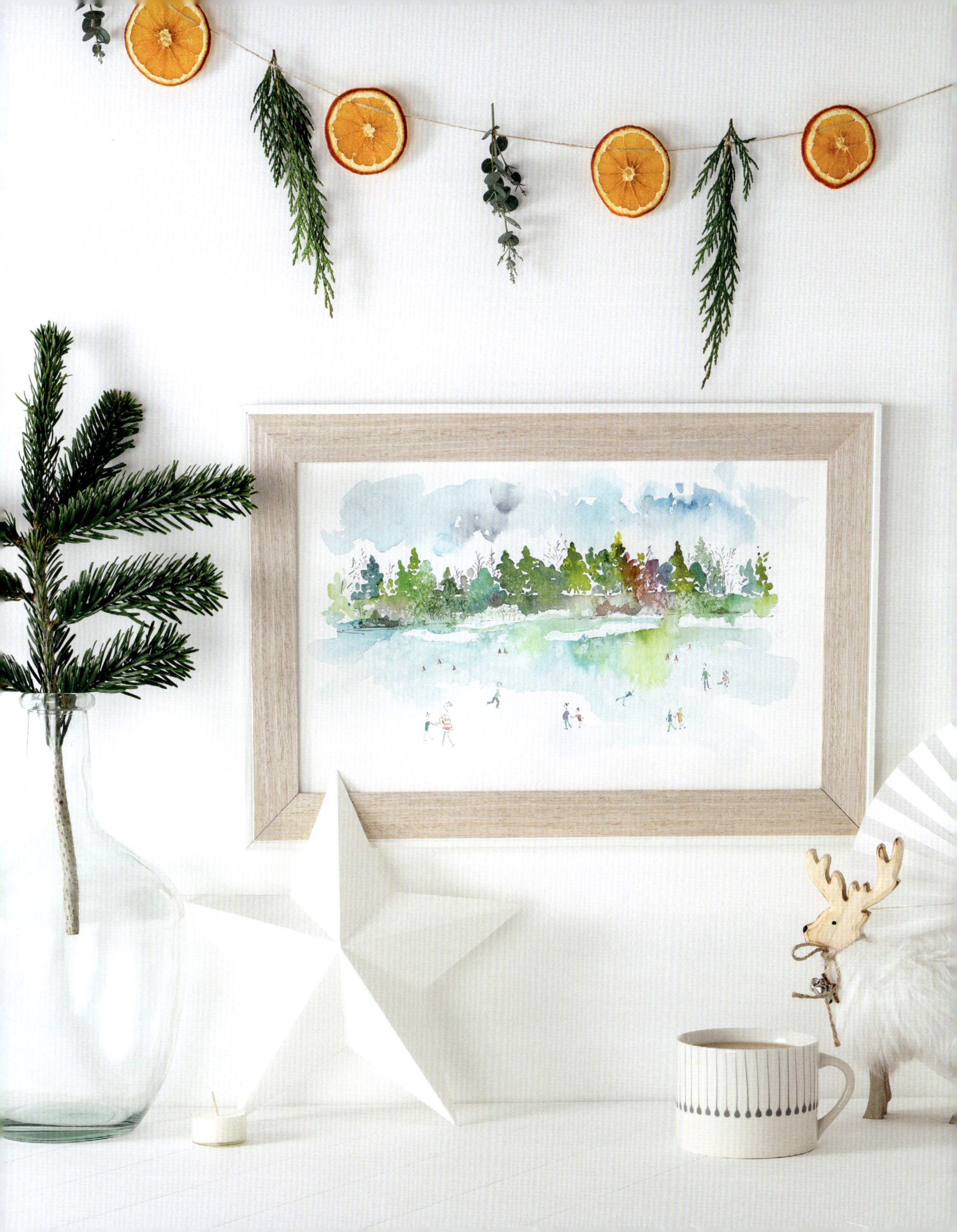

1 Beginne auf einer Seite des Papiers ungefähr auf Höhe der Mitte und male mit Grün die Form einer Tanne. Füge eine zweite und dann eine dritte Tanne hinzu und verändere dabei jedes Mal etwas die Farbe in deinem Pinsel. Die Tannen sollten sich berühren und etwas ineinander verlaufen (siehe die Übung „Verlaufende Kreise" in „Linien und Formen"). Fahre fort, auf diese Weise Tannen und Büsche zu malen, bis du eine bunte Reihe von ihnen am Horizont hast. Bevor sie trocknen, male mit einer blauen Lavur die Eisbahn, sodass das Wasser die Tannen berührt und so der Anschein ihrer Reflexion entsteht. Streue eine Prise Salz für die Textur darüber (siehe „Experimentelles Watercolor: Salz-Textur-Technik") und lasse alles trocknen.

2 Sobald die Aquarellfarbe vollständig getrocknet ist, zeichne mit einem Bleistift die Schlittschuhläufer mit einfachen Linien ohne viele Details. Überlege, welche Eigenschaften sie haben: Sind es Kinder oder Eltern mit ihren Kindern, sind es Paare oder einzelne Schlittschuhläufer? Wenn du möchtest, kannst du mit einem Farbstift oder trocken auf trocken mit einem dünnen Pinsel noch ein paar Zweige an die Tannen malen. Ich habe auch einige kleine Dreiecke für die Sicherheitskegel, die um die Eisbahn herum verteilt sind, gemalt.

1

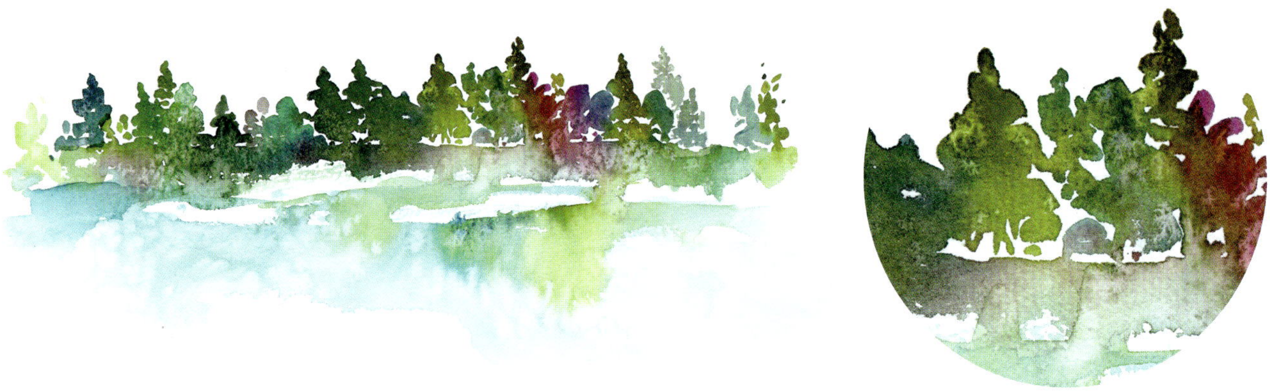

2

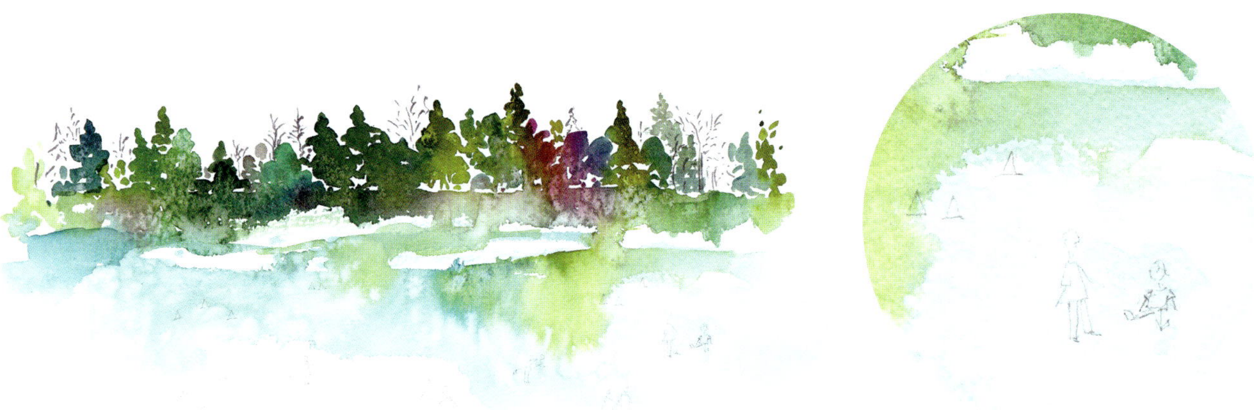

3 Wenn das Bild getrocknet ist, gestalte deine Eisläufer-Figuren individuell, indem du mit Aquarellfarben oder Aquarellstiften ihrer Kleidung Farbe und kleine Details verleihst. Male die Sicherheitskegel aus und gestalte ihr Spiegelbild mit umgekehrten Dreiecken aus stark verdünnter Aquarellfarbe. Lasse alles trocknen und setze mit einem schwarzen Gelstift ein paar zusätzliche Details. Du wirst feststellen, dass manchmal nur eine Linie oder ein Punkt an der richtigen Stelle zu einem Schal oder einem Handschuh werden kann.

4 Entscheide, wie du deine Landschaft fertigstellen möchtest. Indem du weiße Acrylfarbe aufspritzt, könnte es leicht eine verschneite Szene werden, aber da mir gefiel, wie lebendig meine Tannen wirkten, habe ich lieber einen strahlend blauen Himmel gemalt. Male oberhalb der Tannen (ohne sie zu berühren) eine Lavur aus Phthalotürkis und Indigo und lasse die beiden Farben ineinander verlaufen. Für einen wolkigen Effekt hebe etwas Farbe mit einem zerknüllten Papiertaschentuch ab (siehe „Experimentelles Watercolor: Nicht nur Pinsel").

Wenn du dir die Schlittschuhläufer nur schwer vorstellen kannst, suche im Internet nach Fotos und versuche, ihre Grundformen zu kopieren. Denke daran, wie Kinder Menschen zeichnen: nur mit Linien und Kreisen.

3

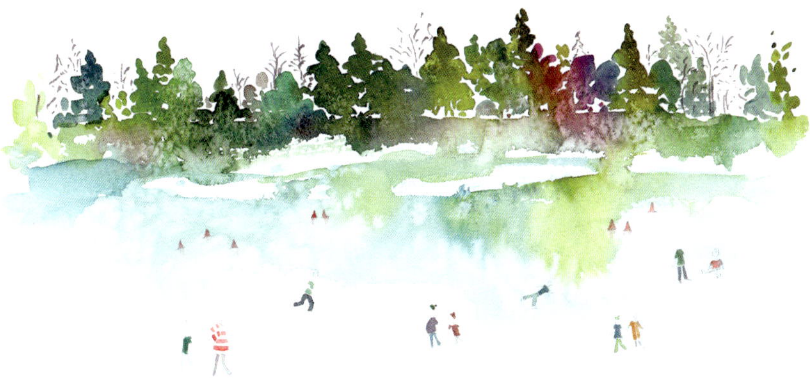

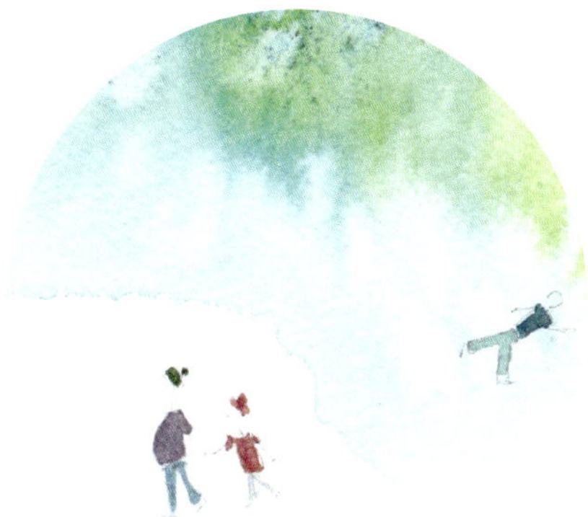

4

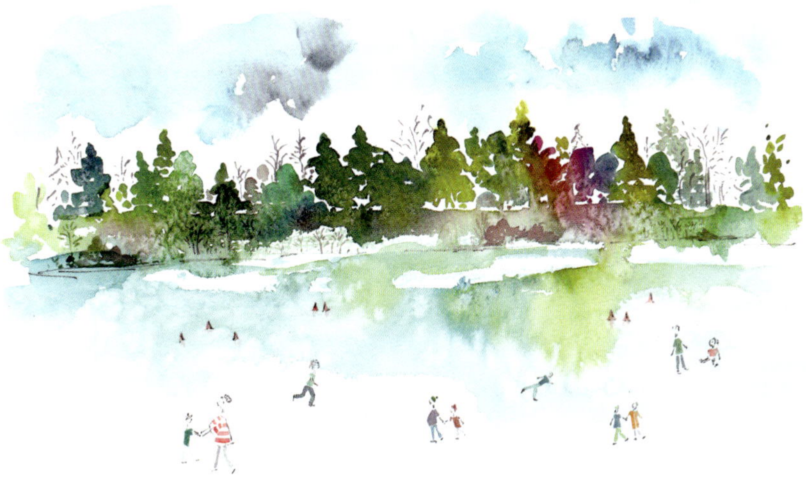

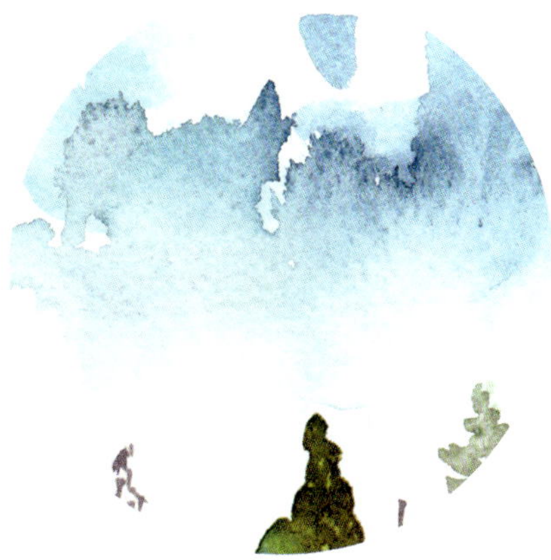

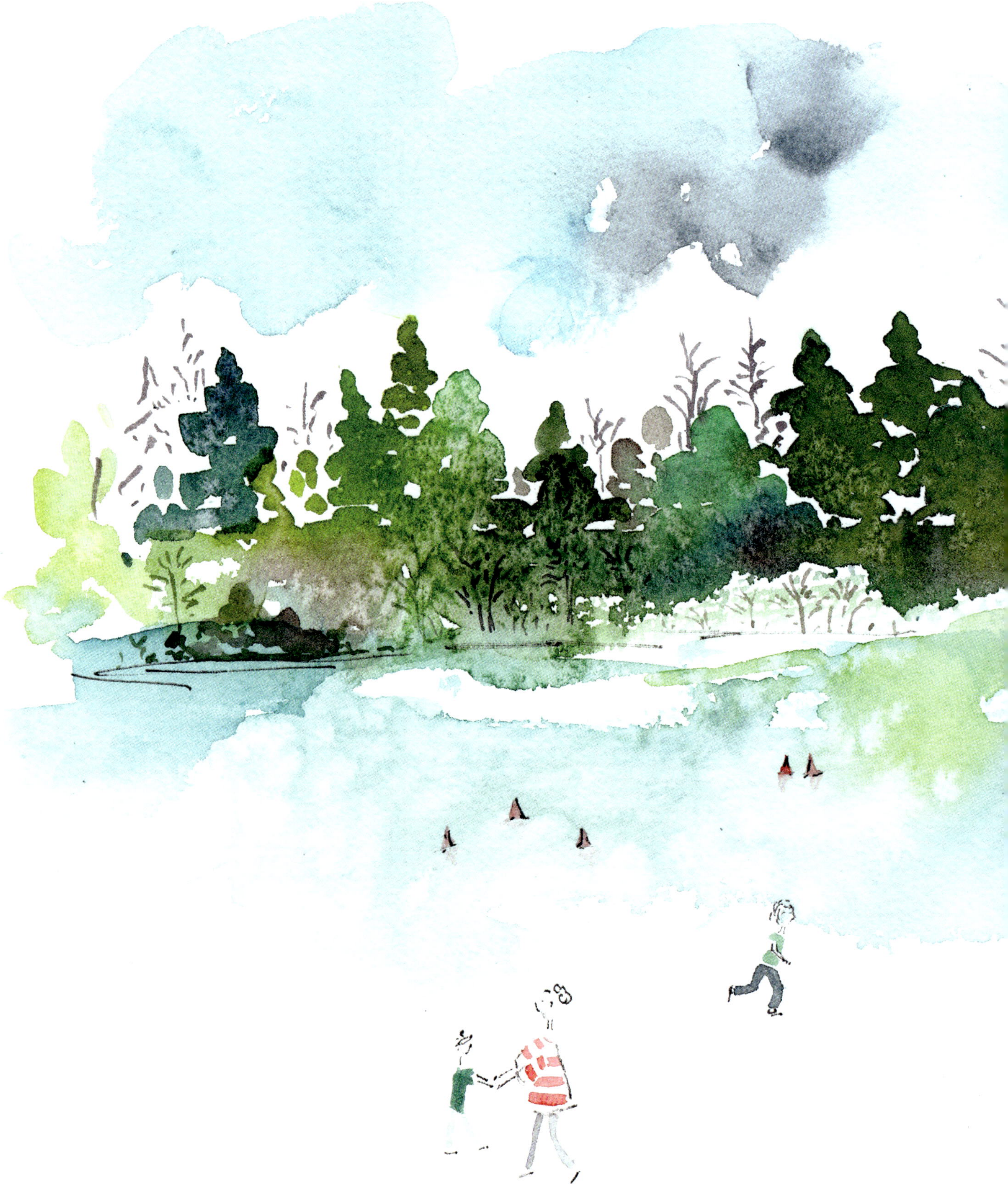

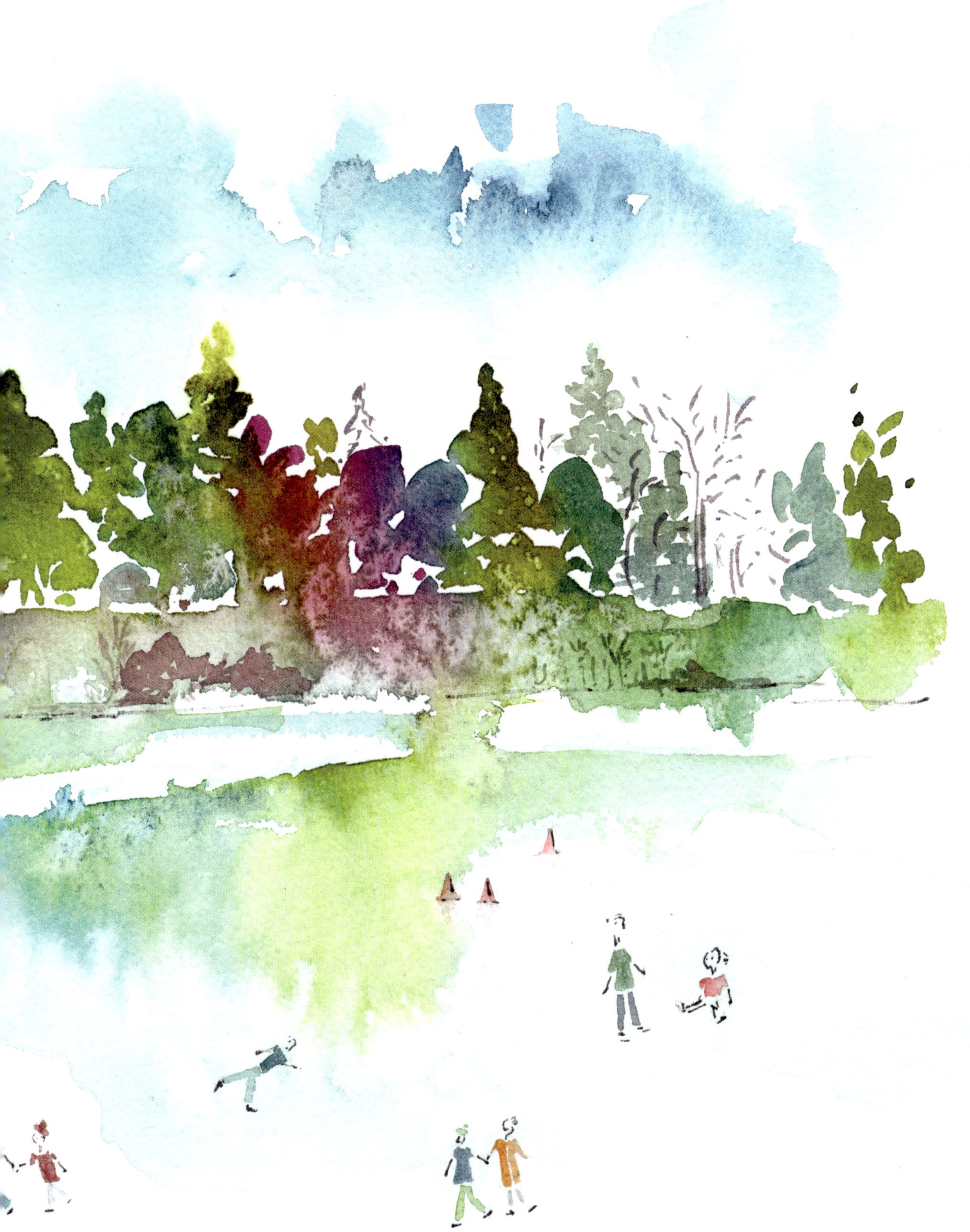

Traditioneller Kranz

Ein traditioneller Weihnachtskranz kann aus einer Vielzahl von Materialien gebunden werden, von Blumen und Früchten bis hin zu Zweigen und Blättern, die alle zu einem Kreis verwoben werden. Das macht ihn zu solch einem interessanten Sujet. Ich liebe es, Blätter zu malen, und daher habe ich beschlossen, meinen Kranz mit immergrünen Blättern und Winterbeeren zu schmücken. Wenn du Anfänger bist, rate ich dir, den Kranz Zweig für Zweig zu malen, so wie ich es in meinen Schritten zeige. Wenn du aber in der Aquarellmalerei schon fortgeschritten bist, kannst du diesen Rat ignorieren und den Kranz als durchgehenden Kreis malen.

DU BRAUCHST

- Papier: siehe „Materialien und Ausrüstung"
- Bleistift
- Teller oder einen anderen runden Gegenstand
- Pinsel: siehe „Materialien und Ausrüstung"
- Zahnbürste oder Pinsel mit steifen Borsten
- Acrylfarbe in Weiß

MEINE FARBPALETTE

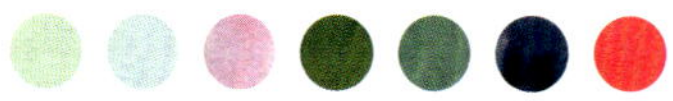

Gemischt aus: Intensivgrün, Olivgrün, Phthalogrün, Indigo, Karminrot

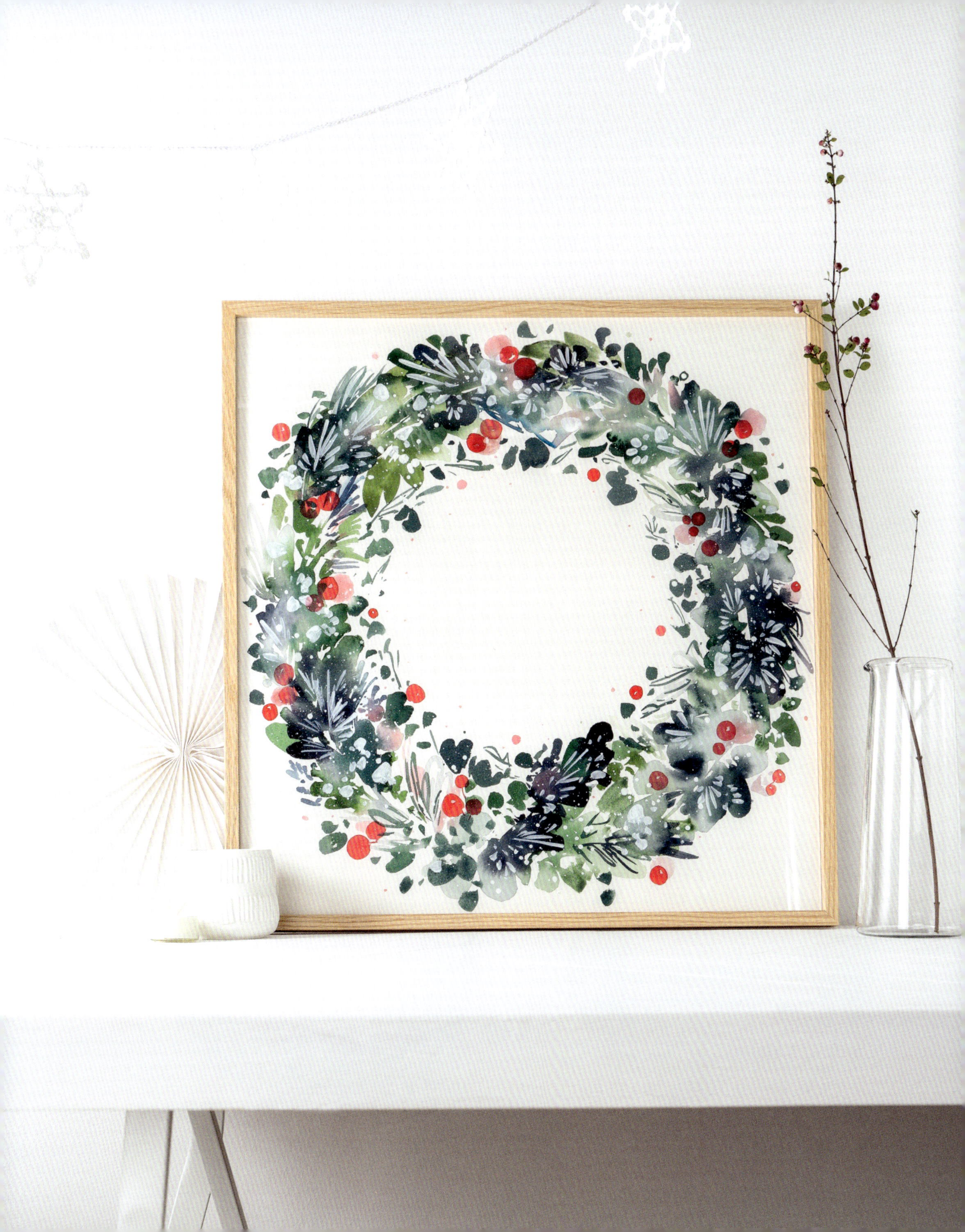

DER ÜBERBLICK

Ich habe diesen Kranz in der Nass-in-Nass-Technik gemalt (siehe „Grundlagen und mehr: Lavuren und Texturen"). Wenn du Anfänger bist, wird es dir viel leichter fallen, wenn du den Kranz abschnittsweise, Zweig für Zweig, malst, wie hier gezeigt, und Schritt für Schritt in „Einen Zweig malen" beschrieben. Wenn du schon mehr Erfahrung mit Watercolor hast, kannst du den Kranz natürlich auch in einem Durchgang malen, solange du schnell genug arbeitest, damit die Farbe während des Malvorgangs feucht bleibt.

Beginne, indem du einen Kreis vorzeichnest. Fahre dazu mit dem Bleistift um einen runden Gegenstand, z. B. einen Essteller. Male den ersten Zweig wie in den Schritten 1–4 von „Einen Zweig malen" beschrieben. Setze dann auf den vorgezeichneten Kreis als Orientierung Zweig an Zweig.

Wenn der Kreis vollständig mit Zweigen bemalt ist und du mit der Form deines Kranzes zufrieden bist, kannst du alle einzeln gemalten Zweige verbinden, indem du ein paar zusätzliche Akzente setzt (ein wenig Schnee, zusätzliche Blätter und einige leuchtende Beeren), wie in den Schritten 5–7 in „Die letzten Details malen" beschrieben.

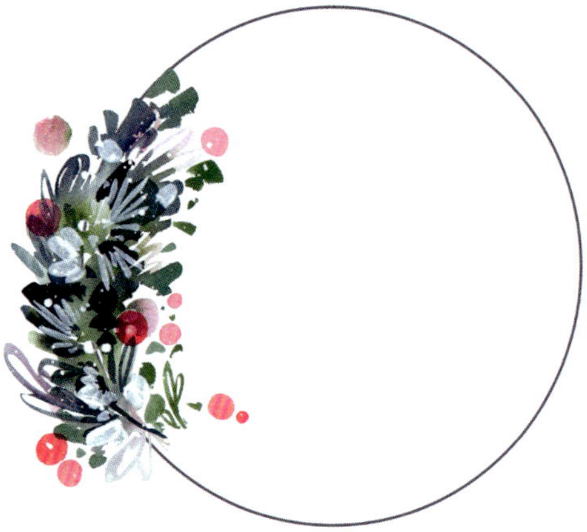

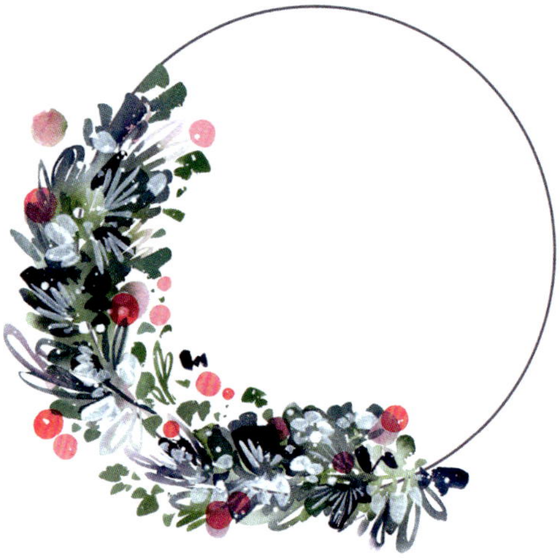

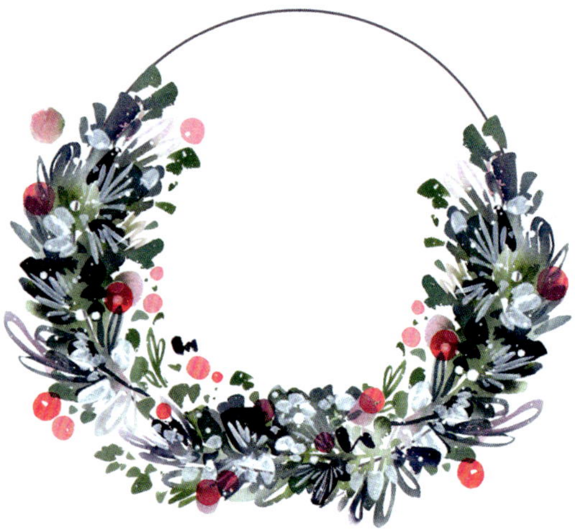

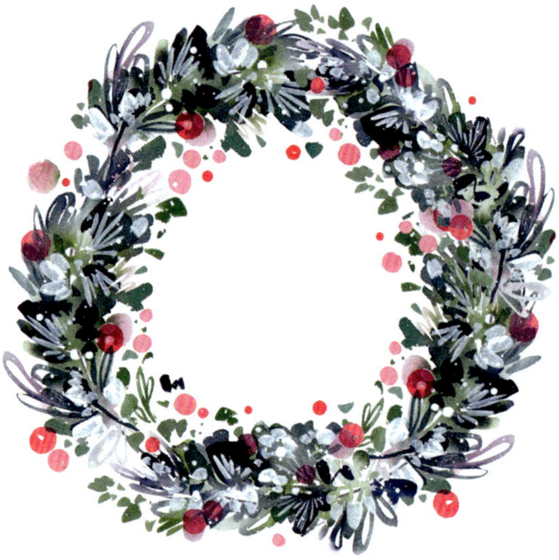

EINEN ZWEIG MALEN

1 Beginne, die allgemeine Form deines Zweigs mit einer Mischung aus verdünntem Grün und Blau zu malen.

2 Während die Farbe noch feucht ist, füge mit einem konzentrierteren Grün zusätzliche Blätter hinzu und lasse die Farben eine Minute lang ineinander verlaufen.

3 Bevor die Farbe trocknet, füge mit einer Kombination aus Grün und Indigo eine weitere Schicht Blätter hinzu. Male auch ein oder zwei Beeren. Lasse dann alles vollständig trocknen.

4 Sobald der Zweig ganz getrocknet ist, füge mit einem satteren Grün oder Indigo noch eine Schicht Blätter hinzu. Die Pigmentmenge, die du verwendest, ist wichtig, um einen gewissen Kontrast zwischen den Schichten zu erhalten.

1

Bevor du beginnst, lies „Grundlagen und mehr: Linien und Formen: Linien malen". Wichtig: Denke daran, dass unsere Blätter hier nur aus Linien und Punkten bestehen – versuche, nicht zu viel über die Formen nachzudenken.

2

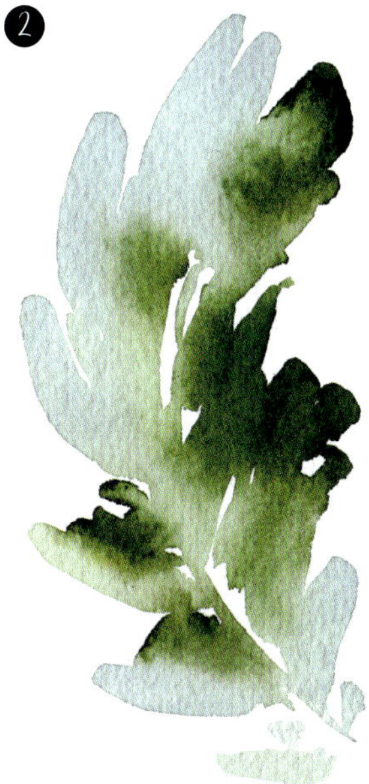

3

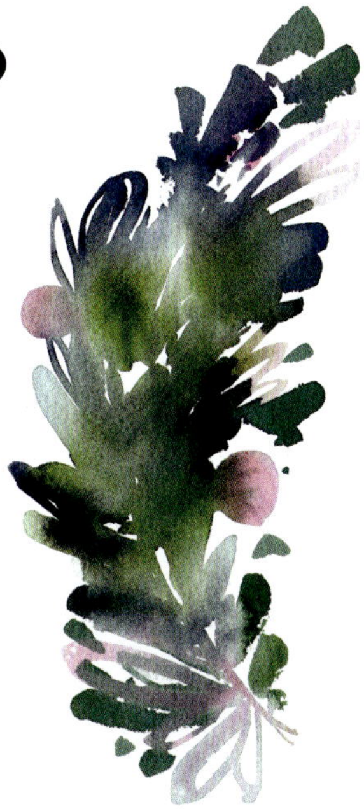

4

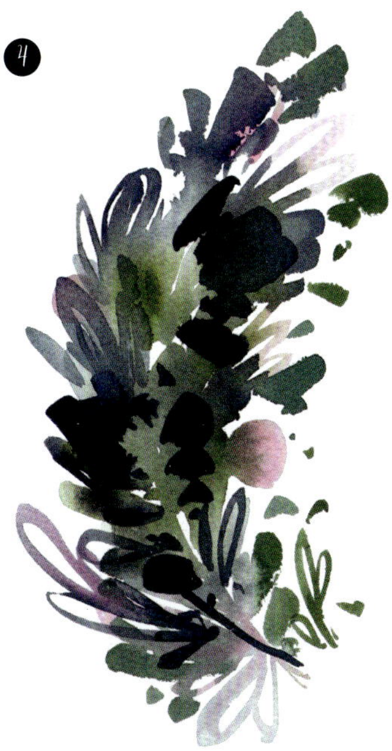

DIE LETZTEN DETAILS MALEN

Wenn du alle Zweige für deinen Kranz fertiggemalt hast, ist nun der Moment gekommen, an dem du alles verbindest. Arbeite dich um den Kranz als Ganzes herum und füge die weißen Blätter, den Schnee und die Beeren hinzu; diese Elemente helfen, die einzelnen Zweige zu verbinden, die den Kreis bilden.

5 Um den Effekt eines Hauchs von Schnee zu erzielen, spritze weiße Acrylfarbe oder weiße Aquarelltinte mit einer Zahnbürste oder einem Pinsel mit steifen Borsten auf den Kranz (Siehe „Experimentelles Watercolor: Malen mit Mixed Media").

6 Füge um den ganzen Kranz herum einige weitere Blätter hinzu, aber diesmal mit weißer Acrylfarbe.

7 Male mit Rot weitere Beeren in verschiedenen Größen. Spiele dabei mit der Menge an Wasser und Pigment, um verschiedene Tonwerte zu erhalten, denn dies macht dein Bild interessanter.

5

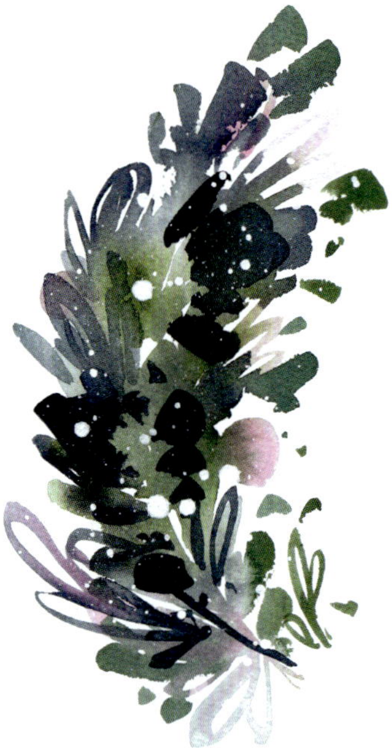

6

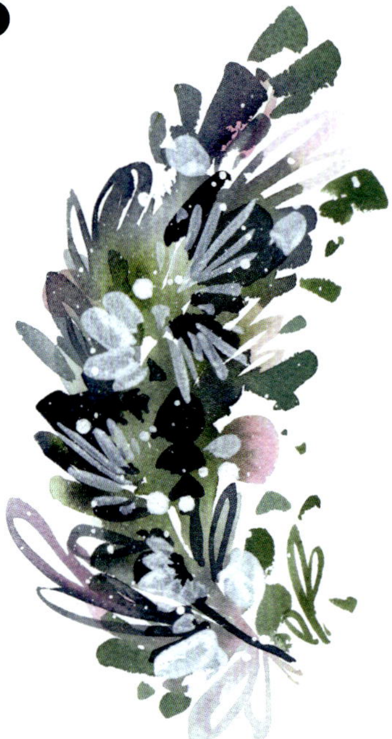

7

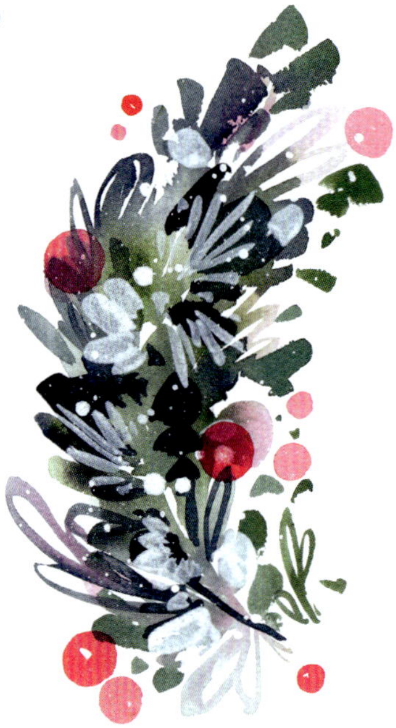

Wenn du weiße Acrylfarbe verwendest und sie zu dick ist, füge etwas Wasser hinzu, um sie zu verdünnen. So lässt sie sich viel leichter aufspritzen.

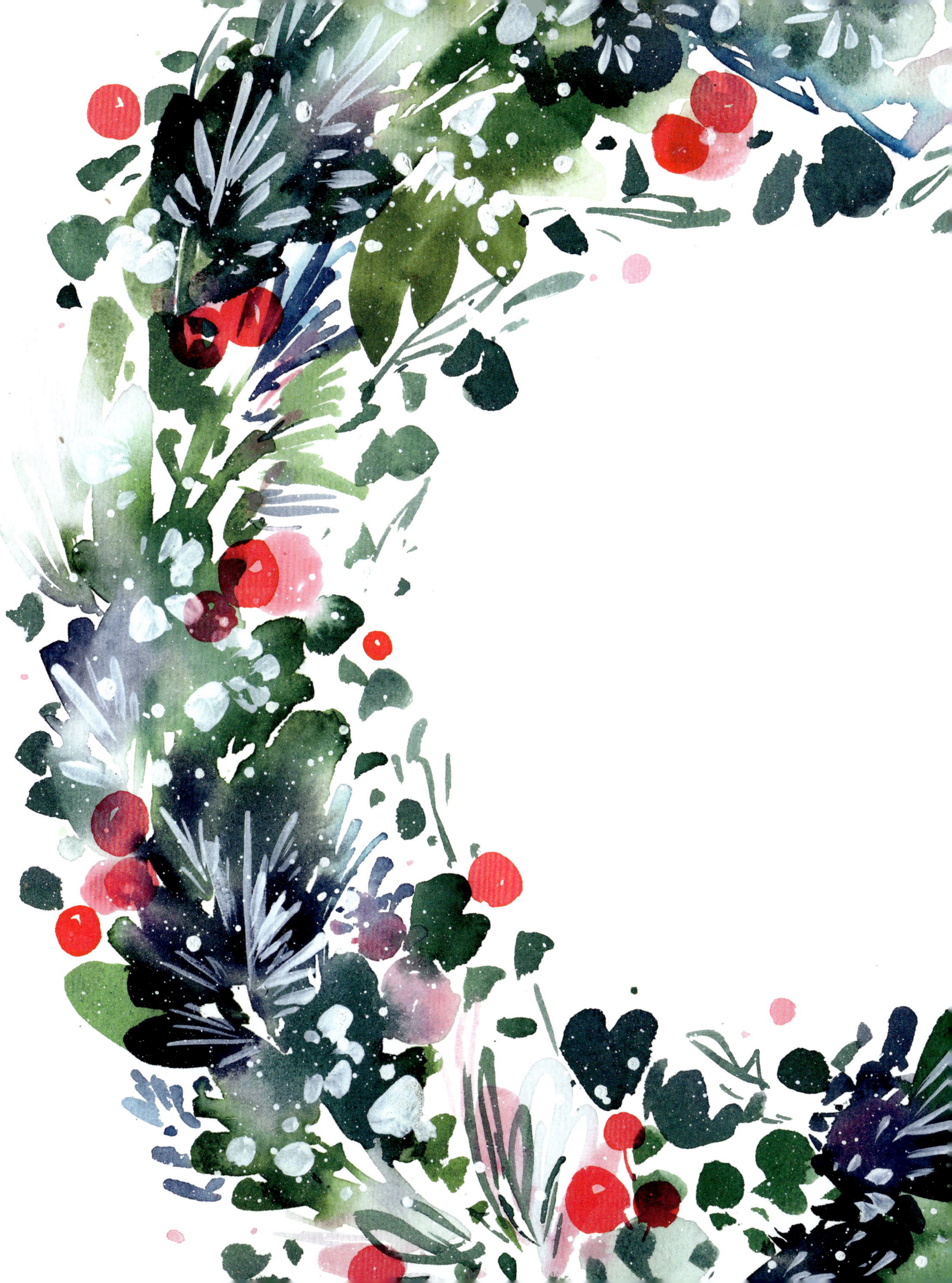

Rentier mit Immergrün

Rentiere gehören zu den beliebtesten Tieren in der Weihnachtszeit. Man sagt, dass sie das Reisen und die Ausdauer unterwegs symbolisieren, und vielleicht ließ sich Clement Clarke Moore deshalb von ihnen zu seinem Gedicht „The Night Before Christmas" inspirieren, in dem er zum ersten Mal den von Rentieren gezogenen Schlitten des Weihnachtsmanns beschreibt. Rentiergeweihe sind wunderschön, und da sie Zweigen ähneln, kann man sie sich leicht von allen möglichen Arten von Dekorationen umrankt vorstellen. Diese Idee hat mich zu einem Bild mit Immergrün und Beeren inspiriert, das ich mit Verlaufs- und Schicht-Techniken gemalt habe.

DU BRAUCHST

- Papier: siehe „Materialien und Ausrüstung"
- Bleistift und Radiergummi
- Pinsel: siehe „Materialien und Ausrüstung"
- Tafelsalz oder Seifenlauge

MEINE FARBPALETTE

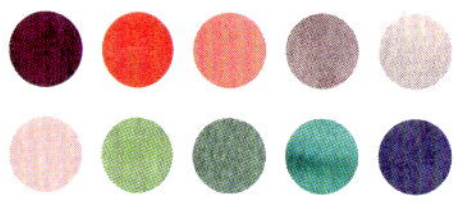

Gemischt aus: Karminrot, Indischrot, Siena gebrannt, Intensivgrün, Olivgrün, Phthalotürkis

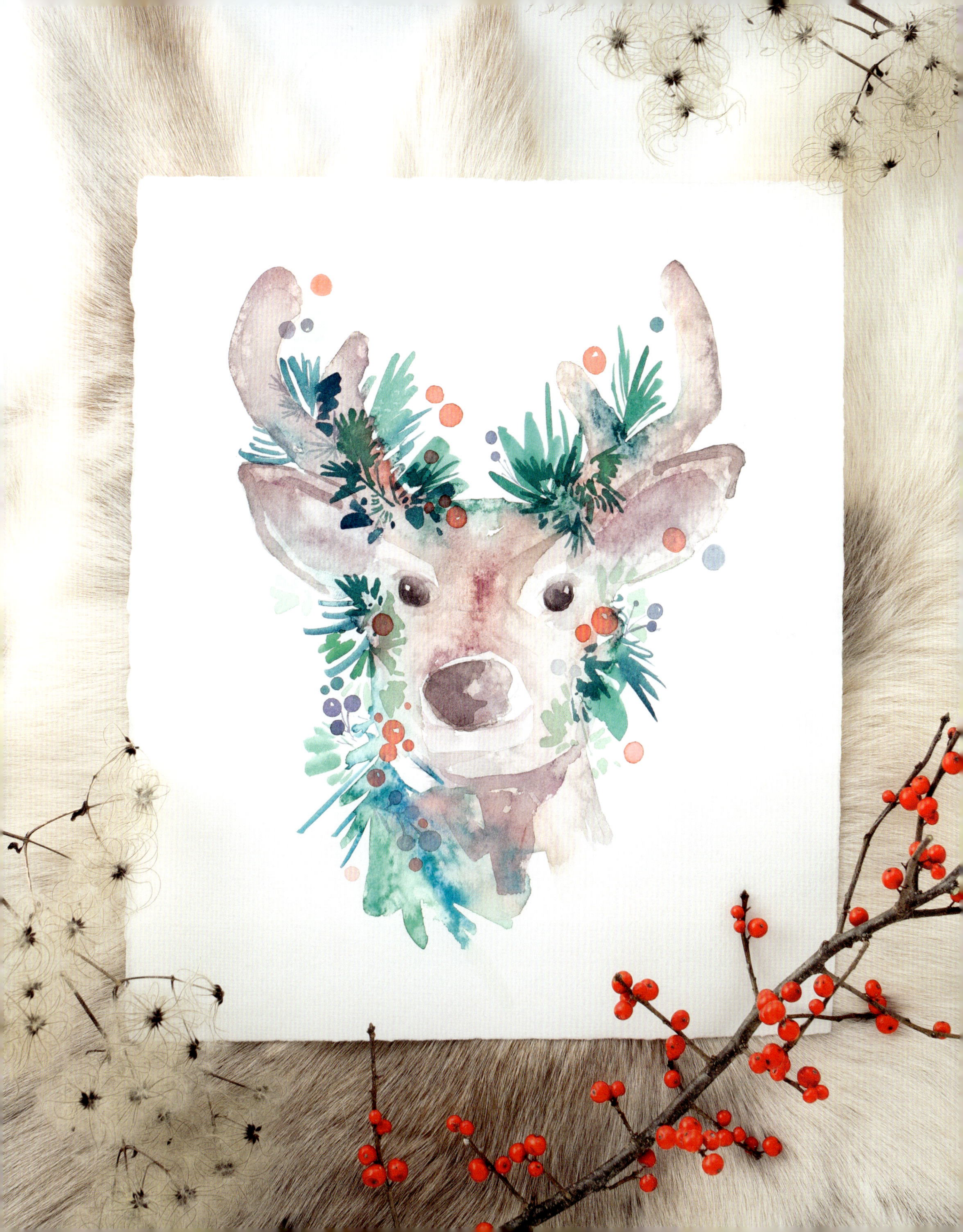

1 Zeichne mit einem Bleistift den Kopf des Rentiers einschließlich des Geweihs vor. (Ich habe die Blätter und Beeren nicht vorgezeichnet, weil ich sie lieber intuitiv während des Malens hinzufüge und die Grüntöne locker fließen lasse.)

2 Male die Form des Rentiers mit einer Mischung aus Indischrot und Siena gebrannt aus. Denke daran, dass es sich bei den weißen Flächen um unberührtes Papier handelt. Beachte, dass ich um die Augen und die Nase herum etwas Weiß ausgespart habe. Während das ausgemalte Rentier noch feucht ist, füge mit verschiedenen Grün- und Blautönen die ersten Blätter hinzu und lasse die Farben ineinander verlaufen. Streue eine Prise Salz darüber oder spritze etwas Seifenwasser auf, um eine gewisse Textur zu erzeugen (siehe „Experimentelles Watercolor").

3 Sobald diese Schicht vollständig getrocknet ist, füge Details hinzu, um die Form der Ohren und der Nase des Rentiers zu betonen. Male die Augen des Rentiers und füge eine zweite Schicht Blätter hinzu. Beachte, wie gut du beim Malen über trockene Schichten die Transparenz der Aquarellfarben nutzen kannst, um schärfere Details zu erzielen und dem Bild mehr Tiefe zu verleihen. Lasse diese Schicht vollständig trocknen, bevor du weitermalst.

4 Bei der letzten Schicht geht es um das Hinzufügen von Details. Ich habe überall rote und violette Beeren gemalt, und bei Bedarf kannst du noch mehr Blätter hinzufügen. Zum Schluss habe ich für einen dynamischeren Effekt mit dem Borstenpinsel grüne Aquarellfarbe auf mein Bild gespritzt.

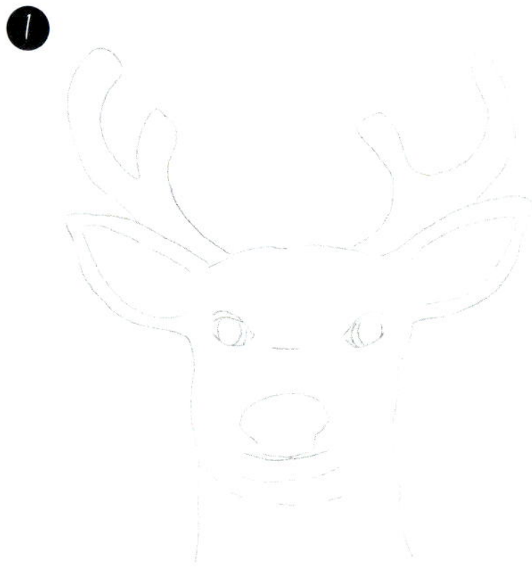

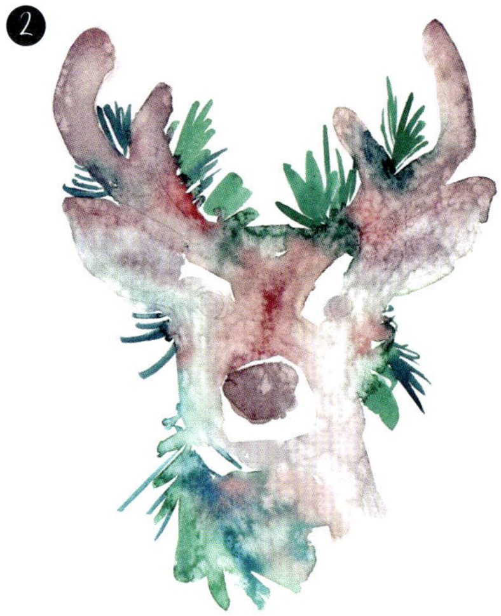

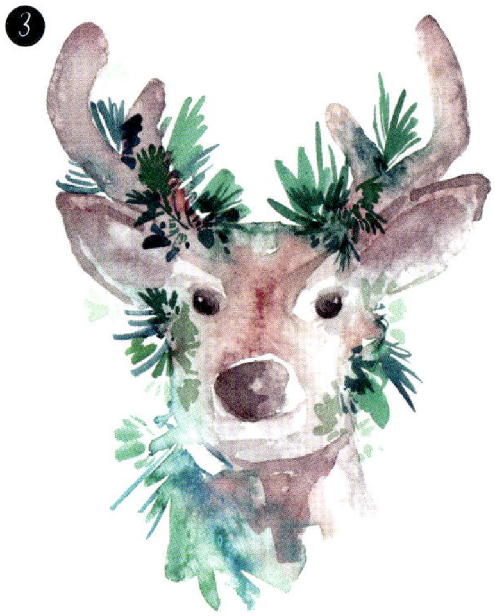

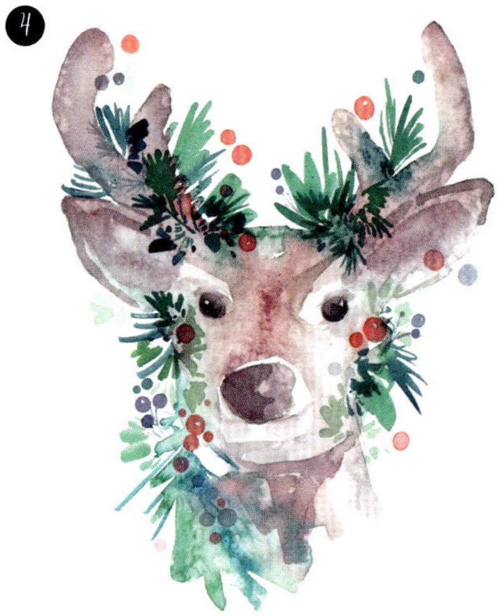

Weitere Ideen für die Verwendung alternativer Materialien für mehr Textur in deinen Bildern findest du im Kapitel „Experimentelles Watercolor".

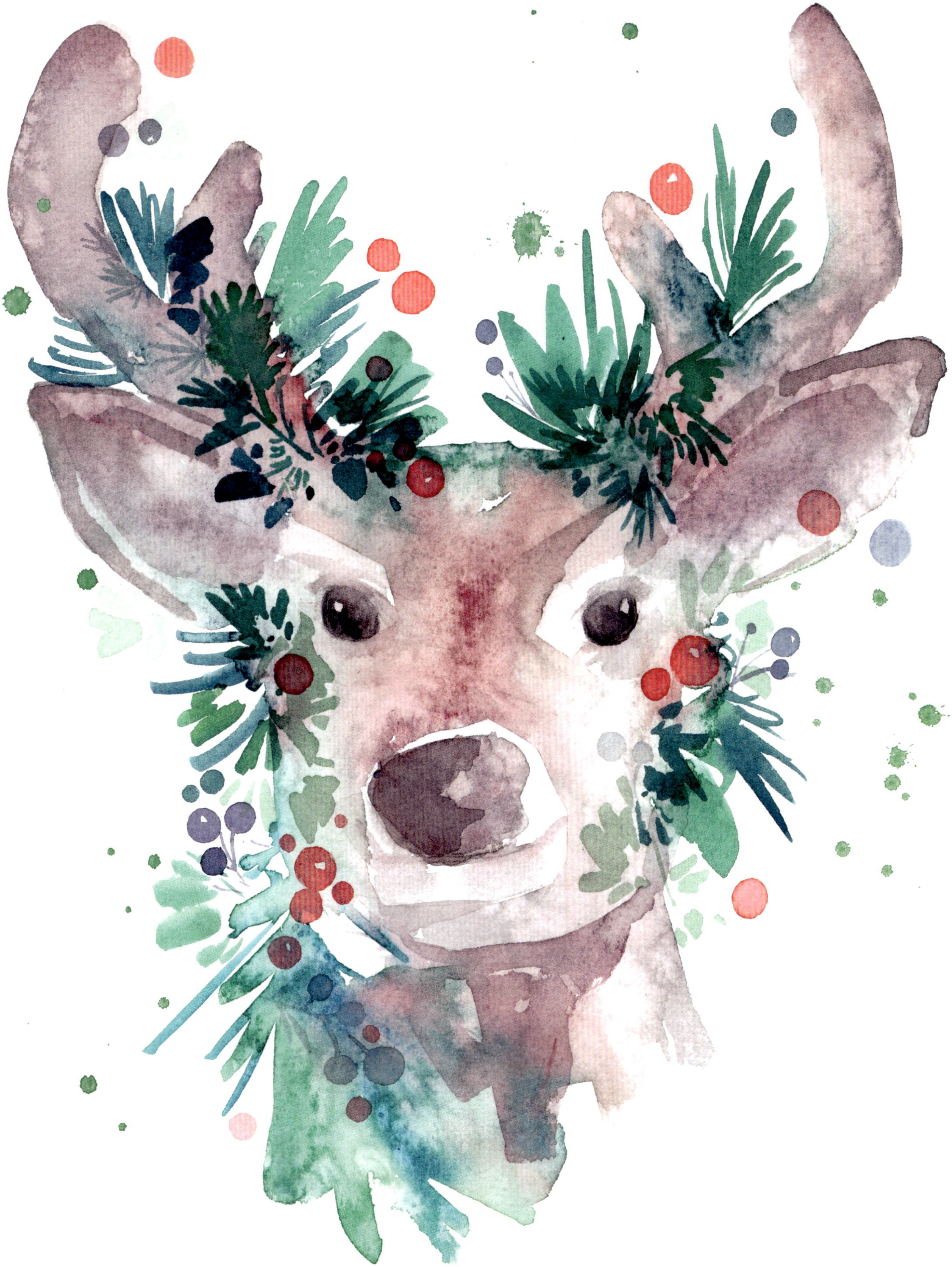

Rotkehlchen

Das Rotkehlchen ist ein beliebtes Motiv auf britischen Weihnachtskarten. Das hängt möglicherweise damit zusammen, dass während der Herrschaft von Königin Victoria die Postboten rote Mäntel trugen und daher den Spitznamen „Rotkehlchen" trugen. Vielleicht bringt man die Rotkehlchen deshalb so sehr mit dem Überbringen von Weihnachtsgrüßen in Verbindung. Vielleicht liegt es aber daran, dass sie zu den wenigen britischen Vögeln gehören, die im Winter nicht nach Süden ziehen und deren Gesang während der gesamten Weihnachtszeit zu hören ist. Diesen wunderschönen Vogel mit der roten Brust kann man mit der Kombination von Verlaufs- und Nass-auf-Trocken-Techniken leicht malen, und eine Karte oder ein Bild mit ihm wird einen Vogelfreund sicher erfreuen.

DU BRAUCHST

- Papier: siehe „Materialien und Ausrüstung"
- Bleistift und Radiergummi
- Pinsel: siehe „Materialien und Ausrüstung"
- Alternative Materialien nach Wahl (z. B. Tafelsalz)

MEINE FARBPALETTE

Gemischt aus: Winsorgelb, Zinnoberrot, Siena gebrannt, Paynesgrau, Cyan

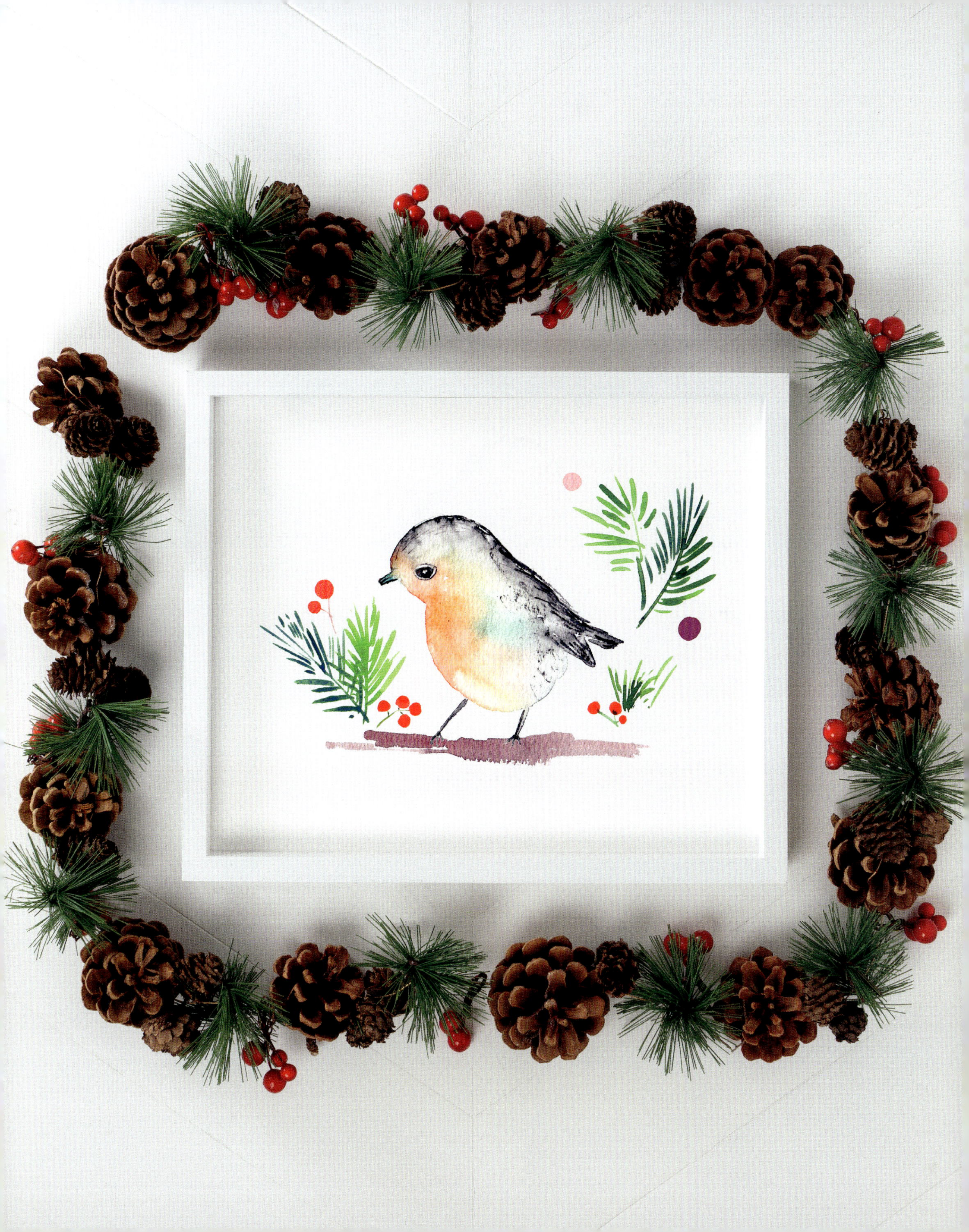

1 Zeichne mit einem Bleistift den Umriss deines Rotkehlchens ganz leicht vor. Von unten beginnend, male das Rotkehlchen zur Hälfte mit einer durchscheinenden gelben Lavur und von oben mit einer grauen Lavur aus. Die Farben sollten sich berühren, damit sie ineinander verlaufen können.

2 Solange die Farbe noch feucht ist, trage mit der Pinselspitze eine Mischung aus Zinnoberrot, Siena gebrannt und Winsorgelb auf. Die Farbmischung in deinem Pinsel muss nicht gleichmäßig sein, denn wenn das Papier nass genug ist, lösen sich die Pigmente auf und verlaufen in die Lavur.

3 Lasse dein Vogelbild ein oder zwei Minuten ruhen. Doch bevor es trocknet, dunkle mit Paynesgrau und einem dünnen Pinsel (Gr. 0) den Kopf, die Flügel und die Beine ab. Wenn du eine gewisse Textur in deinem Bild haben möchtest, ist jetzt ein guter Zeitpunkt, um eine Prise Salz darüber zu streuen (siehe „Experimentelles Watercolor: Salz-Textur-Technik"). Für zusätzlichen Kontrast trage unterhalb des Flügels einen Hauch von Cyan auf.

4 Sobald die Farbe vollständig getrocknet ist, male mit einem dünnen Pinsel die Details von Auge und Schnabel. Um die Flügel interessanter zu gestalten, nimm mit einem trockenen Pinsel etwas Grau auf und male ein paar grobe Linien, um den Eindruck von Federn zu erwecken. Radiere alle sichtbaren Bleistiftstriche aus.

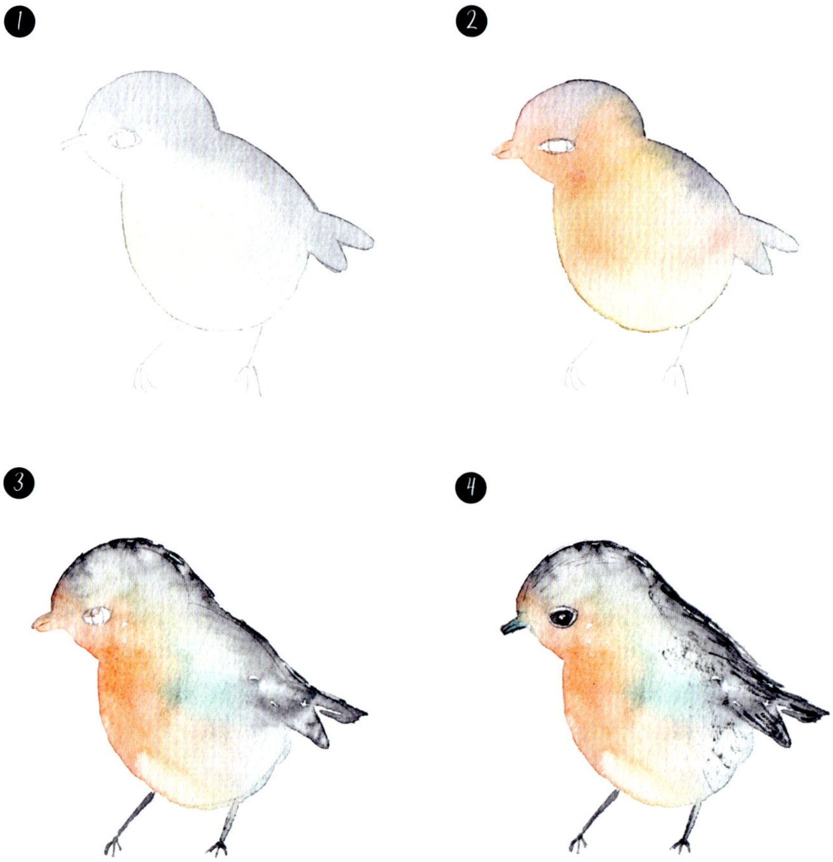

Wenn dein Rotkehlchen-Bild fertig ist, kannst du einen Ast malen, auf dem es sitzt, und, wenn du möchtest, ein paar saisonale Zweige hinzufügen.

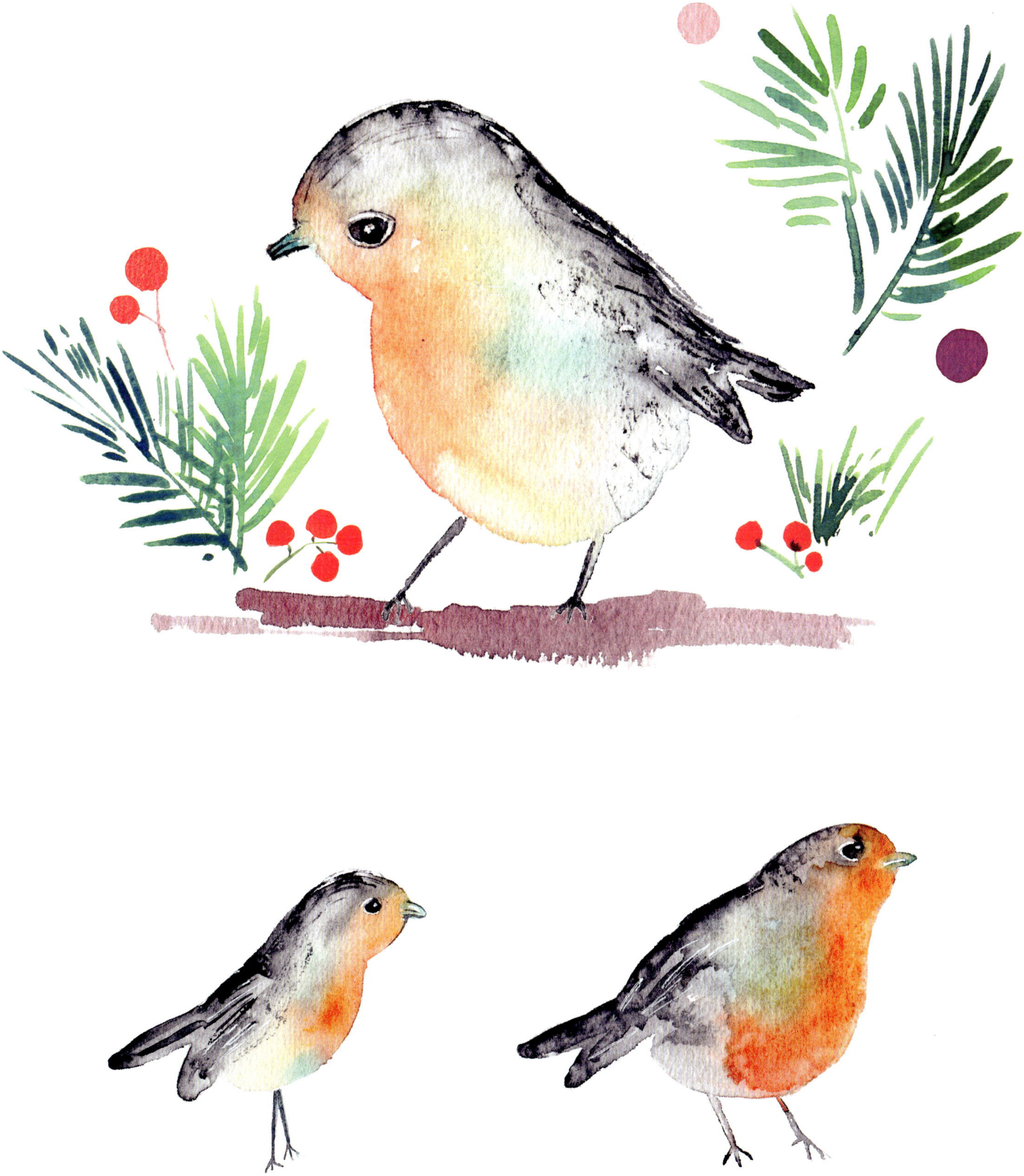

ROTKEHLCHEN

Supercoole Schneeflocken

Wenn ich Geschenke einpacke und auch wenn ich Lieferungen für meine Kunden vorbereite, lege ich immer einen Anhänger oder ein Dankeschön-Kärtchen bei. Jahrelang habe ich dafür spezielle Anhänger gekauft, bis mir klar wurde, wie viele bemalte Papiere ich in meinem Atelier herumliegen hatte, die ich für diesen Zweck verwenden kann! Für dieses Projekt habe ich zwei Blätter mit Schneeflocken gefüllt, dabei mit Aquarelltinten experimentiert und viel Spaß gehabt. Meine Schneeflocken-Anhänger sind so leuchtend, weil ich Aquarelltinten von Dr. Ph. Martin's verwendet habe, aber ein ähnlicher Effekt lässt sich auch mit sehr konzentrierter Aquarellfarbe erzielen.

DU BRAUCHST

- Papier: siehe „Materialien und Ausrüstung"
- Pinsel: siehe „Materialien und Ausrüstung"
- Bleistift und Lineal
- Cutter
- Lochstanzer
- Schnur

MEINE FARBPALETTE

Gemischt aus: Schieferblau, Wacholdergrün und Ultrablau (Aquarelltinten von Dr. Ph. Martin's)

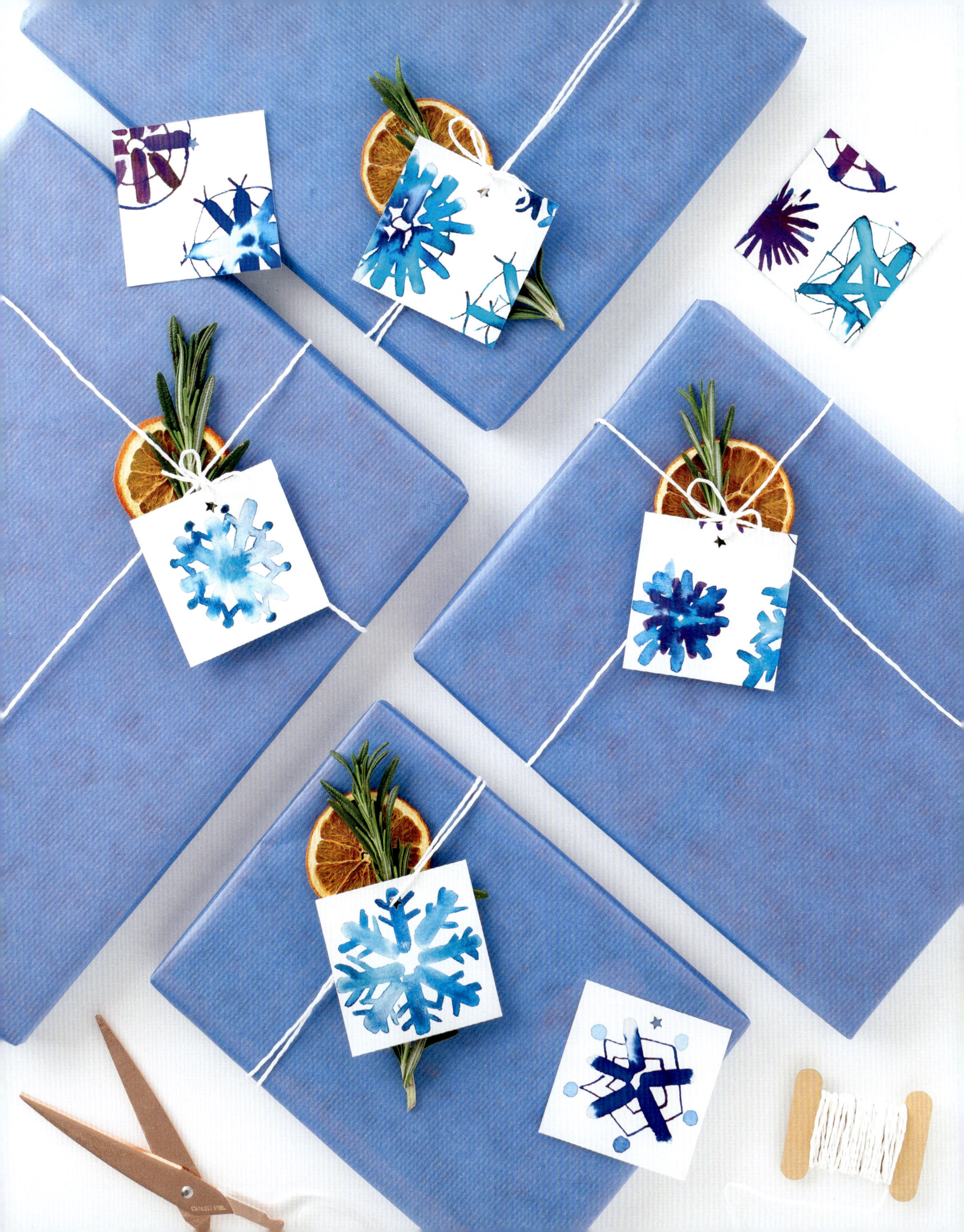

DIE SCHNEEFLOCKEN MALEN

1 Bereite deine Palette mit verschiedenen Blautönen vor. Verdünne sie sehr stark, damit schon beim Malen tolle Verlaufseffekte entstehen können. Beginne, mit deinen Pinseln verschiedene Schneeflockenformen zu malen.

2 Wechsle zwischen einem mittleren und einem dünnen Pinsel ab, um bei einigen deiner Schneeflocken unterschiedlich dicke Linien zu erhalten.

3 Wenn eine Schneeflocke sehr durchsichtig aussieht, kannst du einen Tropfen Tinte oder konzentrierte Wasserfarbe darauf geben, solange sie noch nass ist.

4 Du kannst auch mit der Spitze der Pipette feine Linien auf trockene Papierbereiche ziehen, um deine Pinselstriche für ein Schneeflockenmotiv zu ergänzen. Normalerweise reicht die Tinte in der Spitze aus, du musst also nicht drücken!

5 Wenn du dein Blatt mit einer Vielzahl von Schneeflocken gefüllt hast, lass dein Bild vollständig trocknen.

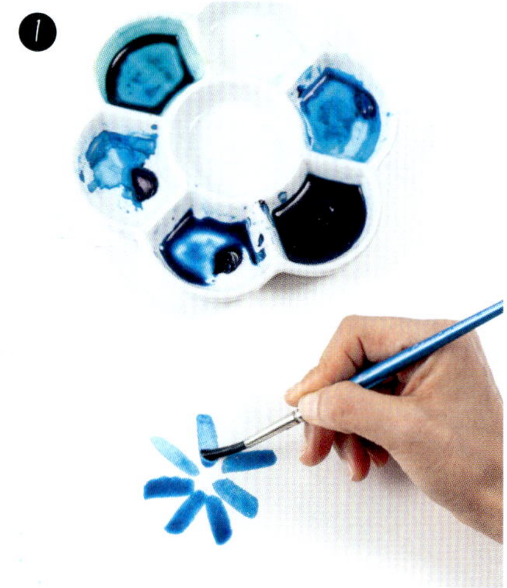

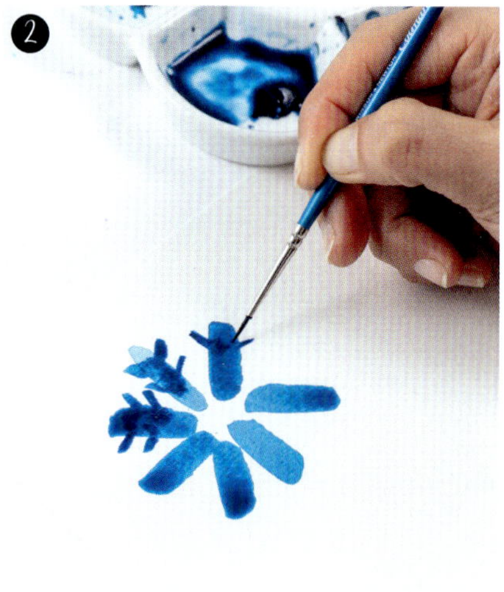

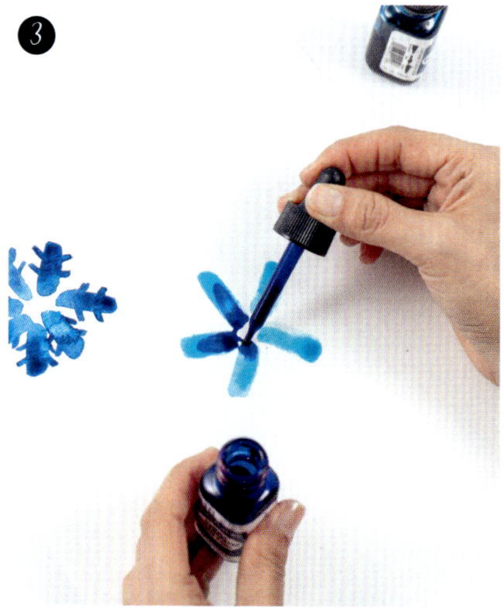

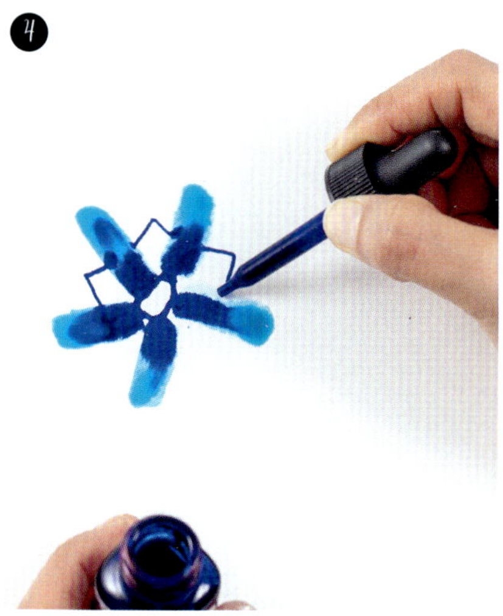

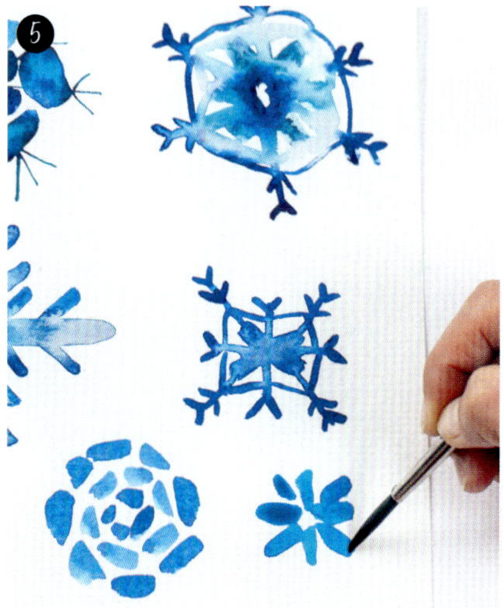

Dies ist eine großartige Möglichkeit, Reste von anderen Aquarellprojekten zu verwenden, einschließlich Testpapieren oder sogar alten Skizzen.

DIE ANHÄNGER ANFERTIGEN

6 Wähle die Bereiche deines Schneeflockenbildes aus, die dir am besten gefallen, und zeichne mit einem Bleistift und einem Lineal die Form deiner Anhänger vor.

7 Benutze einen Cutter und ein Metalllineal, um die vorgezeichneten Anhänger sauber auszuschneiden.

8 Stanze mit einem Lochstanzer Löcher für die Kordel in deine Anhänger. (Ich habe einen sternförmigen Stanzer benutzt, aber ein runder Lochstanzer ist auch gut geeignet). Fädle ein Stück Kordel durch das Loch und binde deinen Anhänger an ein Geschenk.

6

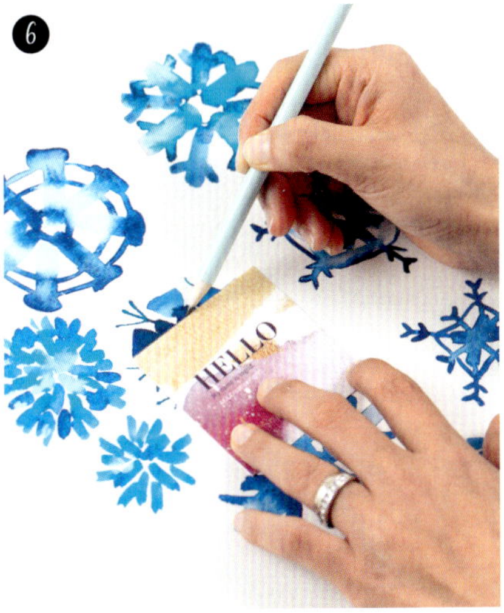

7

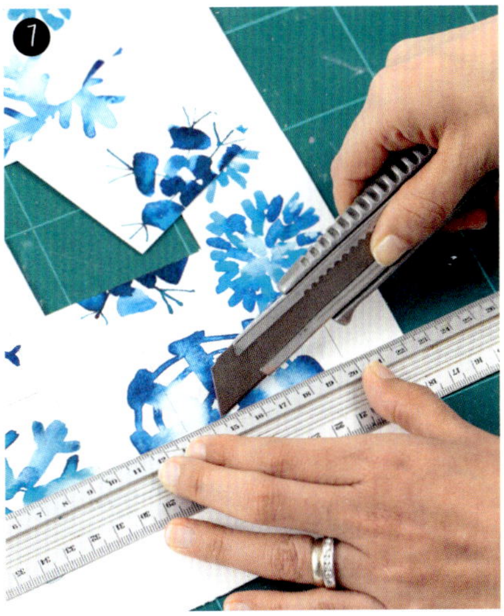

8

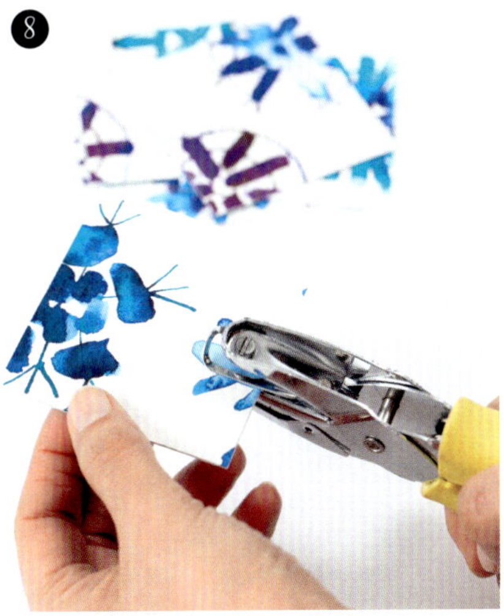

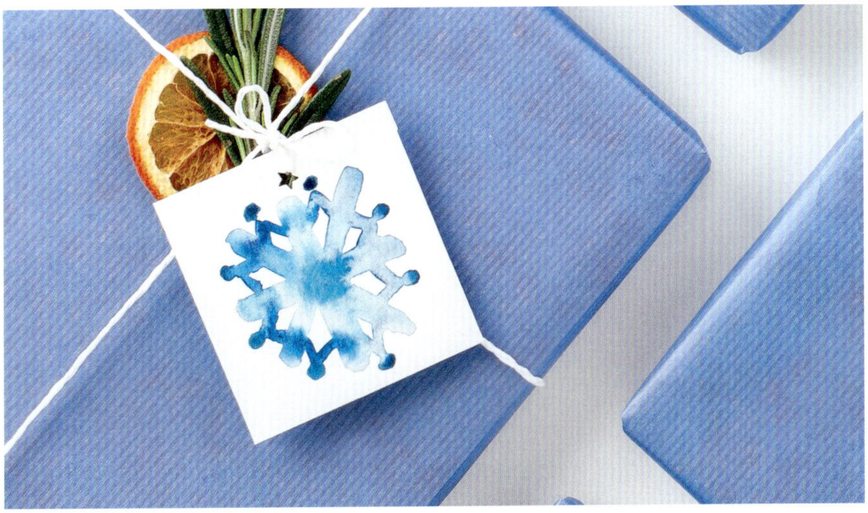

Verwende beim Anzeichnen und Ausschneiden der Anhänger einen vorhandenen Anhänger als Schablone – ich habe meine Visitenkarte verwendet!

DIY-Projekte

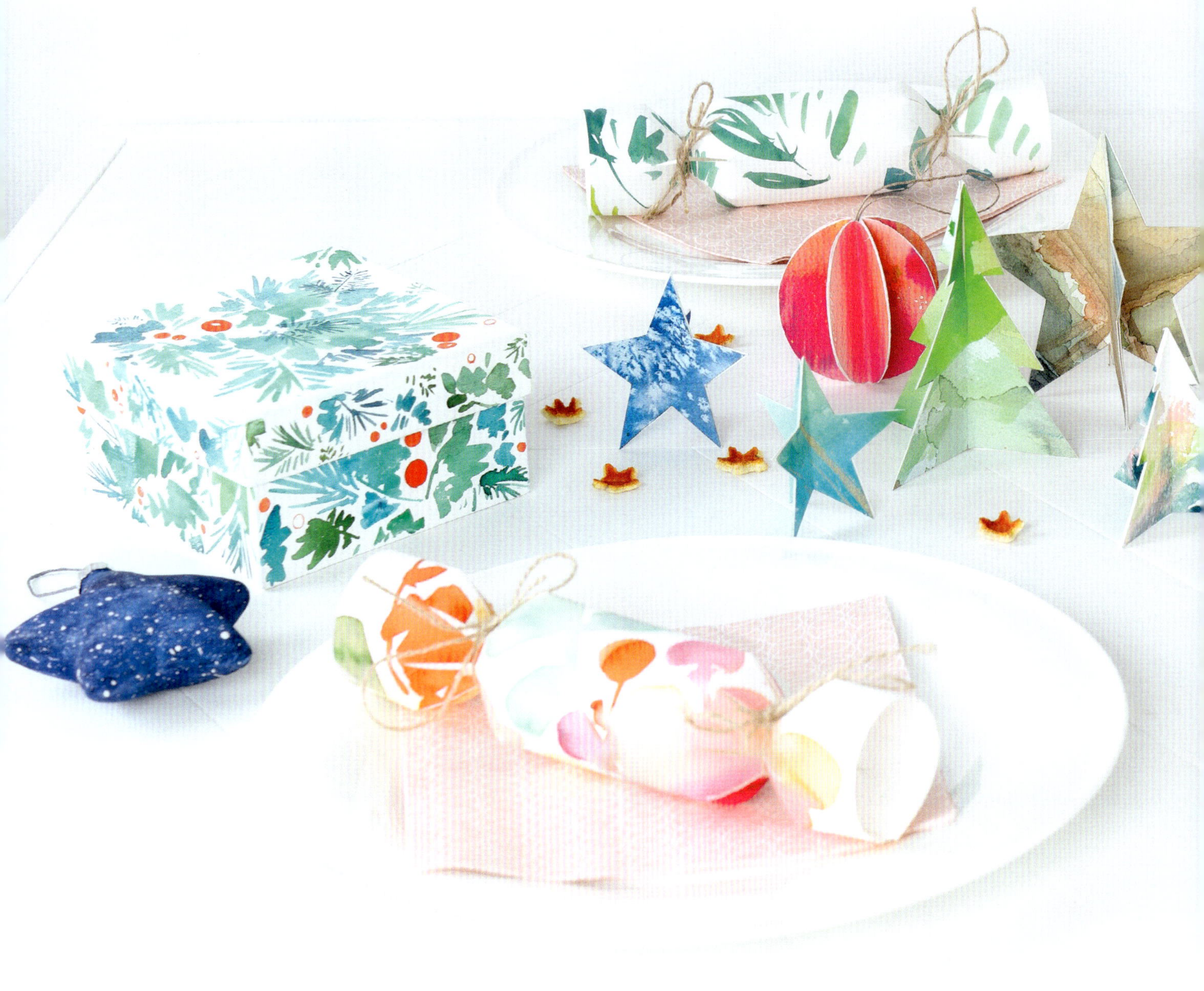

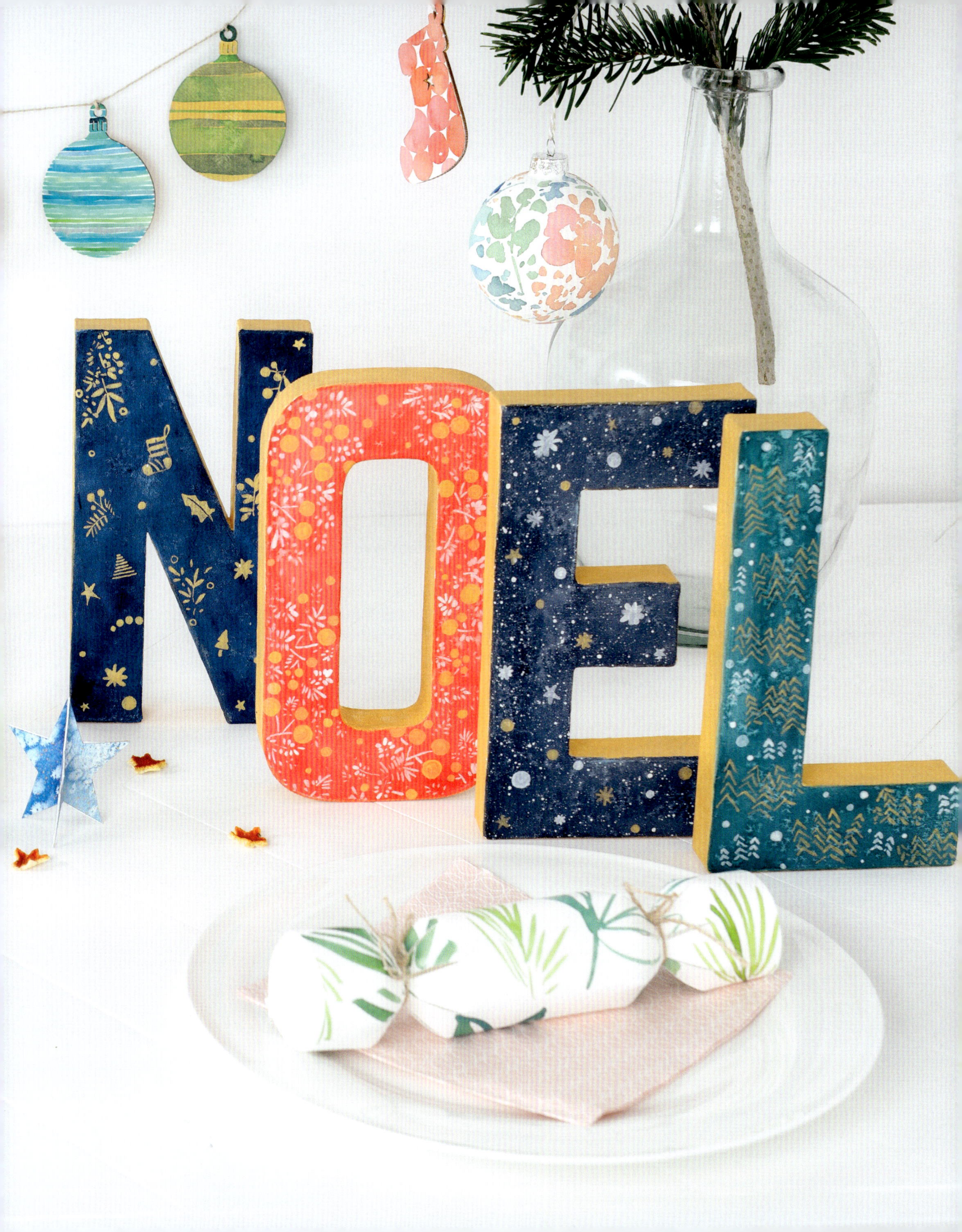
NOEL

Kleine Weihnachtsstrümpfe

Was beim Basteln von Weihnachtsdekoration besonders viel Spaß macht? Dass wir unsere Lieblingsmotive einfach an unsere persönlichen Bedürfnisse und Vorlieben anpassen können. Ich habe die Tradition, zu Weihnachten einen Strumpf am Kaminsims aufzuhängen, schon immer geliebt, und als ich diese kleinen Holzanhänger in meinem örtlichen Künstlerbedarfsladen fand, stellte ich fest, dass das Fehlen eines Kamins gar kein Problem ist! Man kann die Weihnachtsstrümpfe auch als Schmuck an den Weihnachtsbaum hängen, als Fenstergirlande aufreihen oder als einzigartige Geschenkanhänger personalisieren. Es gibt viele Gestaltungsmöglichkeiten, und auch Freunde und Familie können mithelfen.

DU BRAUCHST

- Aquarellgrundierung in Weiß und Gold
- Acrylfarbe in Weiß
- Pinsel: siehe „Materialien und Ausrüstung"
- Gelstifte in Weiß, Gold oder Silber
- Holzanhänger „Strumpf" (z. B. aus dem Künstlerfachhandel)

MEINE FARBPALETTE

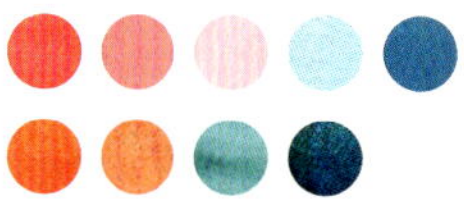

Gemischt aus: Kadmiumrot, Zinnoberrot, Siena gebrannt, Indischrot, Intensives Grün, Phthalotürkis

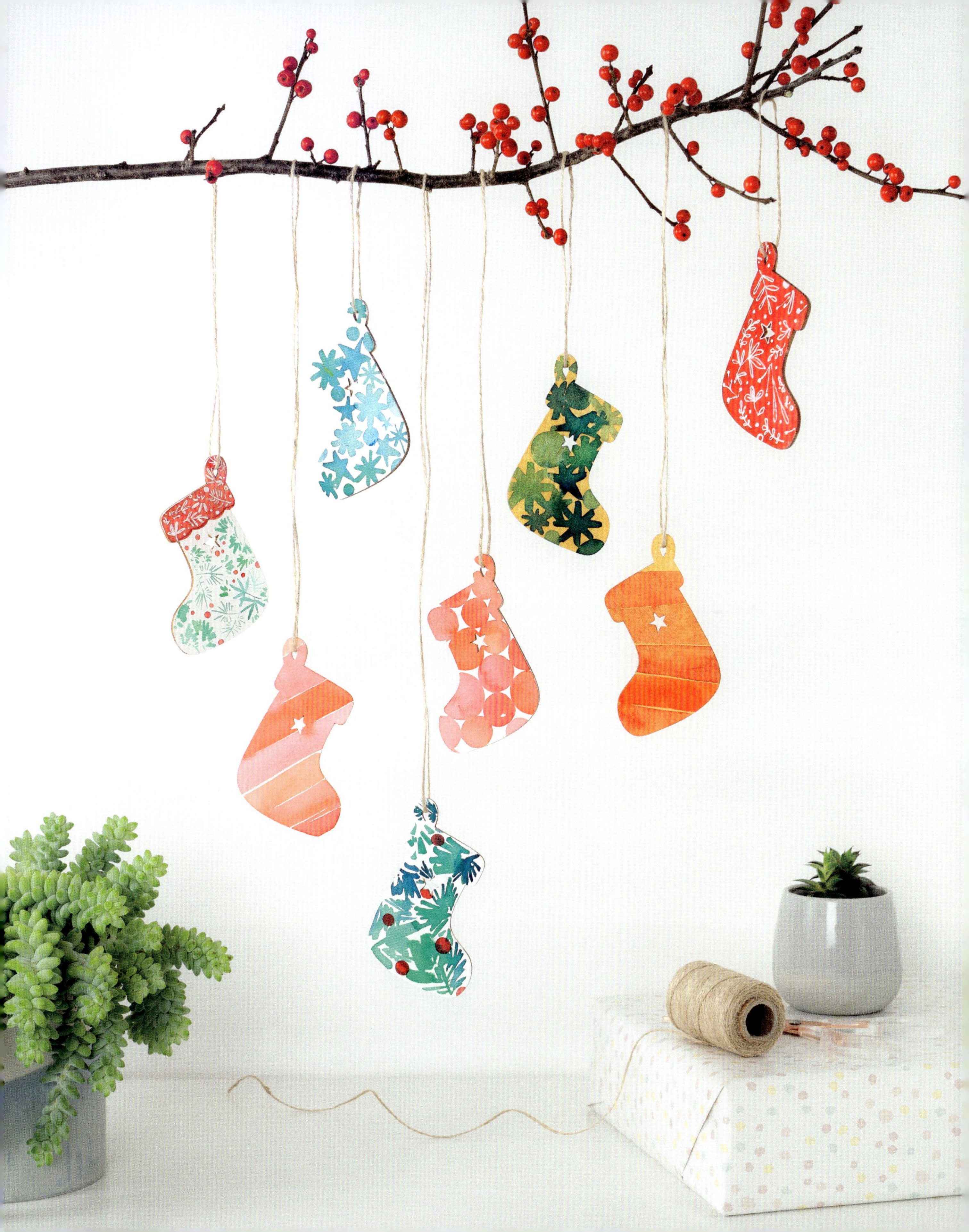

DIE HOLZANHÄNGER VORBEREITEN

1 Bemale je eine Seite deiner Holzanhänger mit weißer Acrylfarbe und lasse sie trocknen. Bemale dann die andere Seite. Trage nach dem Trocknen weiße Aquarellgrundierung auf. Wenn du möchtest, kannst du für etwas Abwechslung auch ein paar Anhänger in Gold grundieren. Am besten lässt du die bemalten Anhänger jetzt für 24 Stunden ruhen.

DIE STRÜMPFE VERZIEREN

2 Formen ineinander verlaufen lassen Beginne damit, einen Kreis, einen Stern oder eine andere Form deiner Wahl auf den Strumpf zu malen. Male dann eine zweite Form. Die Formen sollten sich leicht berühren, damit die Farben ineinander verlaufen können.

3 Bemale den Strumpf mit weiteren Formen. Nimm jedes Mal eine andere Farbe oder spiele mit der Transparenz, indem du mehr Wasser hinzufügst.

4 Mit dem Gelstift verzieren Bemale deinen Strumpf mit einer deckenden Farbe und lasse sie trocknen. Verziere den bemalten Strumpf mit weißen, goldenen oder silbernen Gelstiften (siehe „Experimentelles Watercolor: Malen mit Mixed Media"). Wenn du deine Verzierungen lieber aufmalst, anstatt zu zeichnen, nimm einen dünnen Pinsel und Acrylfarbe.

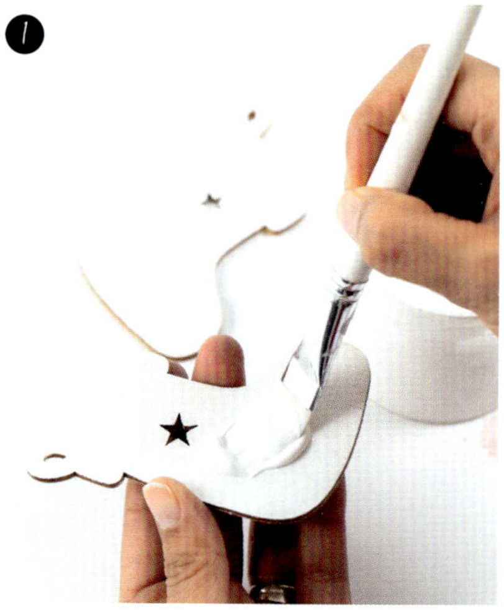

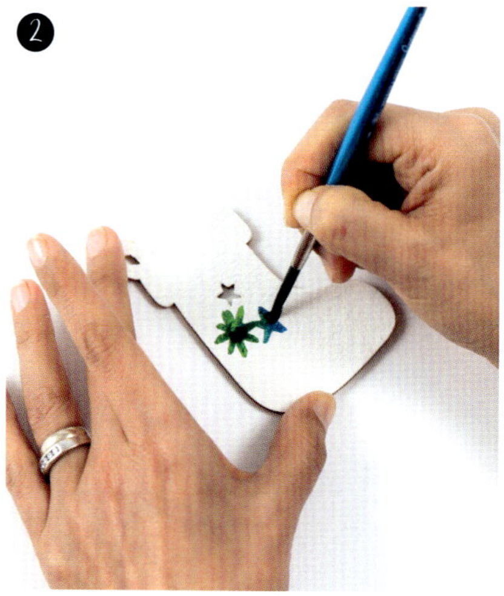

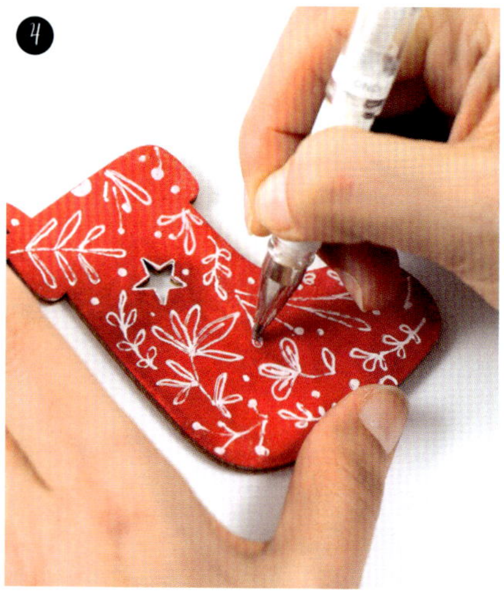

Während du wartest, bis deine Strümpfe getrocknet sind, kannst du überlegen, wie du sie verzieren möchtest, und Pinselstriche und Farben zunächst auf Papier ausprobieren.

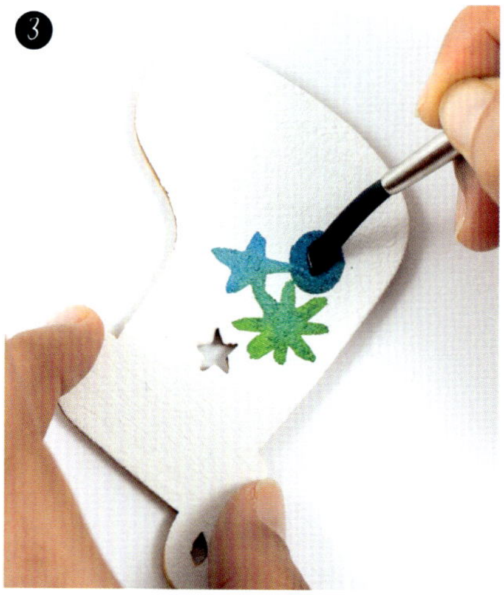

Einige Aquarelleffekte entfalten sich auf Aquarellgrundierung etwas anders als auf Aquarellpapier. Sieh dir deshalb noch einmal das Kapitel „Grundlagen und mehr: Projektvorbereitung" an, damit du weißt, was dich erwartet.

5 Pflanzenformen Schau noch einmal in „Linien und Formen: Mit Linien Pflanzenformen malen“, denke aber daran, dass hier die Malfläche viel kleiner ist, als wenn wir Pflanzen auf Papier malen. Wir brauchen also einen dünneren Pinsel (Gr. 0). Halte die Formen der Blätter sehr einfach und male sie mit nur ein oder zwei Linien.

6 Verwende für die Blätter verschiedene Grüntöne und ergänze sie mit ein paar roten Punkten für die Beeren.

7 Diagonale Streifen Male mit einer Farbe deiner Wahl einen diagonalen Streifen. Bevor er trocknet, male einen weiteren und verändere dabei leicht den Tonwert der Farbe (oder nimm eine ganz andere Farbe). Fahre so fort, bis die Strumpfform ausgefüllt ist. Male jeden neuen Streifen sehr eng an den vorhergehenden. Manchmal berühren sie sich, sodass die Farben von selbst ineinander verlaufen und neue und interessante Farbmischungen entstehen.

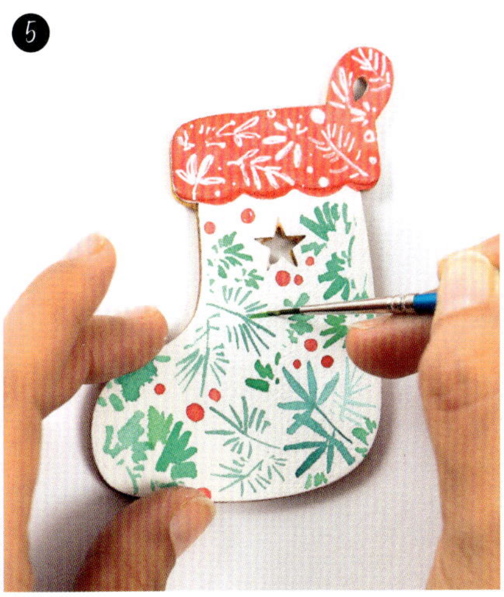

5

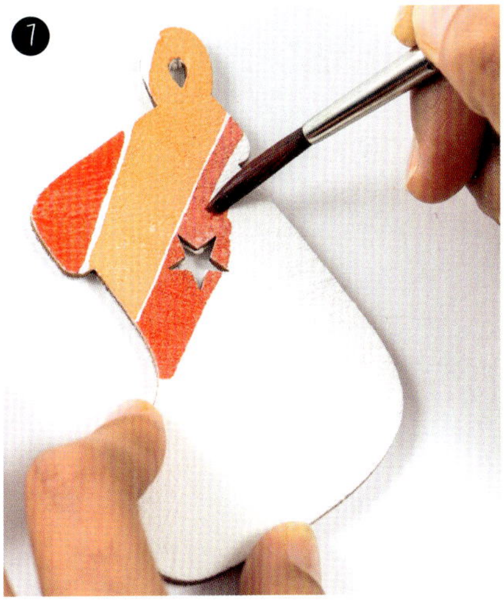

7

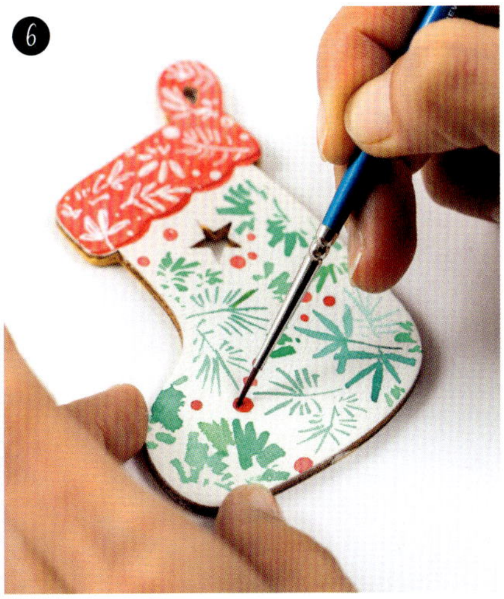

6

Vergiss nicht, beide Seiten der kleinen Strümpfe zu verzieren, aber lasse die erste Seite zuvor vollständig trocknen!

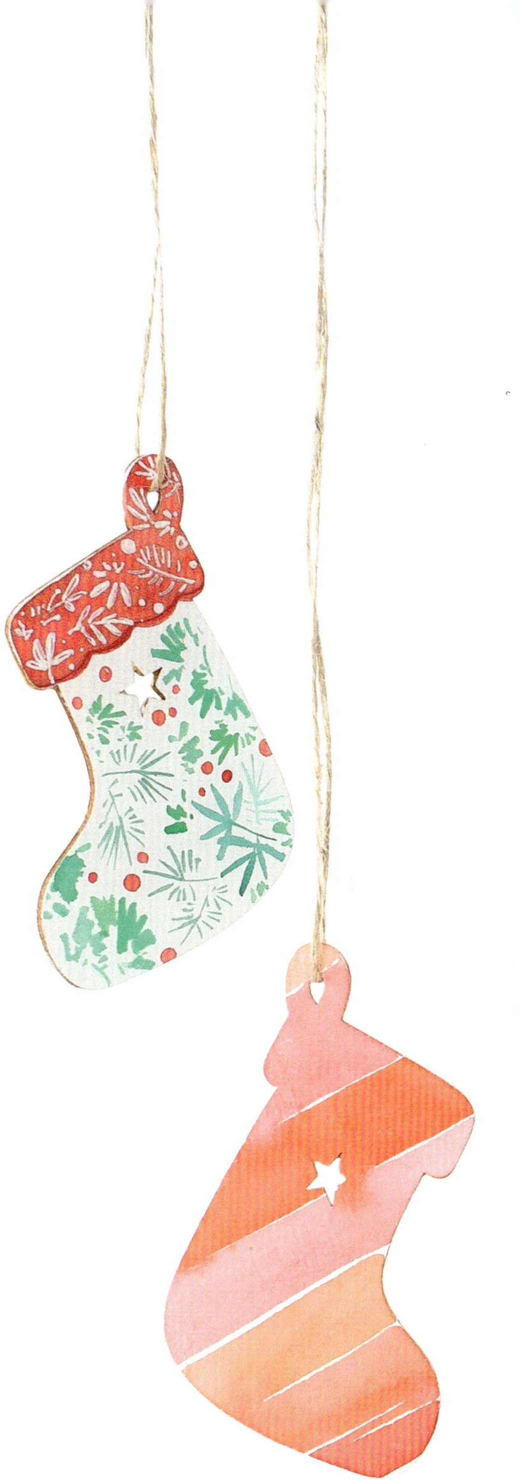

Festliche Buchstaben

Eine festliche Botschaft auf dem Tisch im Flur kann deinen Gästen zu Weihnachten das perfekte Willkommen bereiten. Ich habe mich für das Wort „NOEL" entschieden, dem Etymologen viele verschiedene Bedeutungen zuschreiben, darunter „gute Nachricht", „Geburt" und „ein Weihnachtslied", und „The First Noel" ist immer noch eines der beliebtesten Weihnachtslieder. Buchstaben aus Pappmaché oder Holz sind leicht erhältlich und müssen vor dem Bemalen nur mit Aquarellgrundierung vorbereitet werden. Ich habe für jeden meiner Buchstaben unterschiedliche Farben und Details verwendet, um jedem Buchstaben seinen eigenen Charakter zu geben, aber die grundlegende Dekorationstechnik ist die gleiche. Was ist deine Botschaft?

DU BRAUCHST

- Acrylfarbe in Weiß
- Aquarellgrundierung in Weiß und Gold
- Buchstaben aus Pappmaché oder Holz (z. B. aus dem Künstlerfachhhandel)
- Pinsel: siehe „Materialien und Ausrüstung"
- Zahnbürste oder Pinsel mit steifen Borsten
- Tafelsalz

MEINE FARBPALETTE

Gemischt aus: Preußischblau, Zinnoberrot, Paynesgrau, Phthalogrün

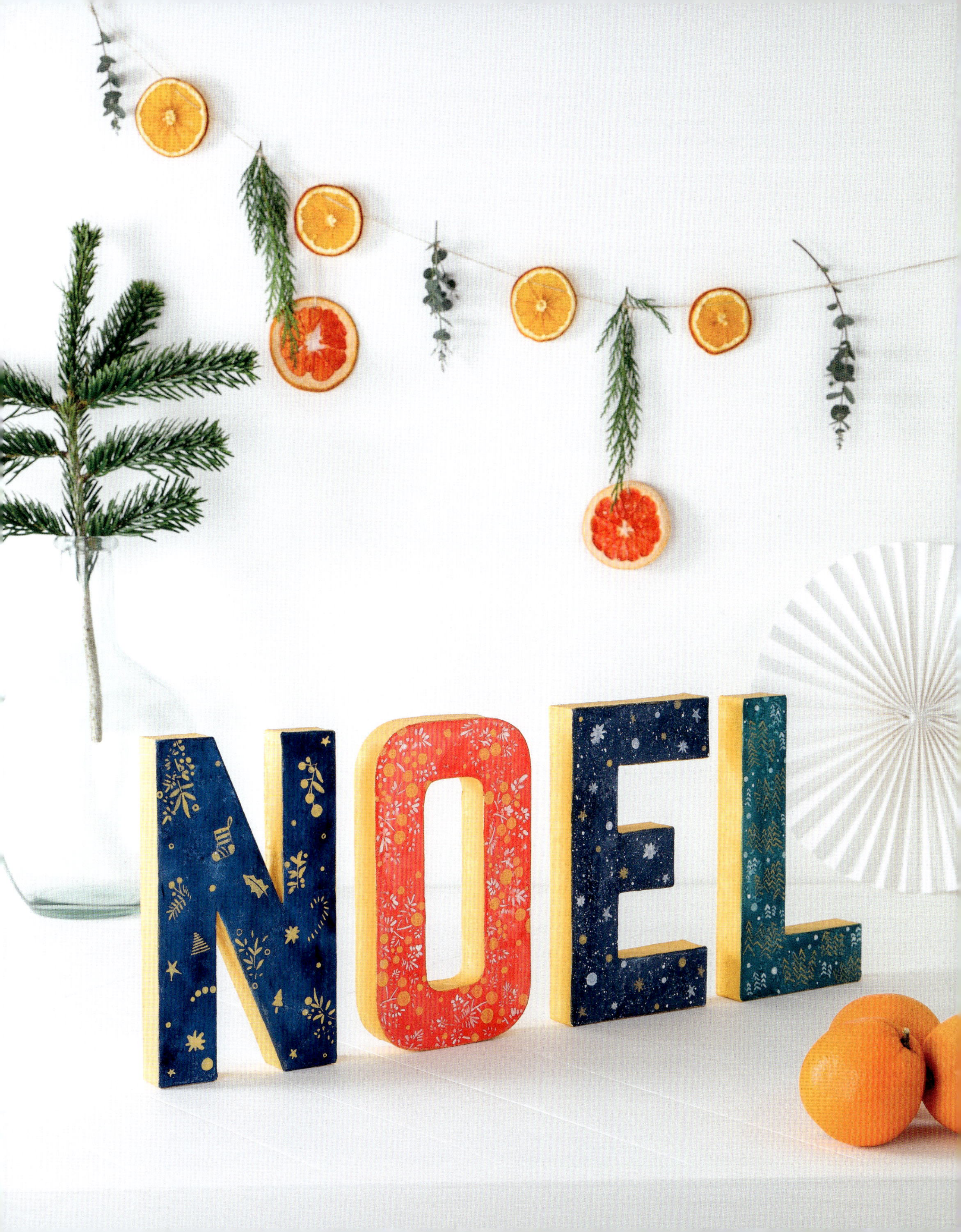
NOEL

DIE BUCHSTABEN VORBEREITEN

1 Bemale jeden der Buchstaben über alle Flächen hinweg mit weißer Acrylfarbe und lasse ihn dann trocknen. Trage nach dem vollständigen Trocknen eine dicke Schicht weiße Aquarellgrundierung auf, aber nur auf die Stellen, die du mit Aquarellfarbe bemalen willst (ich habe die Vorderseite und die Seiten bemalt). Einige Stunden lang trocknen lassen, dann eine zweite Schicht auftragen und 24 Stunden lang aushärten lassen.

DEN BUCHSTABEN „N" BEMALEN

2 Bemale die Vorderseite des Buchstabens mit Preußischblau.

3 Streue eine Prise Salz darauf, damit eine Struktur entsteht (siehe „Experimentelles Watercolor").

4 Gib dem Salz etwas Zeit, mit der Farbe zu reagieren, bevor du entscheidest, ob du noch mehr Salz aufstreuen möchtest. Wenn du mit dem Effekt zufrieden bist, lasse ihn trocknen.

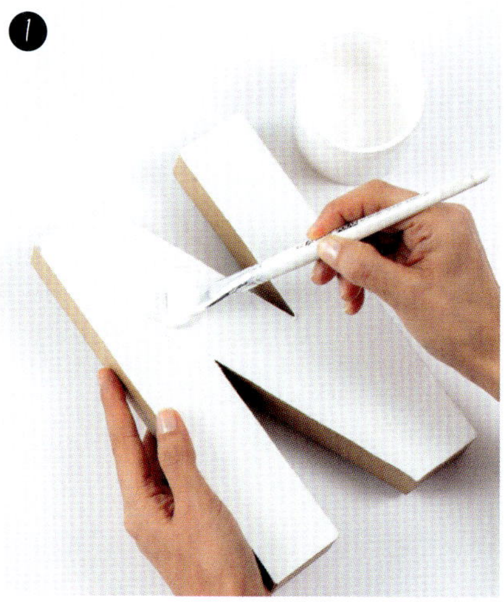

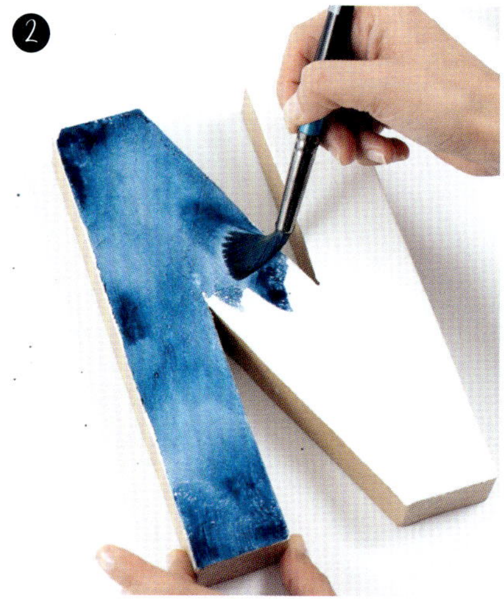

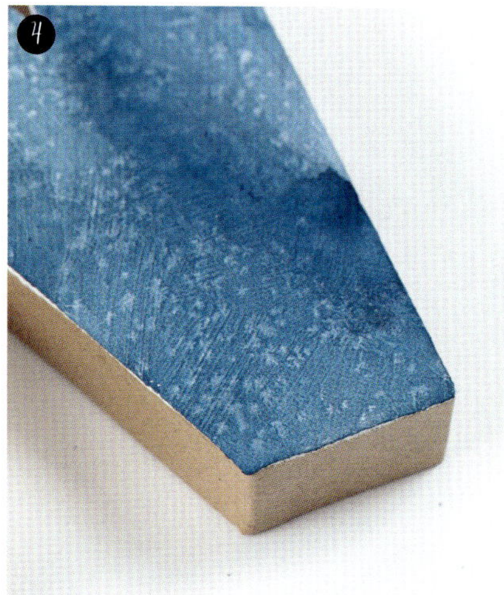

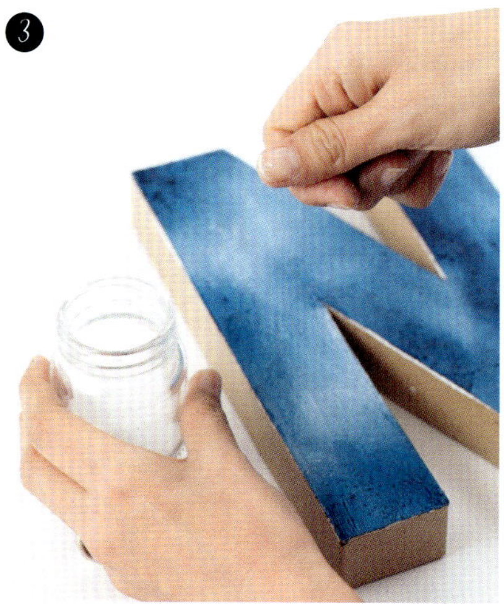

5 Male nach dem Trocknen eine zweite Schicht Blau auf, damit die Farbe intensiver wird. Wenn du möchtest, kannst du für einen stärkeren Sterneneffekt noch eine Prise Salz aufstreuen.

6 Male mit einem dünnen Pinsel (Gr. 0) und goldener Aquarellgrundierung einfache Weihnachtsmotive wie Sterne, Stechpalmenblätter und -beeren, Immergrün, Bäume und Zuckerstangen.

7 Bemale nun die Seiten des Buchstabens. Ich habe goldene Aquarellgrundierung verwendet, aber du kannst jede Farbe deiner Wahl nehmen.

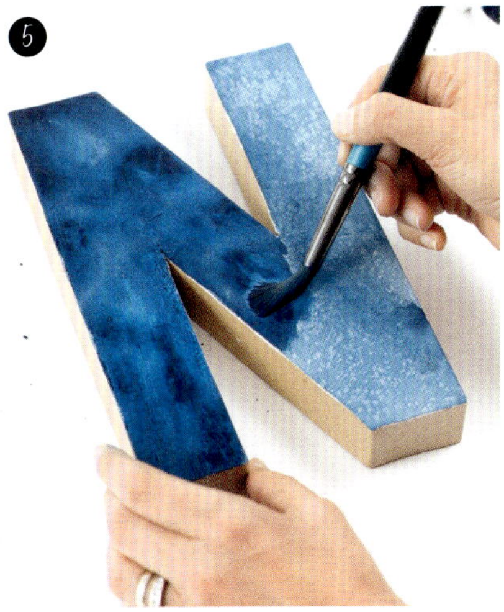

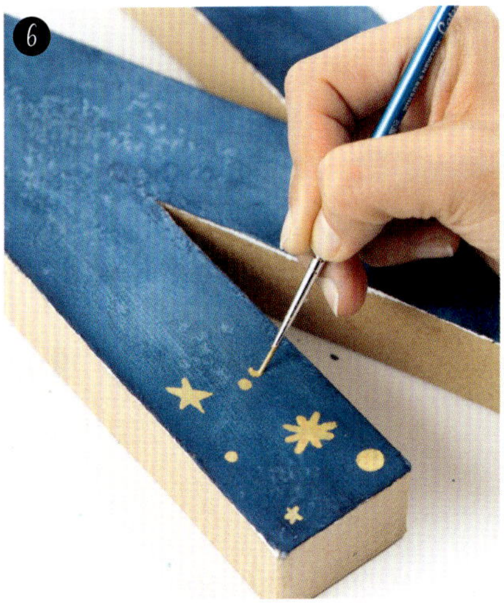

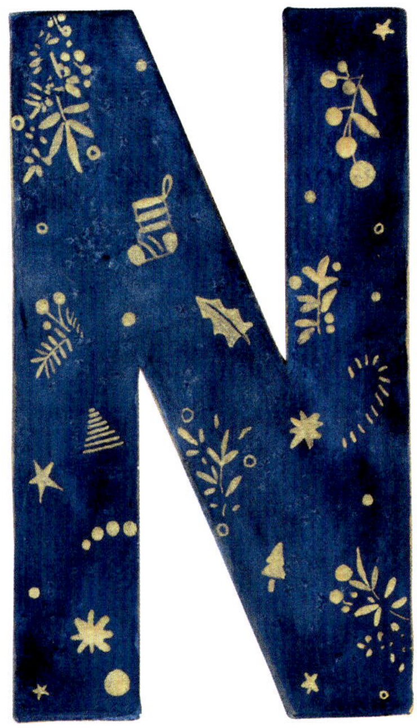

Wenn dir die Farbschicht von Schritt 4 gefällt, kannst du Schritt 5 überspringen.

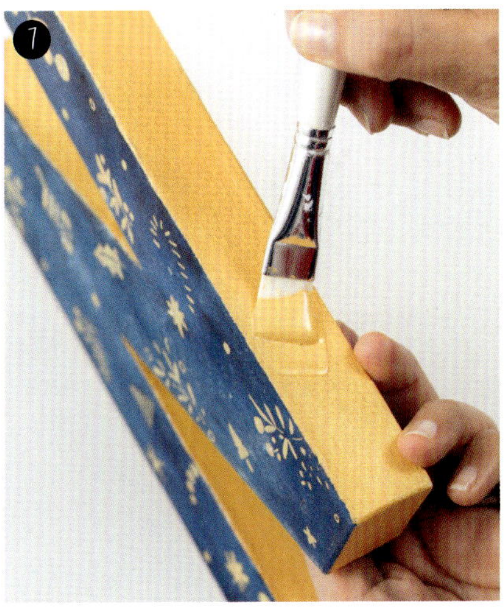

Wenn sich der goldene Aquarellgrund zu dick anfühlt, verdünne ihn mit Wasser, damit er sich leichter auftragen lässt. Alternativ kannst du auch einen goldenen Gelstift oder goldenes Pigment mit einem Aquarellmedium anrühren.

DEN BUCHSTABEN „O" BEMALEN

8 Wiederhole die Schritte 1–5 von Buchstabe „N", aber trage diesmal eine Lavur mit Zinnoberrot auf. Male nach dem Trocknen mit einem dünnen Pinsel Blätter mit weißer Acrylfarbe und Beeren mit Gold. Lasse alles wieder trocknen und bemale die Seiten des Buchstabens (siehe Buchstabe „N", Schritt 7).

DEN BUCHSTABEN „E" BEMALEN

9 Bereite eine Mischung aus Paynesgrau und Preußischblau vor und wiederhole die Schritte 1–5 von Buchstabe „N". Bemale den Buchstaben nach dem Trocknen mit einem dünnen Pinsel und Acrylfarbe in Weiß und Gold mit Sternen und Punkten. Lasse alles trocknen und spritze dann mit einer Zahnbürste oder einem Pinsel mit steifen Borsten überall weiße Acrylfarbe auf.

10 Nach dem Trocknen kannst du deine Verzierung begutachten. Füge bei Bedarf noch ein paar Motive hinzu. Lasse alles trocknen und bemale dann die Seiten des Buchstabens (siehe Buchstabe „N", Schritt 7).

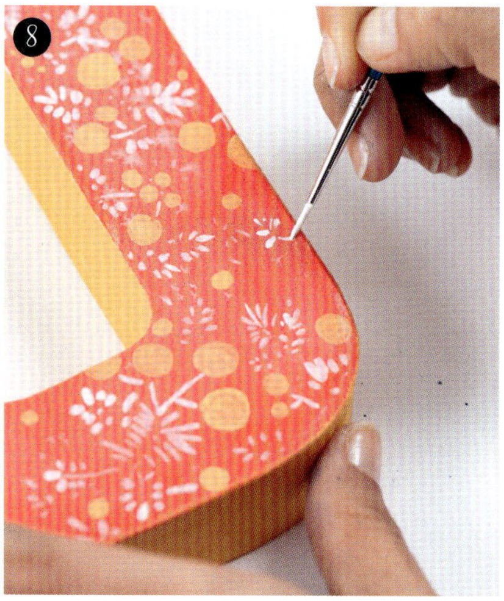

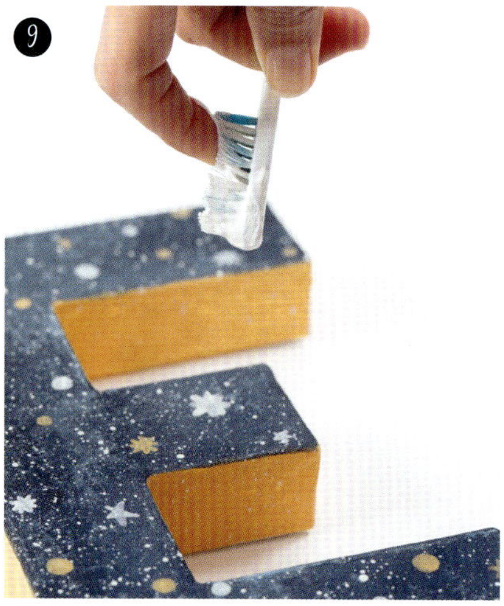

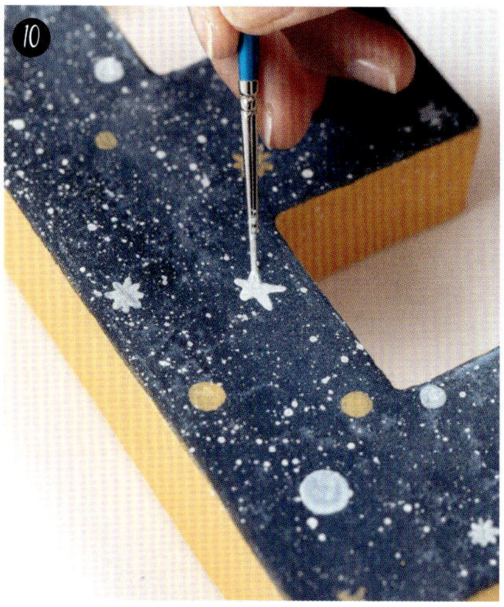

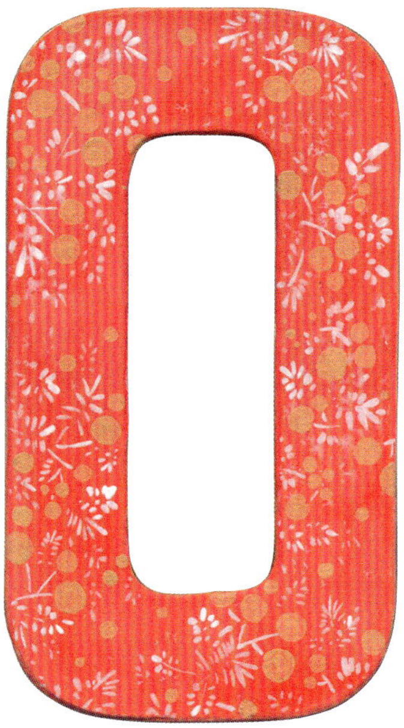

Wenn du mit Goldpigmenten arbeitest, enthält das Wasser, mit dem du deine Pinsel auswäschst, winzige Glitzerpartikel. Wenn du dieses Wasser zum Anlegen von Lavuren verwendest, erhältst du einen schönen Goldeffekt.

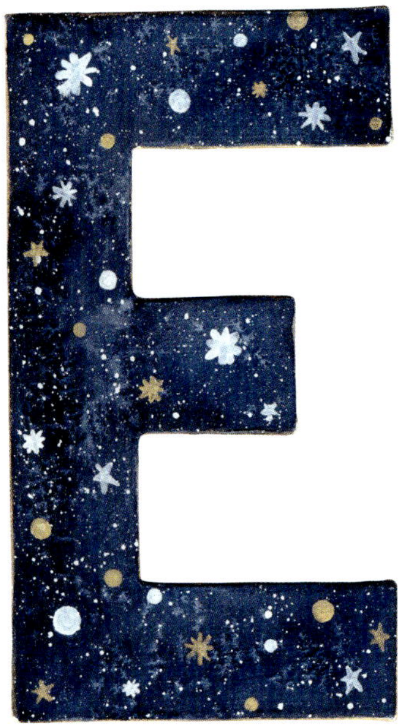

DEN BUCHSTABEN „L“ BEMALEN

11 Wiederhole die Schritte 1–5 von Buchstabe „N“, aber diesmal mit einer Lavur mit Phthalogrün. Nach dem Trocknen malst du die Verzierung auf. Male für die Tannen mit Acrylfarbe in Weiß und Gold ein einfaches gewinkeltes Linienmuster.

12 Um den Eindruck einer Schneelandschaft zu erwecken, setze weiße Punkte in die Zwischenräume zwischen den Tannen. Nach dem Trocknen kannst du die Seiten des Buchstabens bemalen (siehe Buchstabe „N“, Schritt 7).

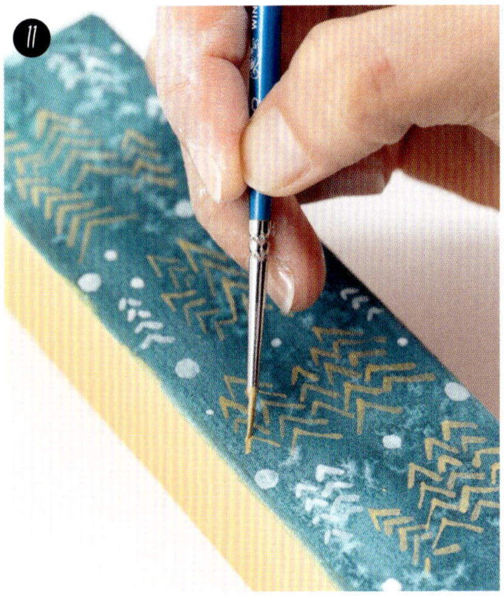

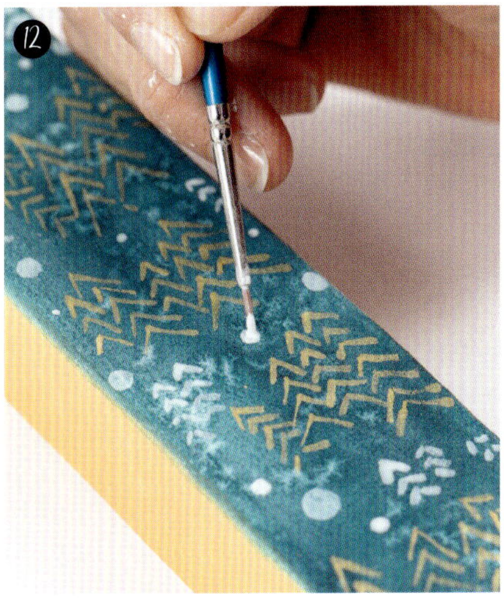

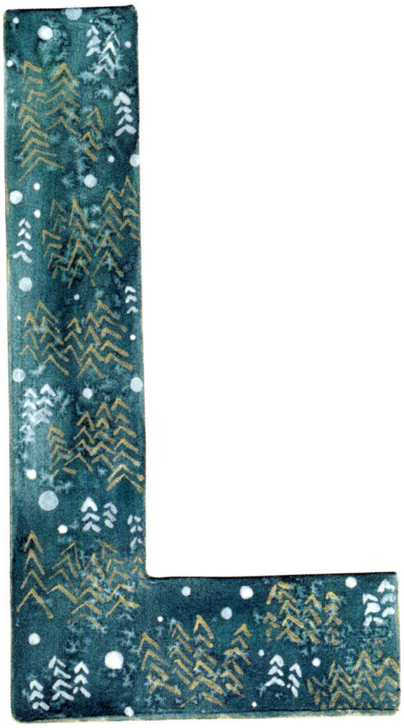

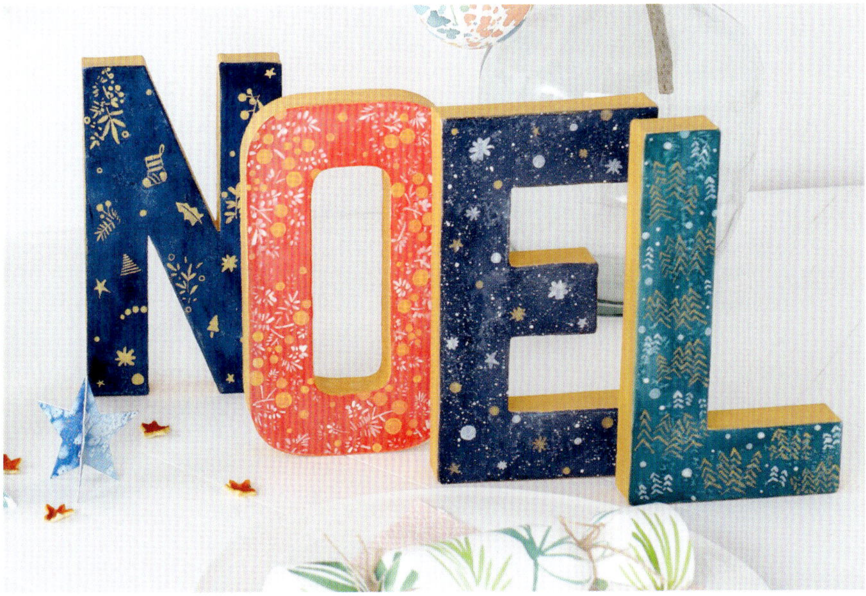

Wenn du den Effekt auf einem Buchstaben ändern möchtest, kannst du die Aquarellfarbe mit einem nassen Pinsel und einem Papiertuch leicht entfernen. Eventuell ist es dann jedoch notwendig, eine neue Schicht Aquarellgrundierung aufzutragen, bevor du den Buchstaben wieder verzieren kannst.

Knallbonbons

Es gibt keine britische Weihnachtsfeier, an der man nicht Knallbonbons, sog. Party Crackers, knallen lässt, die Süßigkeiten, Papierkrönchen und Witze oder Rätsel enthalten. Diese Tradition stammt aus der viktorianischen Zeit und ist so gut wie nirgends auf der Welt bekannt! Aber warum ist das so, wenn man Party Cracker doch so einfach selbst machen kann? Rolle einfach ein Blatt Papier zu einer Röhre, fülle es mit Leckereien, verdrehe beide Enden und fixiere sie mit einem Band. Und Papier liegt bei uns Künstlern in Mengen im Atelier herum, und wenn du die Übungen in „Grundlagen und mehr" mitgearbeitet hast, wirst du sicher so einige Übungsblätter übrighaben. Dies ist das perfekte Projekt, um sie weiterzuverwenden.

DU BRAUCHST

- Übungsblätter, ca. 210 × 297 mm
- Kordel oder Band
- Süßigkeiten deiner Wahl
- Cutter und Lineal
- Bleistift

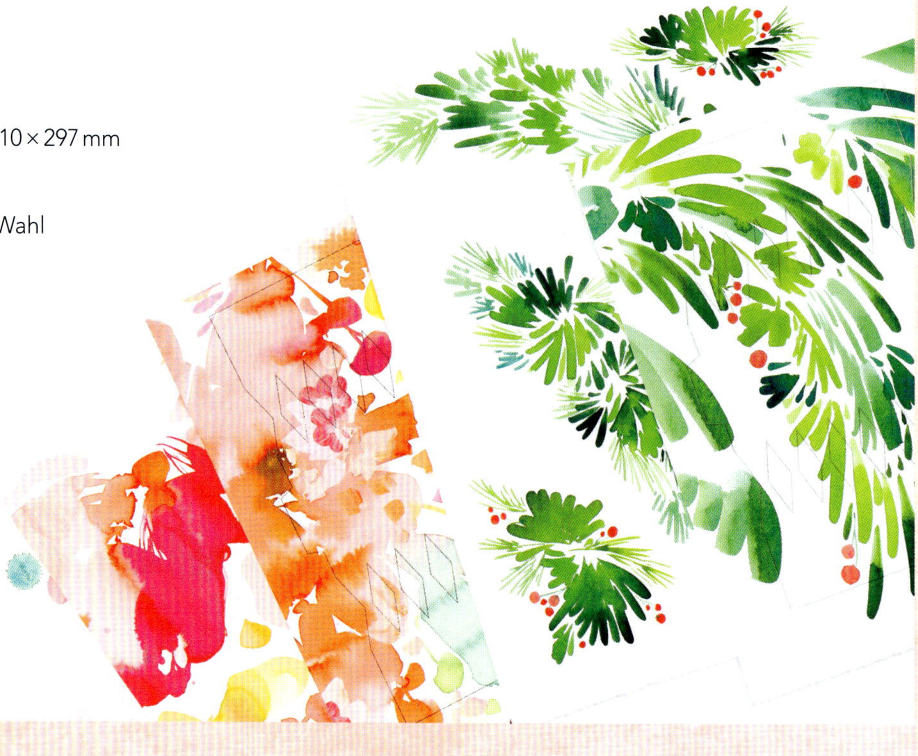

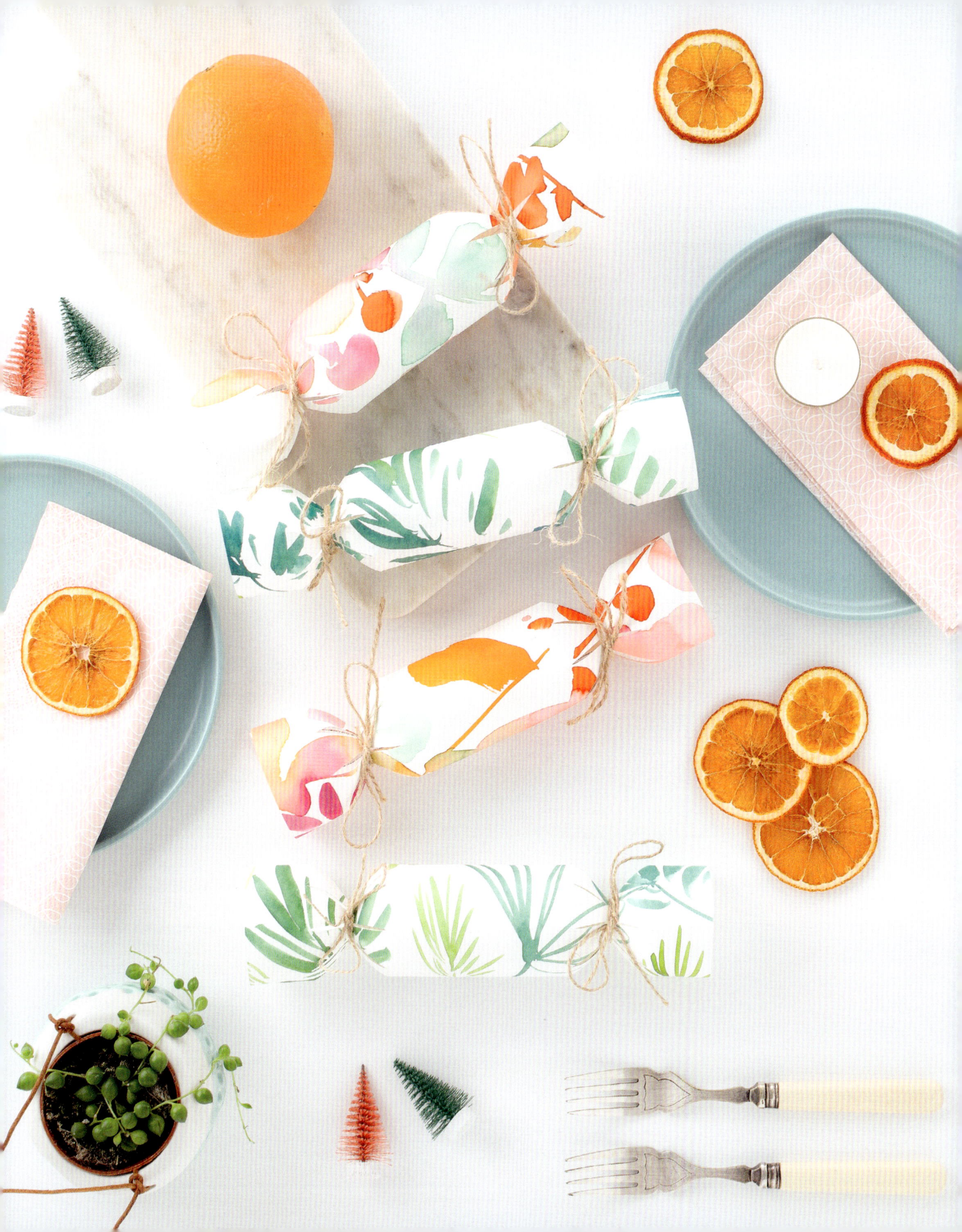

1 Für dieses Projekt verwende ich Papiere in Studienqualität, die ich zum Üben meiner Pinselstriche verwendet habe (ähnliche Übungen findest du im Kapitel „Linien und Formen") sowie eine florale Aquarellskizze, die schon eine Weile im Atelier herumliegt. Du kannst die Cracker-Vorlage entweder einscannen und direkt auf dein Papier drucken (wenn dein Drucker dickeres Papier verarbeiten kann), oder eine Kopie machen und diese mit Paus- oder Kohlepapier auf dein Papier übertragen. Schneide die Vorlagenform mit einem Cutter und einem Lineal aus, indem du alle markierten Linien nachschneidest.

2 Rolle den ausgeschnittenen Cracker auf und stecke die Lasche in den Schlitz an der Seite.

3 Binde das eine Ende des Crackers mit einem Band oder einer Kordel zu.

4 Fülle den Cracker mit Süßigkeiten deiner Wahl und binde dann das andere Ende mit einem zweiten Band oder einer Kordel zu.

1

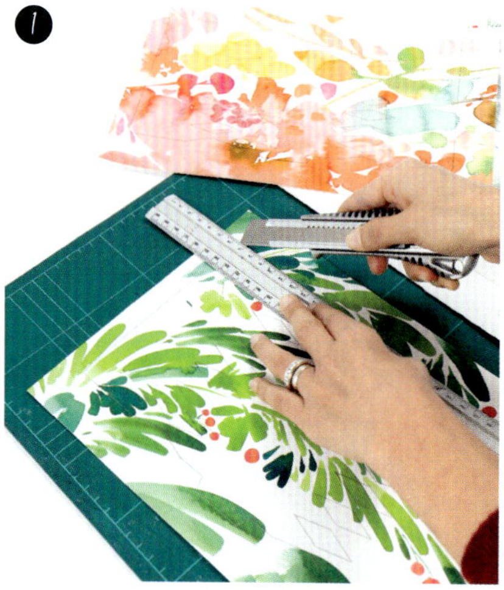

2

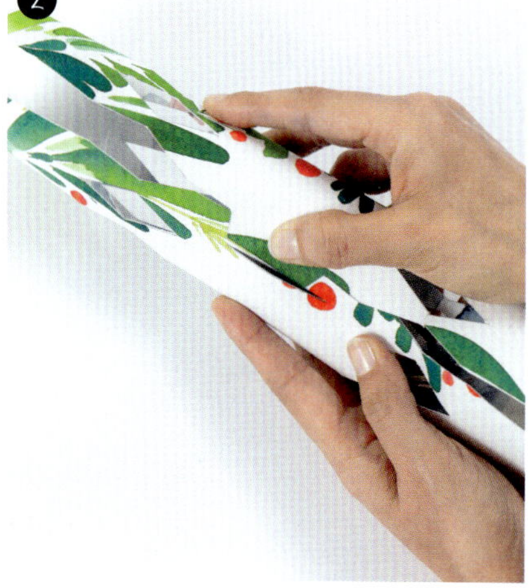

3

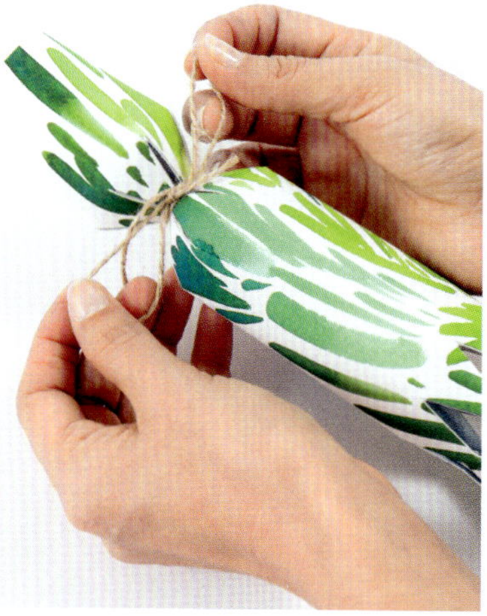

4

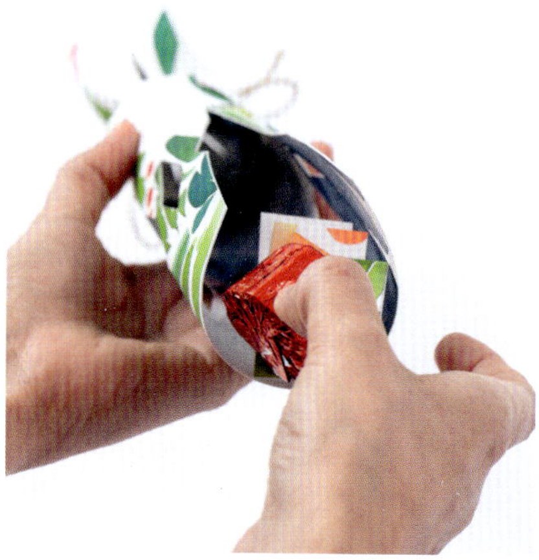

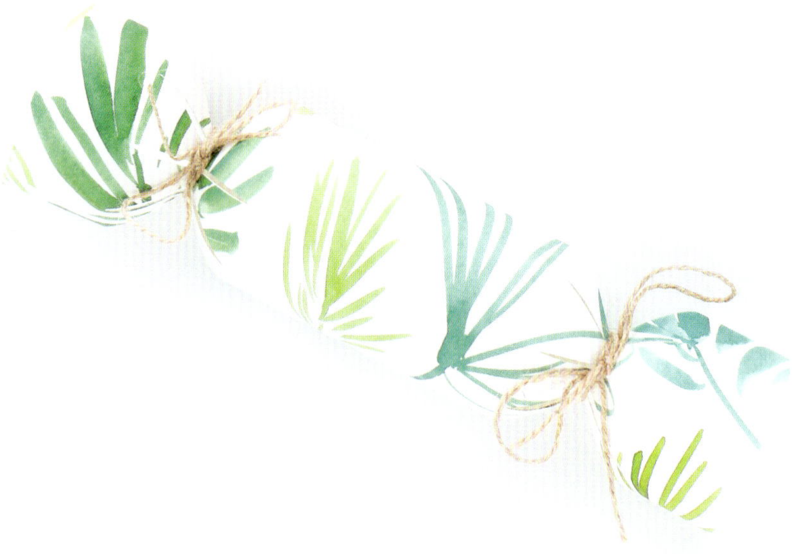

Wenn zwei Personen jeweils an einem Ende des Crackers ziehen, zerreißt er und die Süßigkeiten darin fallen heraus. Bei gekauften Crackern gibt es dabei in der Regel einen Knall. Wenn du das auch für deine selbst gebastelten Cracker möchtest, kannst du sogenannte Zündstreifen oder Party-Cracker-Zünder online kaufen.

Vorlage für einen Cracker: Wenn du die Vorlage einscannst, kannst du sie bei Bedarf vergrößern.

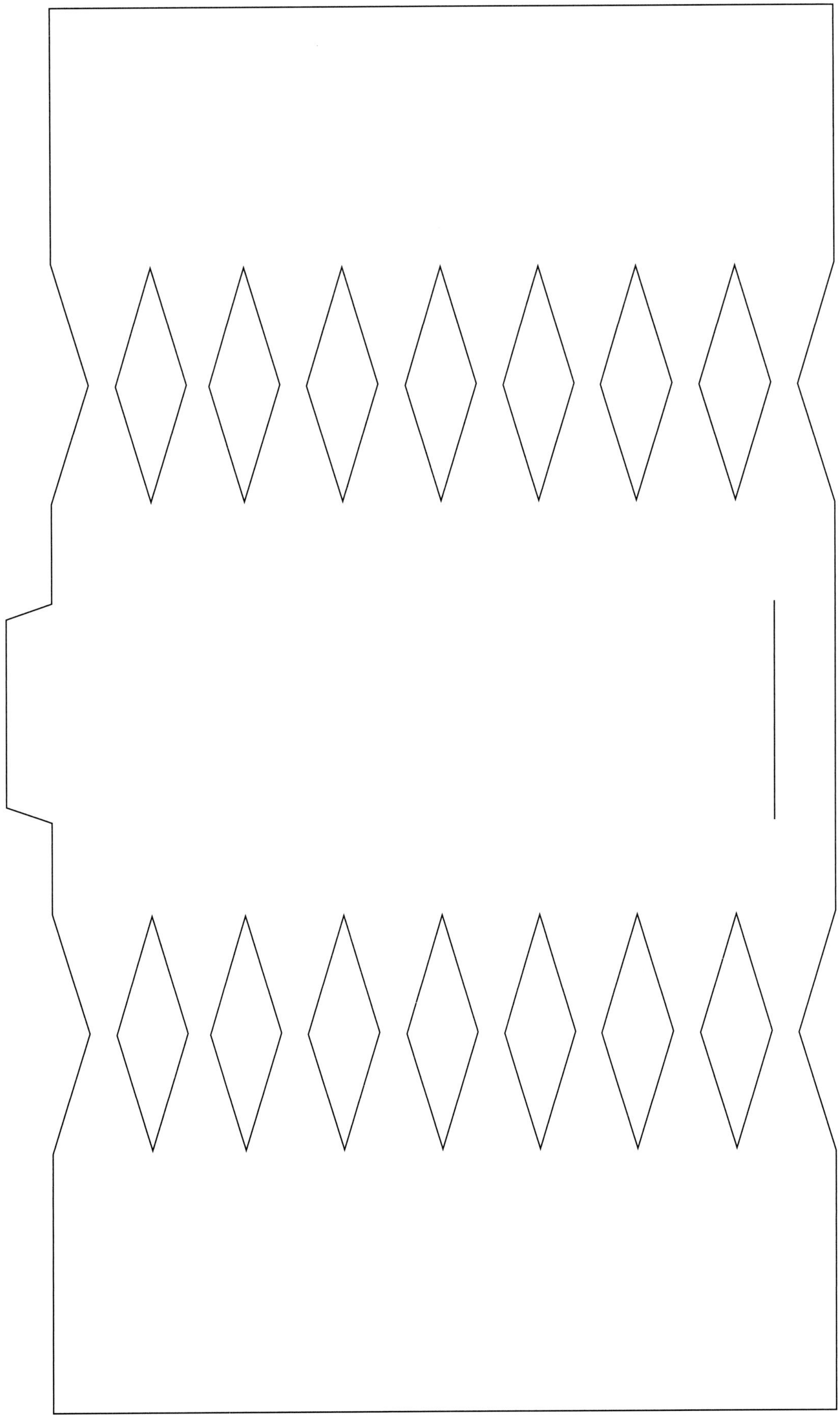

Geschenk-Boxen

Es gibt wohl nichts Schöneres, um deine Weihnachtsgeschenke zu etwas ganz Besonderem zu machen, als sie in handbemalten Schachteln zu verschenken, die zum Thema deiner Weihnachtsdekoration passen. Im Künstlerfachhandel werden Schachtelrohlinge in vielen verschiedenen Formen und Größen angeboten, aber du kannst auch jede gewöhnliche Schachtel verwenden, wenn du sie mit Aquarellgrundierung vorbereitest. Dies ist das perfekte Projekt für die Wiederverwendung alter Schuhkartons oder Verpackungen, die du das ganze Jahr über aufbewahrt hast. Du kannst auch ein paar Schachteln in deiner Sammlung so gestalten, dass nur der Deckel verziert und der Boden einfarbig ist, und bei anderen die ganze Schachtel bemalen. Für den Anfang gebe ich dir ein paar Designideen, aber du wirst ganz sicher viel Spaß dabeihaben, dir selbst eigene einfallen zu lassen.

DU BRAUCHST

- Aquarellgrundierung
- Acrylfarbe in Weiß
- Schachteln zum Dekorieren
- Pinsel: siehe „Materialien und Ausrüstung"

MEINE FARBPALETTE

Gemischt aus: Winsorgelb, Intensivgrün, Olivgrün, Cyan, Phthalotürkis, Preußischblau, Zinnoberrot

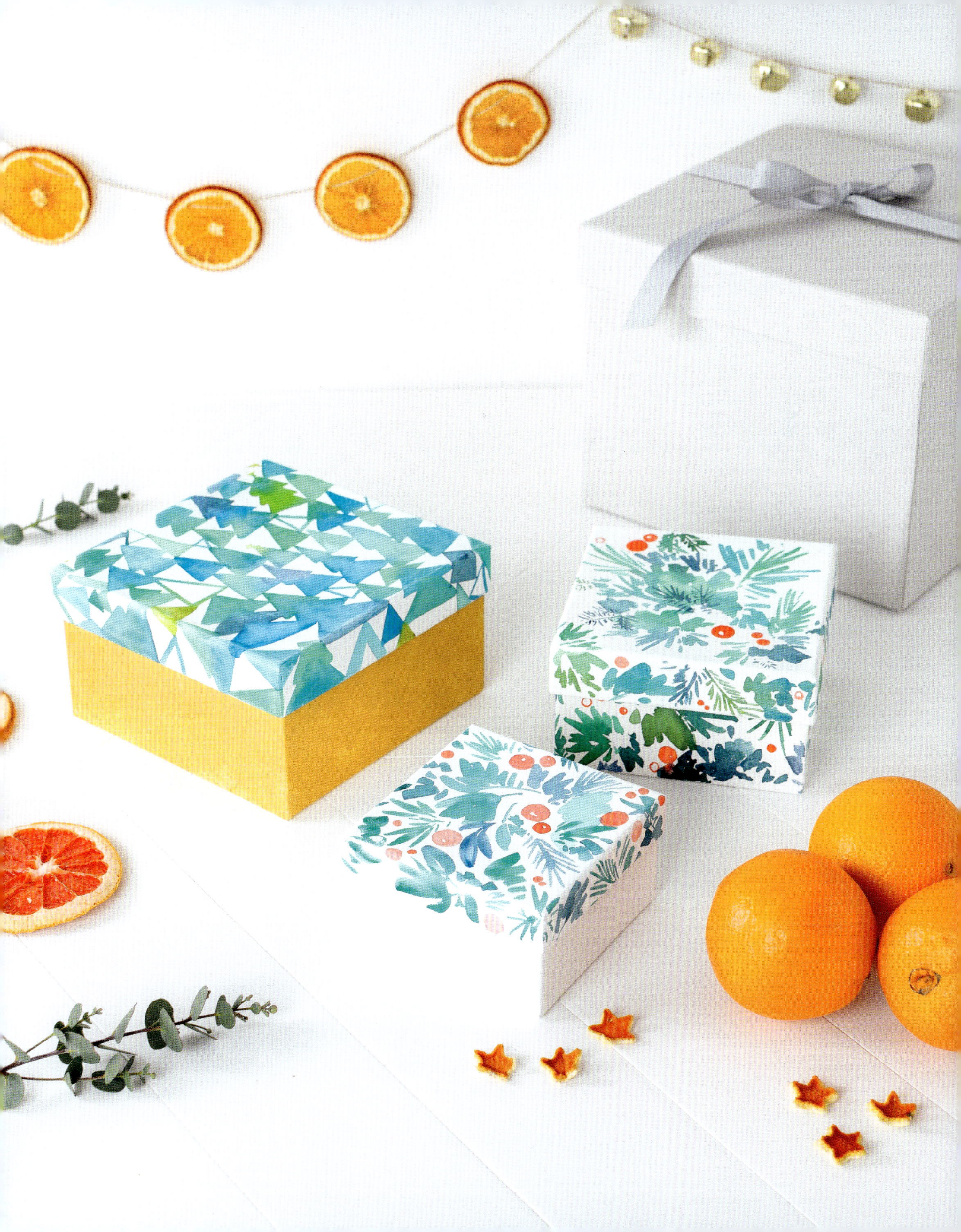

DIE SCHACHTELN VORBEREITEN

1 Wenn deine Schachtel schon mit einem Bild oder einer Farbe bedruckt ist, solltest du die Box zuerst mit weißer Acrylfarbe bemalen. Nach dem Trocknen bestreichst du Flächen, die du mit Aquarellfarben bemalen möchtest, mit einer dicken Schicht Aquarellgrundierung. Lasse sie 24 Stunden lang aushärten.

DAS WEIHNACHTSBAUM-MOTIV MALEN

2 Dieses Motiv malst du nur auf den Deckel der Schachtel. Male ein blaues Dreieck und, während es noch feucht ist, direkt darunter eines mit grüner Farbe. Fertig ist ein einfacher Weihnachtsbaum. Wenn du lieber einen höheren Baum haben möchtest, füge unter dem zweiten einfach ein drittes Dreieck hinzu.

3 Male genauso einen weiteren Baum so nahe am ersten, dass die Farben ineinander verlaufen können.

4 Setze einen Stern auf die Spitze einiger Bäume, um sie interessanter zu machen.

5 Füge so weitere Bäume hinzu, bis der gesamte Schachteldeckel bedeckt ist, und arbeite auch über die Seiten des Schachteldeckels. Du siehst, dass ich die Größe meiner Bäume verändert habe, um für etwas Abwechslung zu sorgen. Deshalb habe ich manchmal einen Baum auch mit nur einem einzelnen großen Dreieck dargestellt, oder ich habe nur die Umrisse eines Dreiecks gemalt. Das bietet dem Auge einen Ruhepunkt und füllt trotzdem den Raum zwischen den Bäumen.

6 Das Unterteil der Schachtel kannst du entweder mit dem gleichen Design wie den Deckel oder einfach nur einfarbig bemalen. Ich habe mich bei meiner Schachtel für goldfarbene Aquarellgrundierung entschieden. Das hebt das komplexe Muster des Deckels hervor, und das Auge findet einen Ruhepunkt.

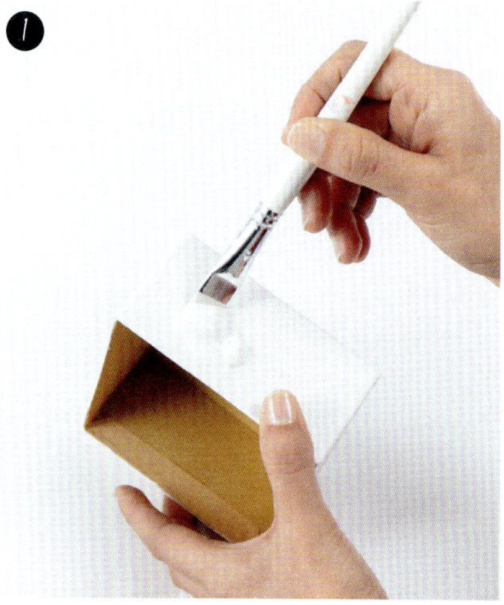

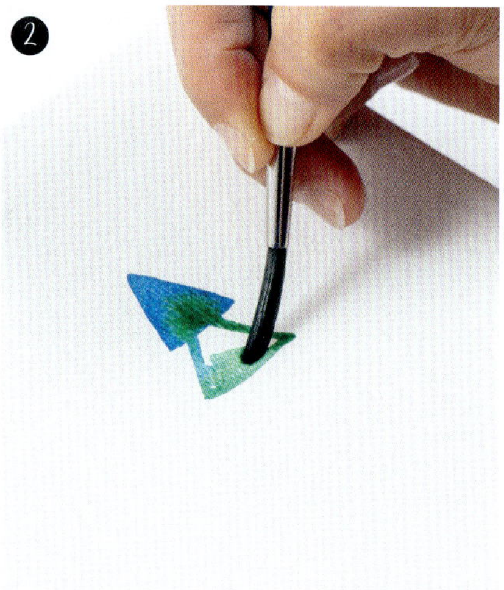

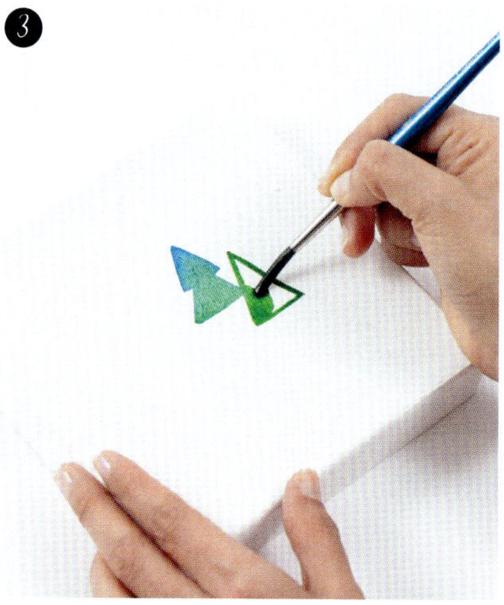

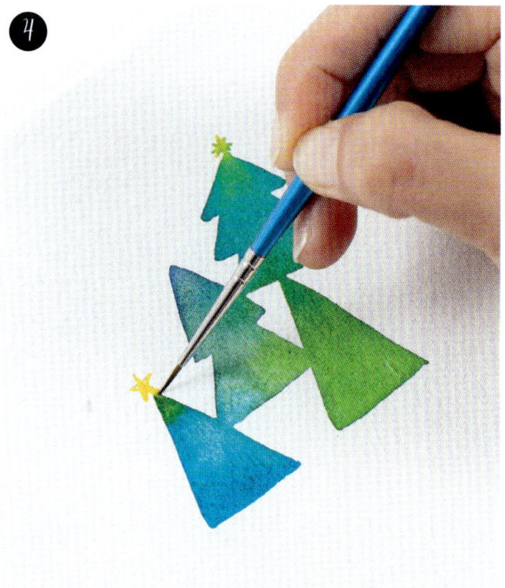

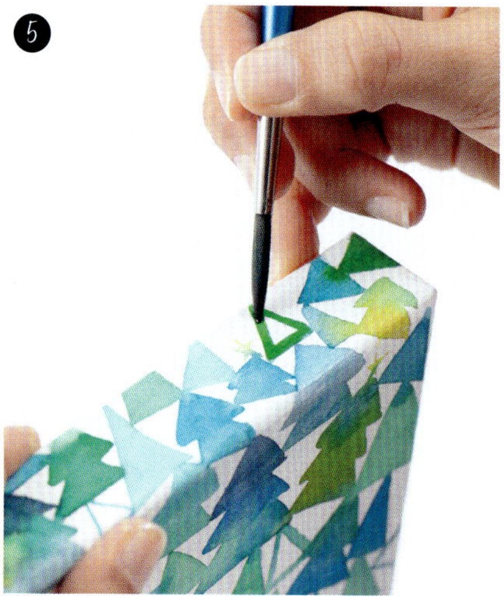

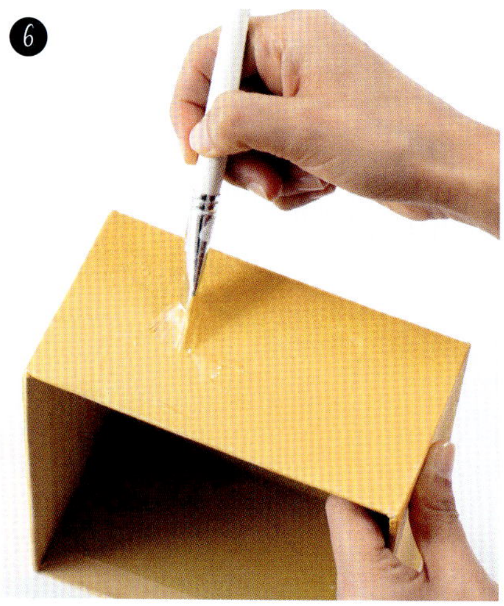

DAS IMMERGRÜN-MOTIV MALEN

7 Male mit einer Mischung aus Grün und Blau feine Linien, die sich zu einem Hauptzweig verbinden, sodass die Anmutung von Tannennadeln entsteht. Verteile die Zweige auf dem Schachteldeckel.

8 Male mit dickeren Pinselstrichen die Form von Efeu- oder Stechpalmenblättern und fülle damit den Raum zwischen den Tannenzweigen. Setze einfache rote Kreise als Beeren in die Zwischenräume zwischen den Blättern.

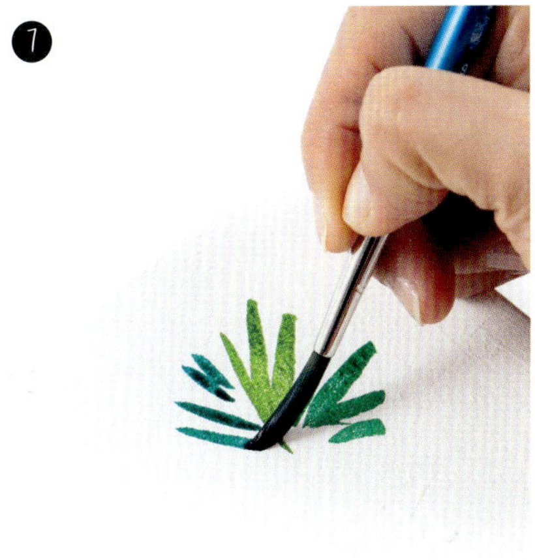

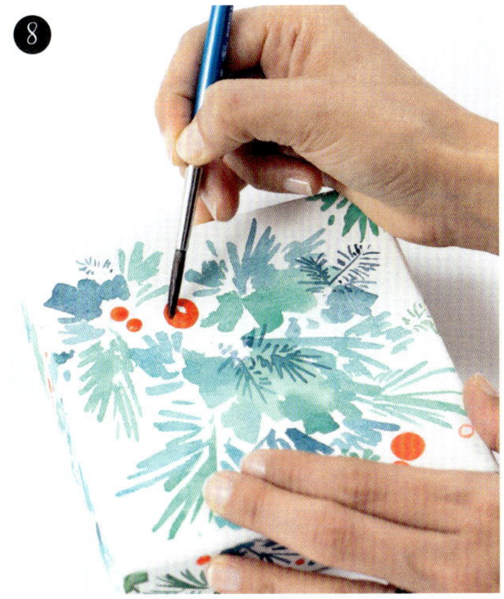

Das Immergrün-Motiv

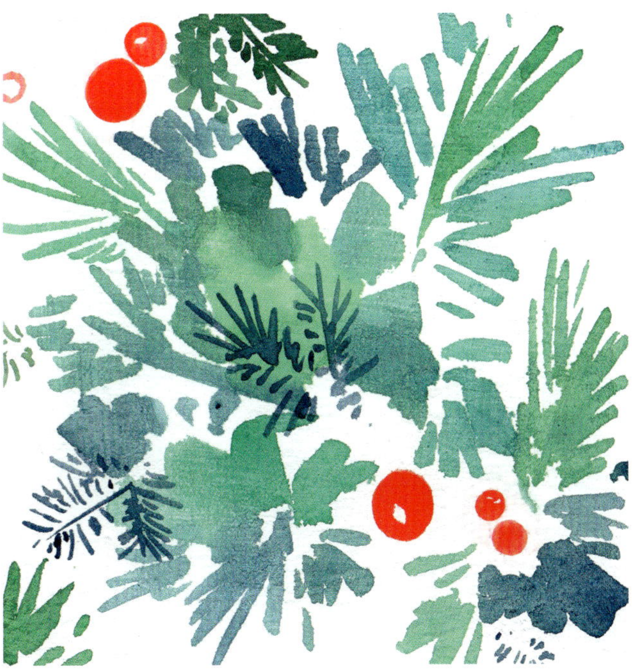

Das Weihnachtsbaum-Motiv

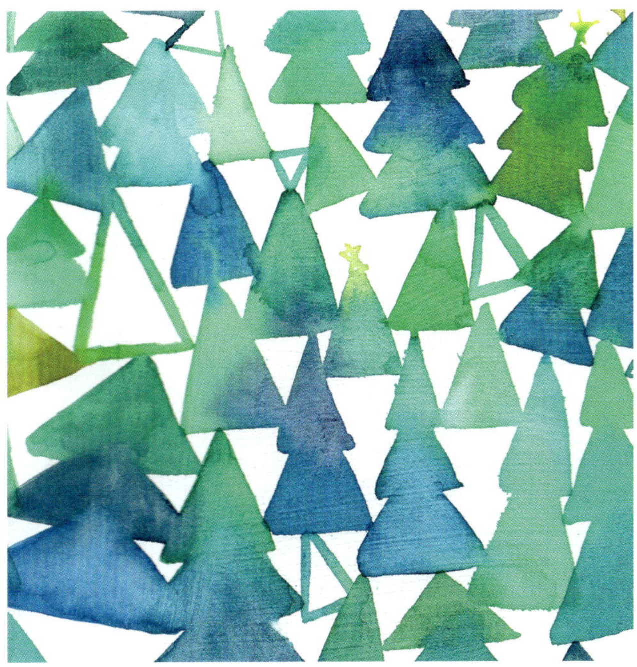

Bunte Girlanden

Unabhängig von der Jahreszeit sind Girlanden immer ein Zeichen für ein besonderes Fest. Deshalb habe ich diese Girlande zum Aufhängen am Fenster entworfen. Dafür eignen sich vorgestanzte Holzformen wunderbar. Für die einfach gemusterten Motive habe ich Aquarellgrundierung in zwei Farben verwendet. Dabei kannst du dir die durchscheinende Eigenschaft des Aquarellmediums sehr schön zunutze machen. Die Gestaltungen in den beiden Farben ergänzen sich wunderbar, und doch sind die Unterschiede zwischen den beiden erstaunlich, wenn man bedenkt, dass die gleichen Muster mit genau den gleichen Farben gemalt wurden.

DU BRAUCHST

- Aquarellgrundierung in Weiß und Gold
- Acrylfarbe in Weiß
- Holzformen (z. B. aus dem Künstlerfachhhandel)
- Pinsel: siehe „Materialien und Ausrüstung"
- Band

MEINE FARBPALETTE

Gemischt aus: Intensivgrün, Olivgrün, Phthalogrün, Cyan, Phthalotürkis, Preußischblau, Indigo

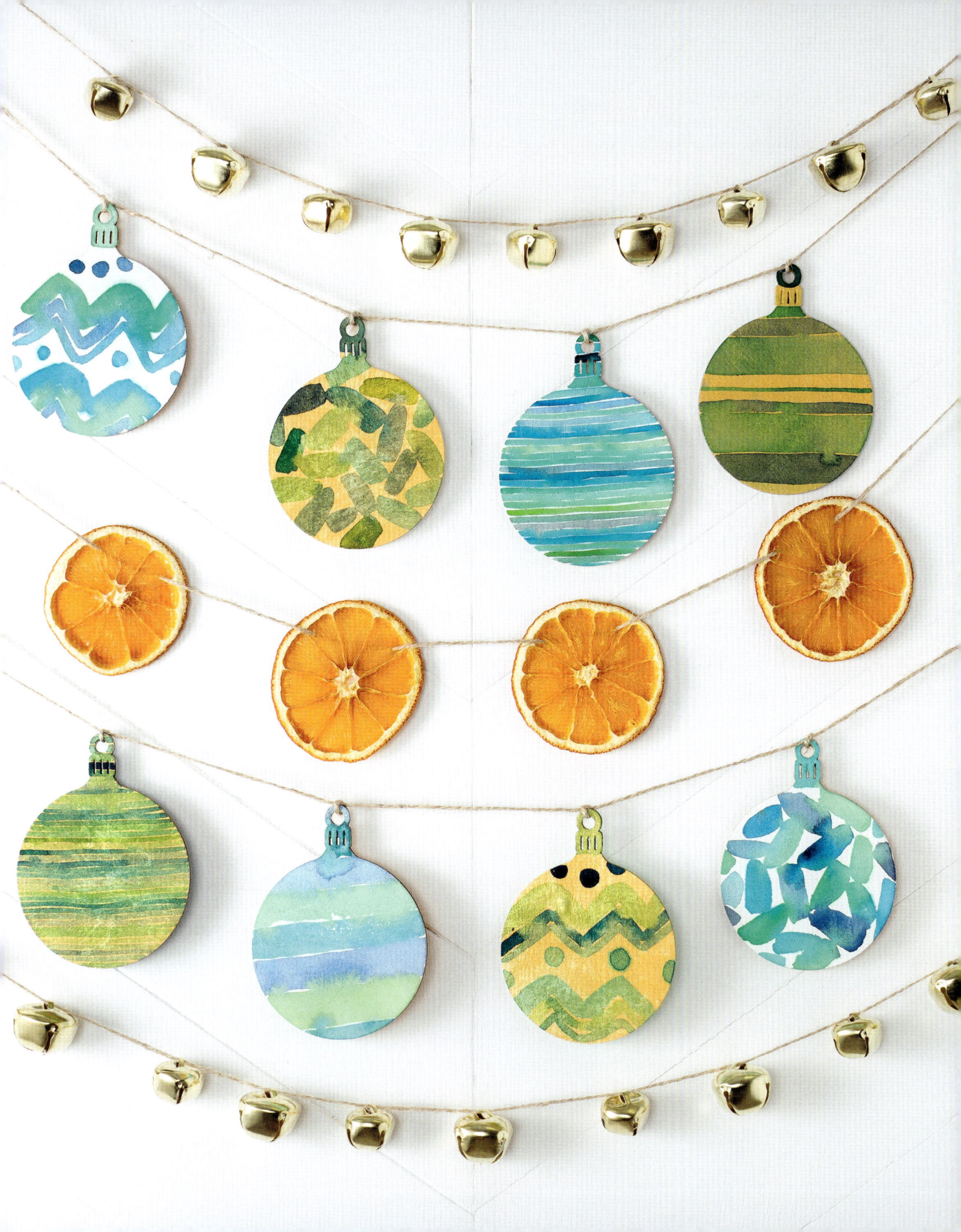

DIE FORMEN VORBEREITEN

1 Bemale die eine Seite der Formen mit weißer Acrylfarbe und lasse sie trocknen. Bemale dann die andere Seite. Grundiere nach dem Trocknen eine Hälfte der Formen mit weißer und die andere Hälfte mit goldener Aquarellgrundierung, jeweils auf beiden Seiten. Die besten Ergebnisse erhältst du, wenn du alles 24 Stunden lang aushärten lässt.

DIE FORMEN BEMALEN

2 Dünne horizontale Linien Nimm einen Pinsel, mit dem du eine möglichst dünne Linie ziehen kannst. Male die erste Linie, dann nehme mit deinem Pinsel eine etwas andere Farbe auf und ziehe eine zweite Linie so nah wie möglich an der ersten (die Linien dürfen sich ruhig berühren). Ich habe mit Grün begonnen und jedes Mal ein wenig Blau hinzugefügt. Wenn die Linie dann komplett blau war, habe ich wieder zu Grün gewechselt und auf diese Weise die Form mit dünnen horizontalen Linien gefüllt.

3 Breite horizontale Linien Für dicke horizontale Linien übe mehr Druck auf deinen Pinsel aus (oder verwende einen dickeren Pinsel). Die Linien dürfen sich berühren, aber achte darauf, mit jeder Linie die Farbe etwas zu variieren, um einen Kontrast zu schaffen.

1

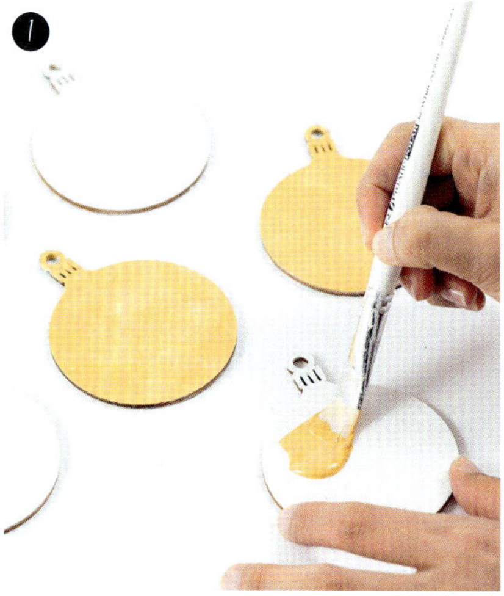

Da Aquarellfarbe lichtempfindlich ist, solltest du deine Kugeln mit einem UV-Schutzspray besprühen, vor allem, wenn du die Girlande in ein Fenster hängen möchtest. Sprühe mit etwas Abstand, sodass die Formen nur einen Sprühnebel abbekommen.

2

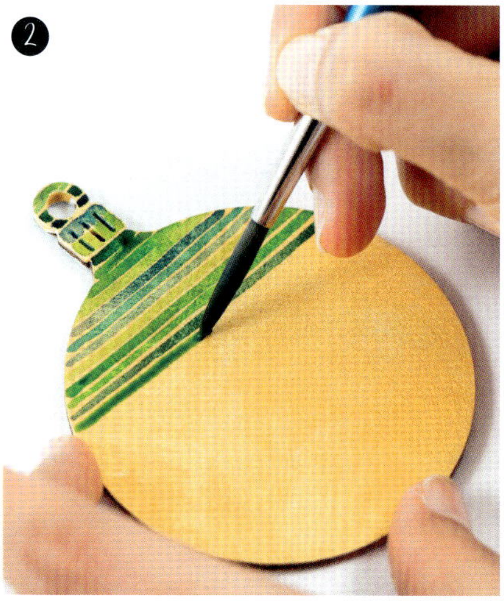

3

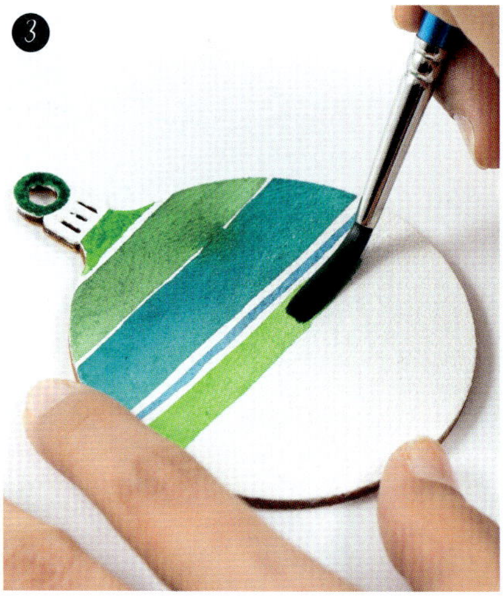

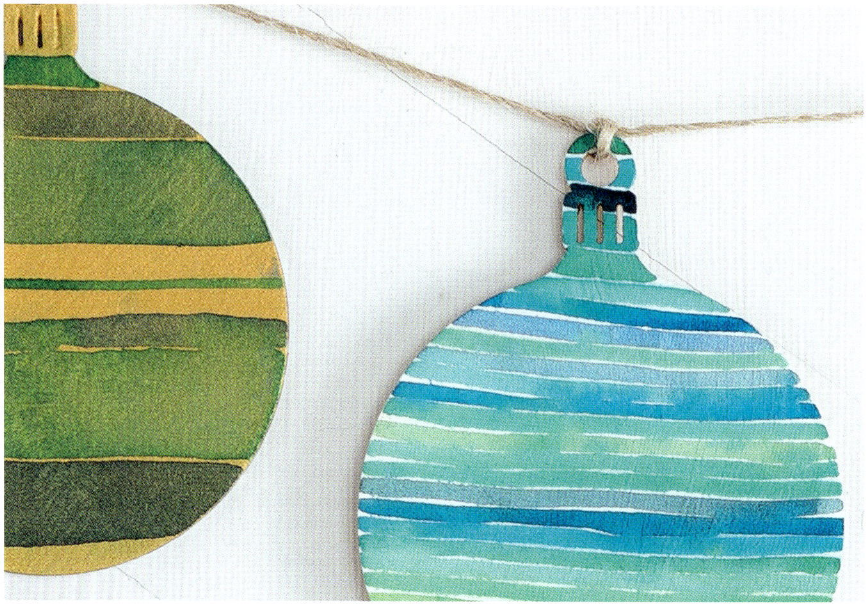

4 Konfetti Male mit einem mittelgroßen Pinsel dicke konfettiähnliche Streifen. Beginne mit einer kurzen Linie in Cyan.

5 Male weitere Streifen und ändere dabei die Farben zu Grün und Türkis. Lasse die Farben ineinander übergehen, indem sich die Linien berühren.

6 Zickzack Lege mit Grün eine dicke Zickzack-Linie an. Bevor diese trocknet, male mit Blau eine zweite Zickzack-Linie, dann eine dritte mit einer anderen Farbe, wobei die Linien jedes Mal etwas dünner werden. Male auf diese Weise ein zweites Linien-Arrangement unter das erste. Fülle den Raum darüber und darunter mit ein paar aufgetupften Punkten.

7 Sobald die Farbe getrocknet ist, drehe deine Kugelformen um und male die Muster auch auf die Rückseite.

ZUR GIRLANDE VERBINDEN

8 Fädle ein Band (oder Garn) durch die Löcher oben an den Kugelformen, um sie zu einer Girlande zu verbinden. Wechsle dabei die Formen mit goldenem und weißem Untergrund ab.

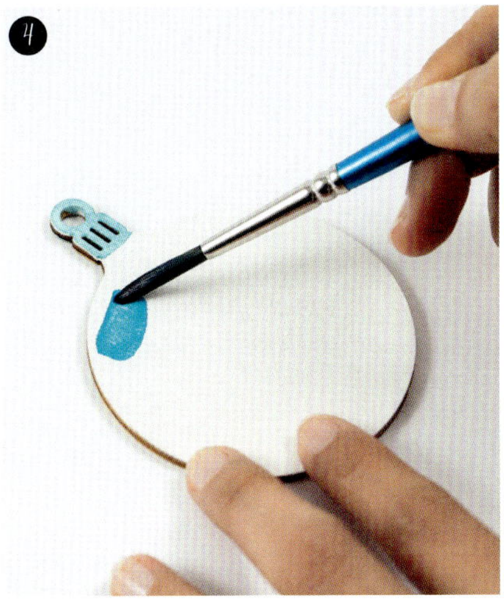
4

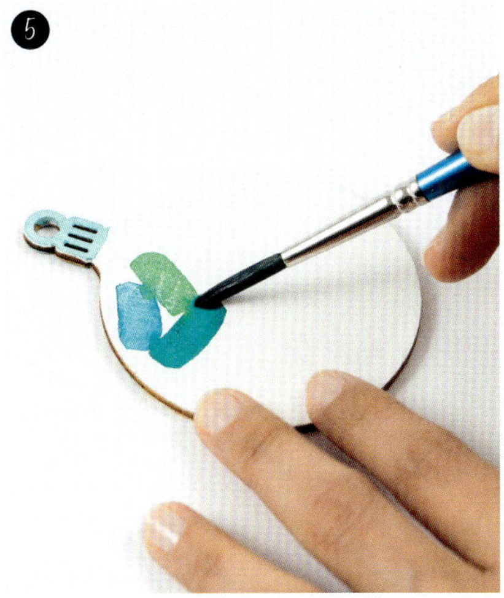
5

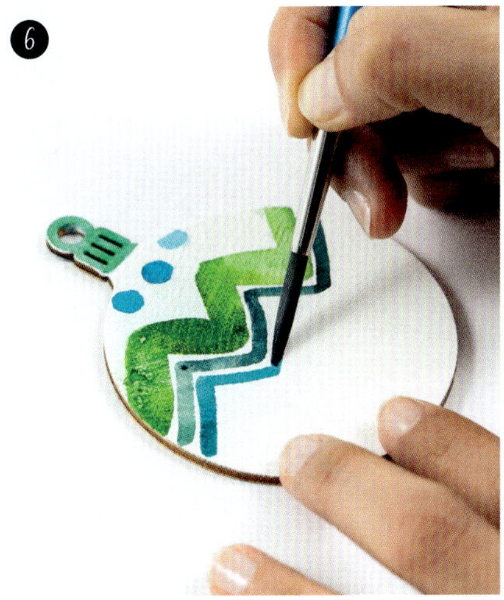
6

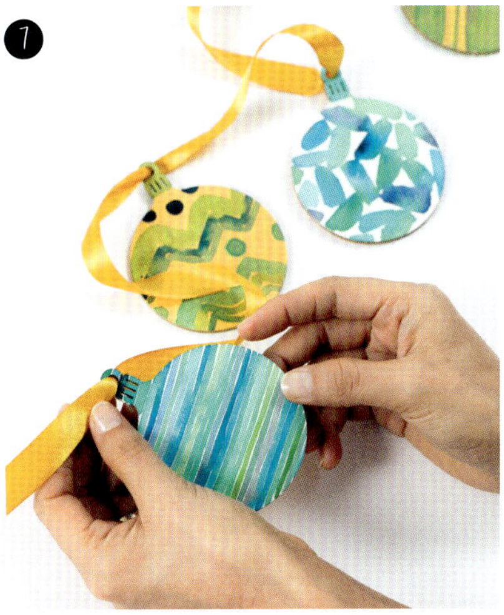
7

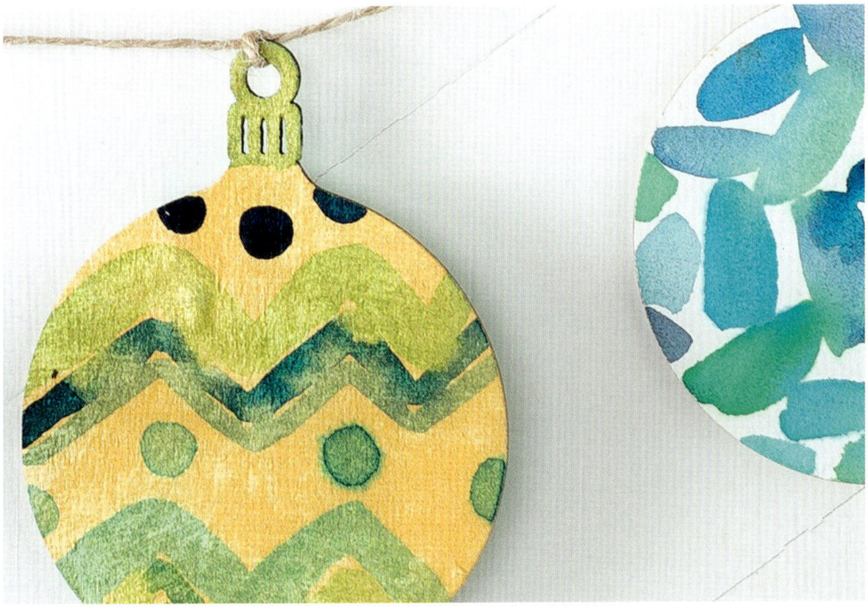

Male die gleichen Motive auf beide Kugelgruppen. Du wirst sehen, dass die gleichen Farben auf den Formen mit weißer Aquarellgrundierung anders wirken als auf denen mit goldfarbener Grundierung, aber sie ergänzen sich wunderbar.

Galaxie-Baumschmuck

Ich bin in der Nähe einer kleinen Stadt in Mexiko aufgewachsen, in der das ganze Jahr über bunte Christbaum-Anhänger aus Glas hergestellt werden, die meine Mutter mit Begeisterung sammelt. Jedes Jahr wählt sie ein Thema und eine Farbe für den Weihnachtsbaum unserer Familie, und ihre Kreativität erstaunt mich immer wieder. In ihrer Sammlung finden sich alle möglichen Formen an Bändern in allen erdenklichen Farben, aber sicher am allerschönsten sind die Glasanhänger, die meine Schwestern und ich als Kinder bemalt haben! Für meine Schritt-für-Schritt-Anleitung zum Bemalen von Glas habe ich eine Galaxie als Thema gewählt. Dafür habe ich sternförmige Anhänger verwendet, die sich perfekt dafür eignen, aber du kannst natürlich jede beliebige Gestaltungsidee ausprobieren.

DU BRAUCHST

- Sternförmige Glasanhänger
- Acrylfarbe in Weiß
- Aquarellgrundierung
- Gelstift in Weiß
- Alternative Materialien deiner Wahl
- Pinsel: siehe „Materialien und Ausrüstung"
- Zahnbürste oder Pinsel mit steifen Borsten
- Sprühflasche (optional)

MEINE FARBPALETTE

Gemischt aus: Cyan, Preußischblau, Indigo, Paynesgrau, Ultramarinblau, Zinnoberrot. Damit jede Kugel ihren eigenen Charakter erhält, verändere das dominierende Blau bei jeder Kugel. Indigo und Paynesgrau ergeben einen intensiven Farbton, und mit ein wenig Zinnoberrot ergibt sich ein schönes Violett.

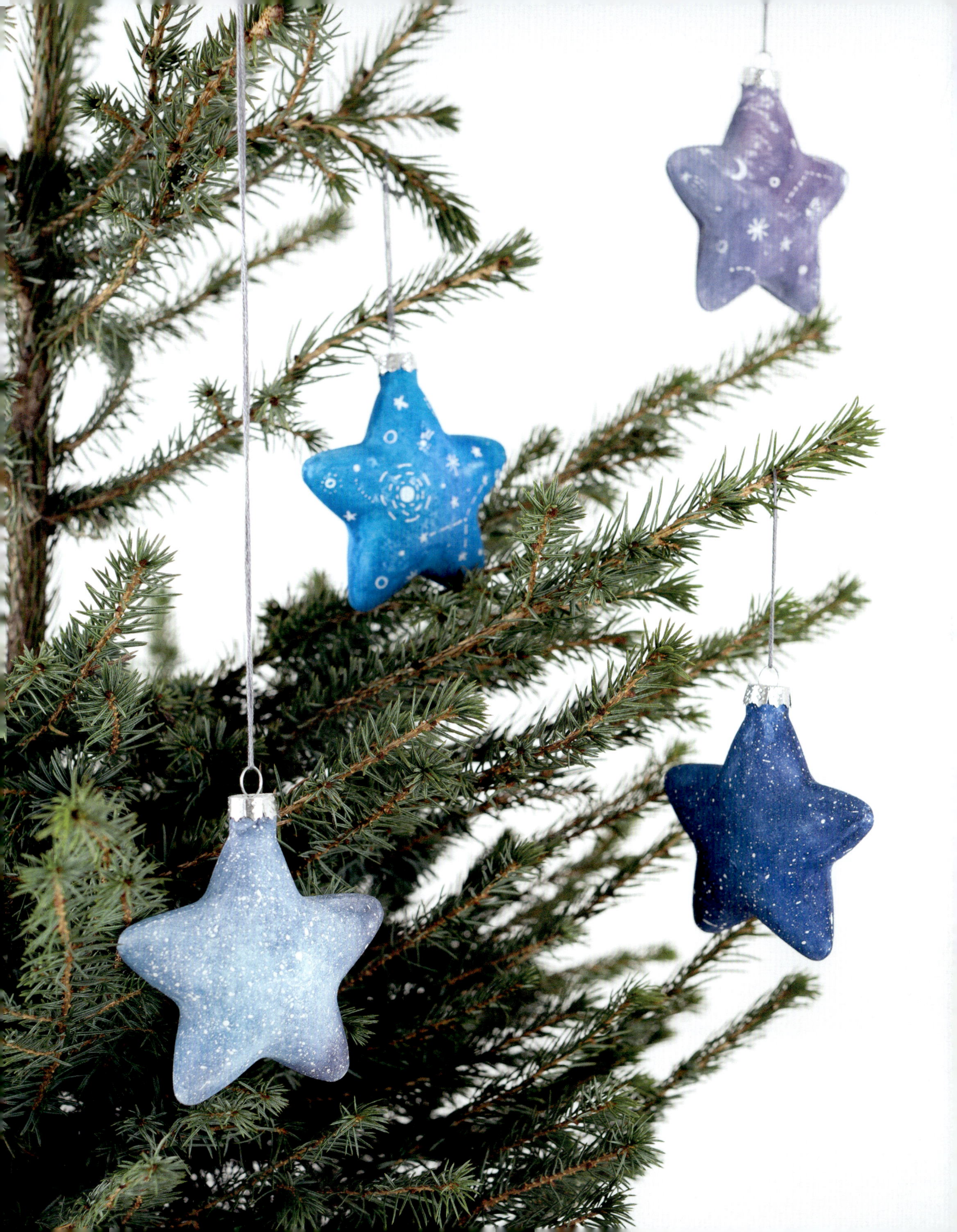

DIE GLASSTERNE VORBEREITEN

1 Entferne zuerst die Metallkappe von den Glassternen und bemale sie rundherum mit einer Schicht weißer Acrylfarbe. Lasse sie trocknen und bemale sie dann mit weißer Aquarellgrundierung. Lasse alles 24 Stunden lang aushärten.

DIE ANHÄNGER VERZIEREN

2 Bemale die Glassterne immer zunächst von einer Seite, wobei du jeweils verschiedene Blautöne verwendest. Schau noch einmal in das Kapitel „Experimentelles Watercolor" und wende einen Texturierungseffekt deiner Wahl an. Ich habe eine Kombination aus Salz und Alkohol verwendet, aber vielleicht möchtest du es auch mit Seifenlauge versuchen. Du wirst sehen, dass die Effekte fast sofort eintreten. Alles trocknen lassen und wiederholen, um die andere Seite der Sterne zu verzieren.

3 Vielleicht gefällt dir der Effekt, den du geschaffen hast, aber wenn du gern mehr Textur oder eine tiefere Farbe hättest, lege eine zweite Schicht darüber. Denke aber daran, dass dadurch alle Effekte der ersten Schicht verschwinden.

4 Alkohol erzeugt einen wirklich interessanten „Krater"-Effekt, wenn er aufgesprüht wird (siehe Detailfoto). Verwende dafür also eine Sprühflasche.

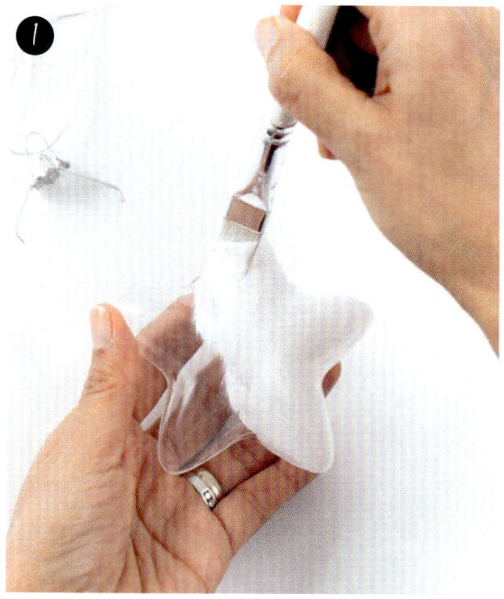

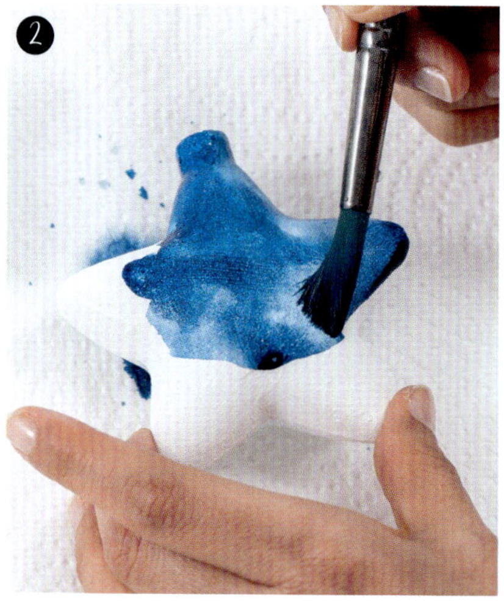

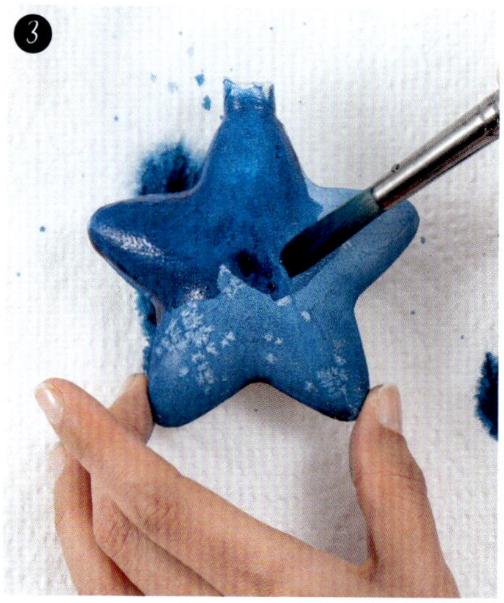

Auch wenn du hier weniger Wasser verwendest, als beim Malen auf Papier, ist es normal, dass die Farbe tropft. Ein Stück Küchenpapier unter jeder Sternenkugel hilft, deine Arbeitsfläche sauberzuhalten.

Alternative Materialien reagieren schneller und anders auf der Aquarellgrundierung. Experimentiere zunächst nur mit einem Glasstern. Wenn dir das Ergebnis nicht gefällt, wasche die Farbe einfach mit Wasser wieder ab. Lasse den Anhänger trocknen, und schon kannst du ihn wieder bemalen.

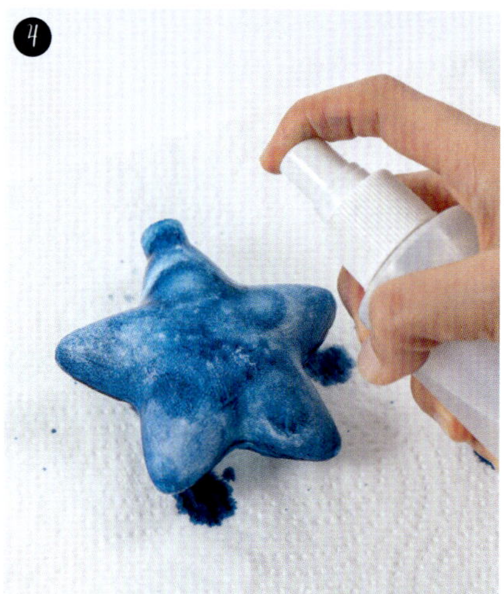

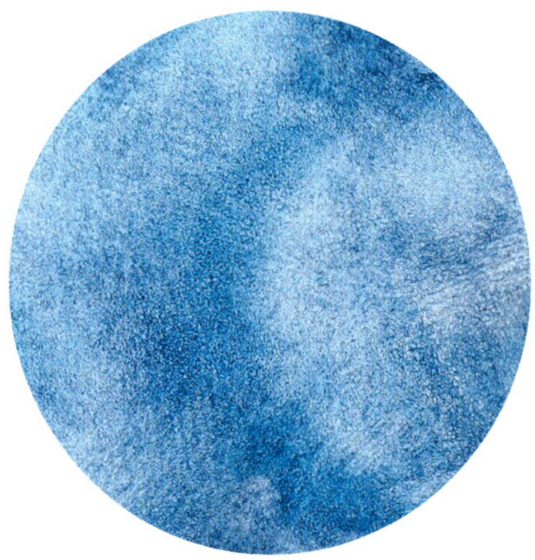

5 Spritze mit einer Zahnbürste oder einem Pinsel mit steifen Borsten weiße Acrylfarbe auf die Sterne. Bearbeite auch hier wieder jeweils nur eine Seite. Probiere aus, ob sich deine Acrylfarbe mit einem zusätzlichen Tropfen Wasser leichter vermalen lässt. Lasse alles trocknen.

6 Zeichne mit dem weißen Gelstift verschiedene himmlische Dekorationen auf den Stern, wie Sternschnuppen, Monde und Sternbilder. Sobald die verzierten Sterne vollständig getrocknet sind, kannst du die Metallkappen vorsichtig wieder aufsetzen und die Sterne in deinen Baum hängen.

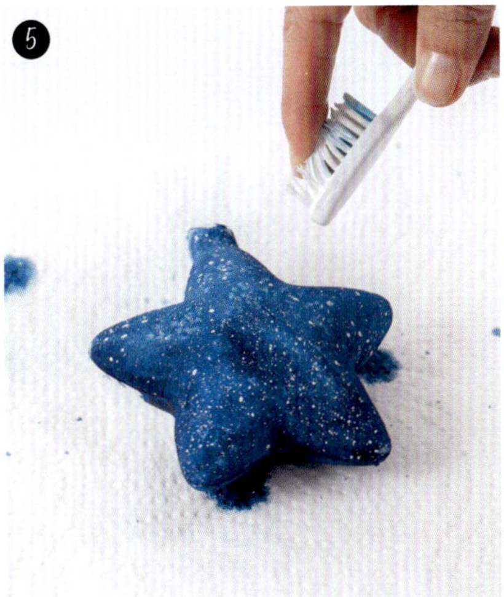

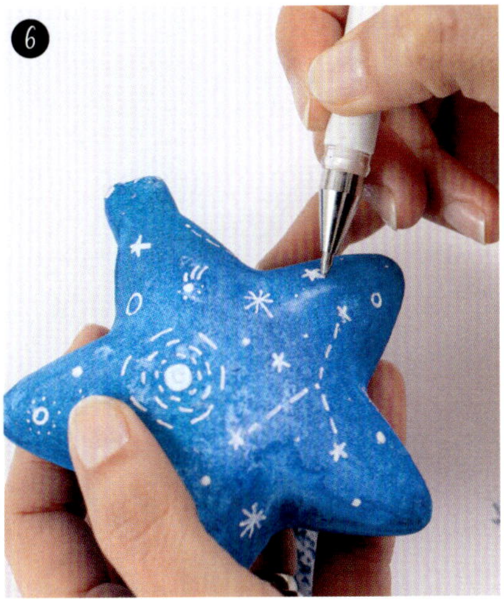

Glasornamente gibt es in vielen verschiedenen Größen und Formen. Inspiriert von der Vision meiner Mutter, dass wir jedes Thema und jede Farbe, die uns gefällt, für unsere Dekoration verwenden können, habe ich mich für eine traditionelle runde Form bei diesen Kugeln mit Pflanzenmotiven entschieden.

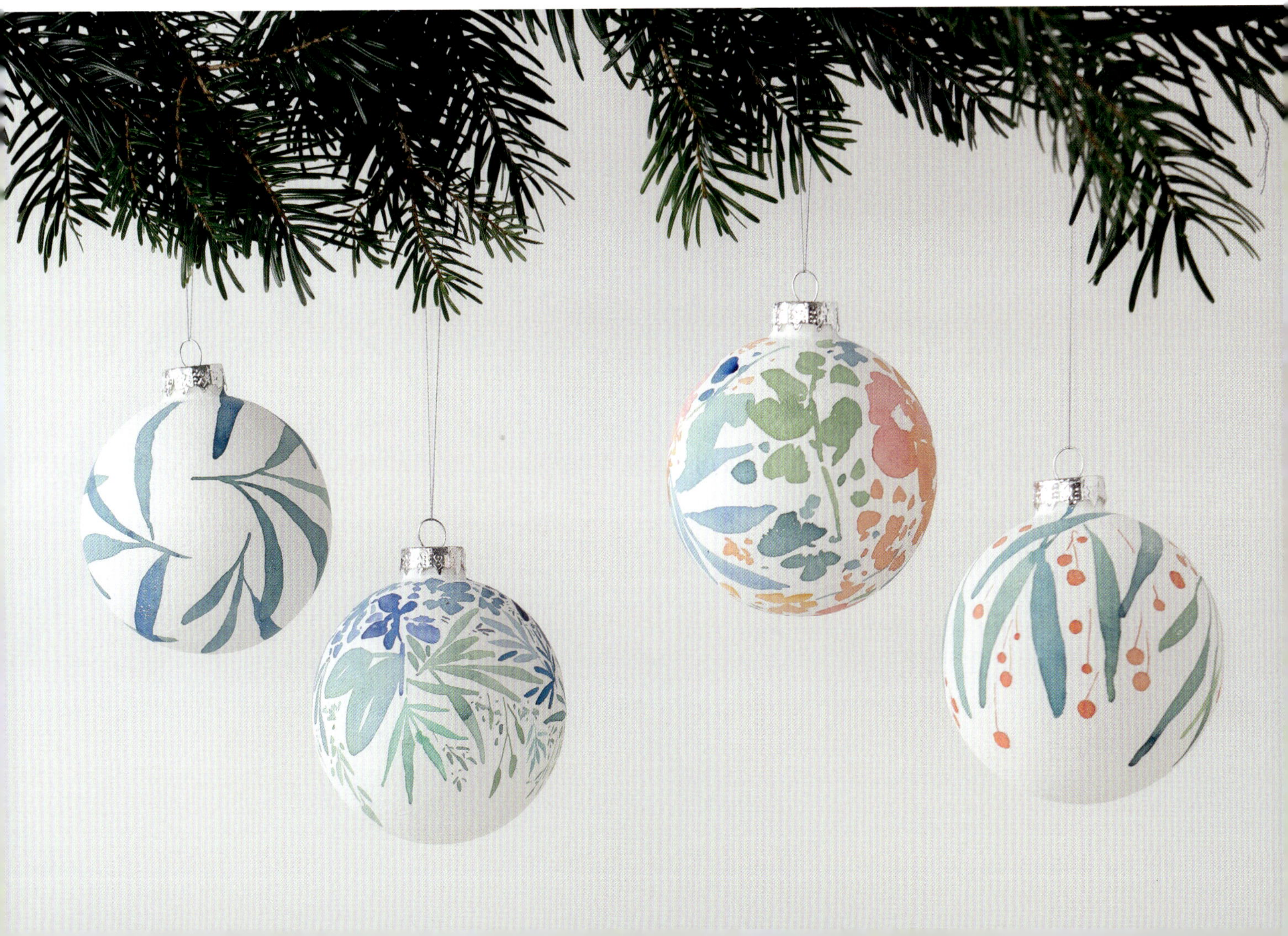

Kirigami-Dekorationen

Vor ein paar Jahren hat mir meine Schwester eine Origami-Giraffe gebastelt und mich mit der Magie des Papierfaltens verzaubert. Seitdem liebe ich diese alte Kunst. In meinem Atelier hängen diese hübschen gefalteten Papierformen überall. So ist es nicht verwunderlich, dass ich aus einigen meiner ausrangierten Kunstwerke gefaltete Dekorationen für dieses Buch entworfen habe. Da Aquarellpapier aber zu dick ist, um es zu falten, habe ich mich mit Kirigami beschäftigt, einer Variante des Origami, bei der Papier in alle möglichen Formen geschnitten, gefaltet und geklebt wird.

DU BRAUCHST

- Aquarelle und Watercolor-Bilder
- Aquarellfarben für die Nachbearbeitung deiner Kunstwerke, einschließlich Farben, Pinsel und zusätzlicher Materialien für Texturen
- Cutter und Lineal
- Zirkelschneider oder Schere
- Bleistift
- Kleber oder doppelseitiges Klebeband

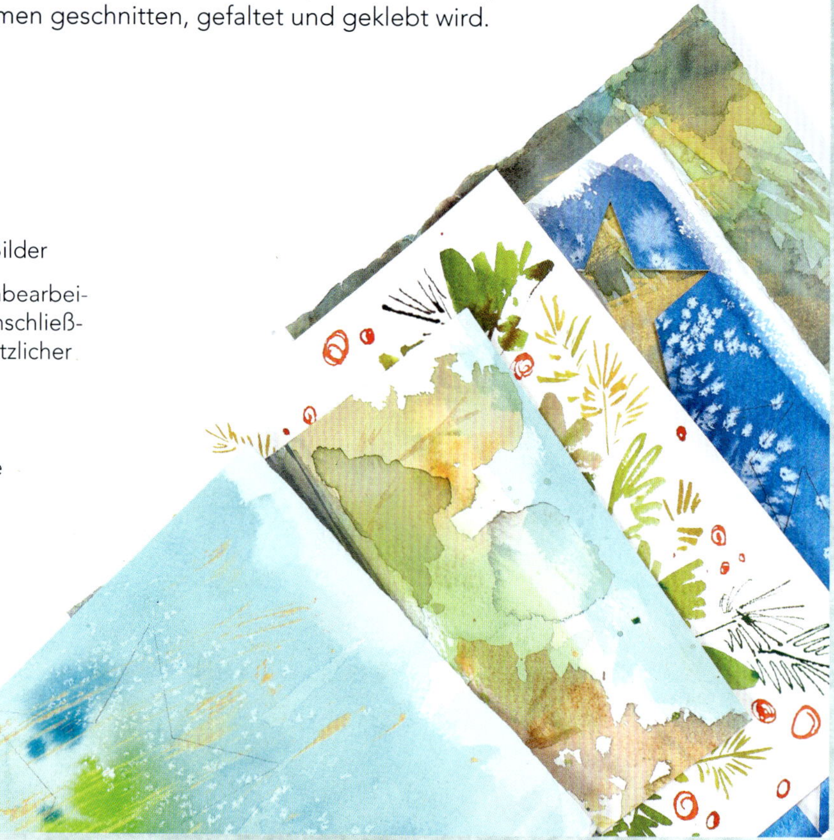

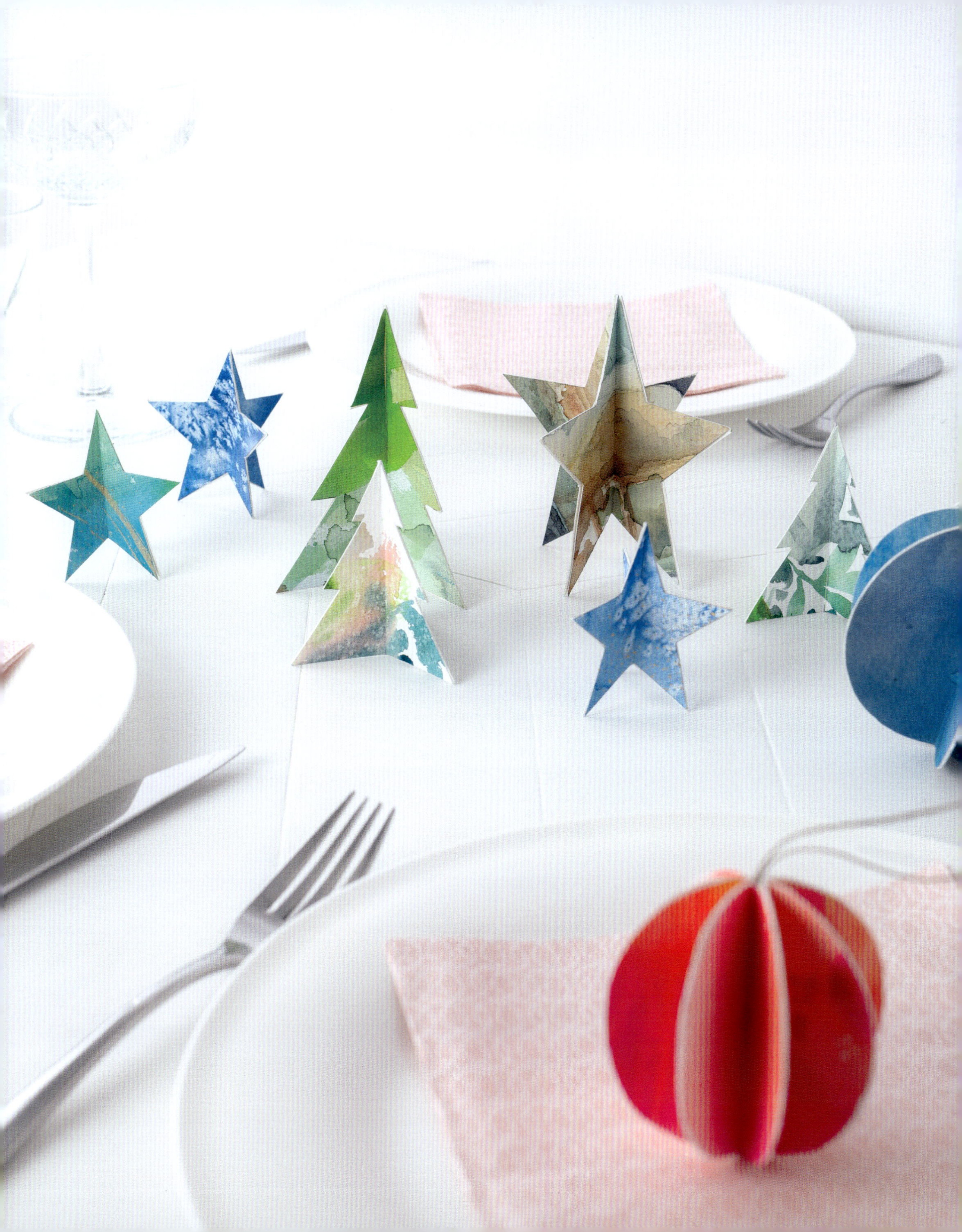

DIE WATERCOLOR-BILDER VORBEREITEN

1 Ich habe meine Kirigami-Dekorationen hergestellt, indem ich ausrangierte Arbeiten von mir wiederverwendet habe, aber wenn du möchtest, kannst du auch etwas Neues malen. Wenn du alte Bilder wiederverwendest, ordne sie nach Farben. Am besten verwenden wir Grün für die Weihnachtsbäume, Blau oder Violett für die Sterne und verschiedene andere Farben für die Kugeln. Wenn das Material zu viel Weiß enthält, kannst du sie mit einer Lasur übermalen. Aquarellfarbe ist lichtdurchlässig, sodass wir durch die Lasur die Hauptfarbe verstärken und gleichzeitig die ursprünglichen Pinselstriche erhalten.

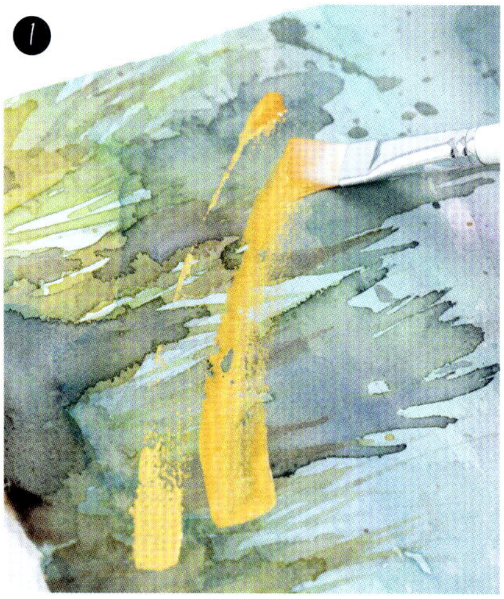

Wenn du deine Skizzen langweilig findest, kannst du sie überarbeiten, um mehr Farbe oder Textur hineinzubringen – male mit kräftigen Pinselstrichen, spritze mit Tinte oder Acrylfarben auf oder verwende alternative Materialien wie Salz oder Alkohol über der Lasur.

EINE KUGEL HERSTELLEN

2 Schneide mit einem Zirkelschneider mindestens acht Kreise mit einem Durchmesser von 9 cm aus deinem Papier aus. Alternativ kannst du auch um ein Glas eine Kreisform nachzeichnen und mit einer Schere ausschneiden.

3 Falte jeden Kreis in der Hälfte, sodass die bemalte Seite nach innen zeigt.

4 Klebe die Rückseite (weiß) der einen Kreishälfte auf die Hälfte des nächsten Kreises und fahre fort, bis jeder Kreis akkordeonartig mit dem nächsten verbunden ist. Dann ist die Kugel vollständig.

Wenn du deine Dekorationen aufhängen willst, lege eine Schnur zwischen die letzten beiden Teile, bevor du sie zusammenklebst.

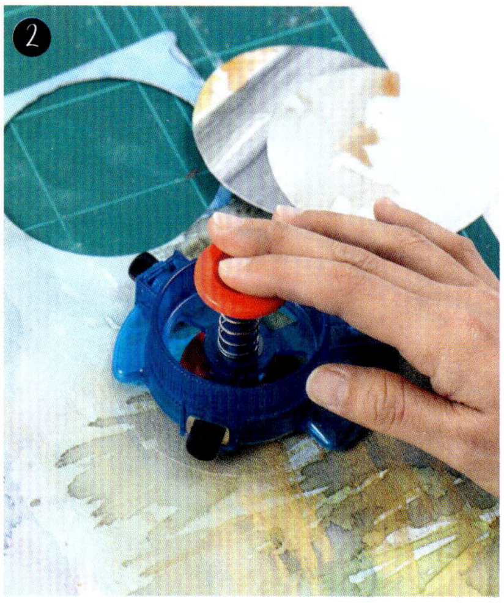

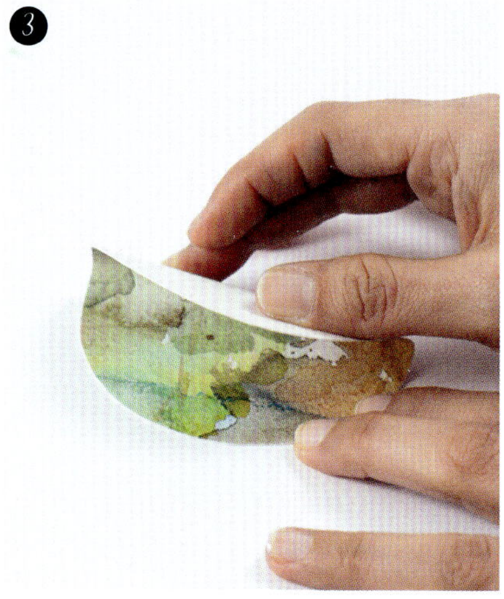

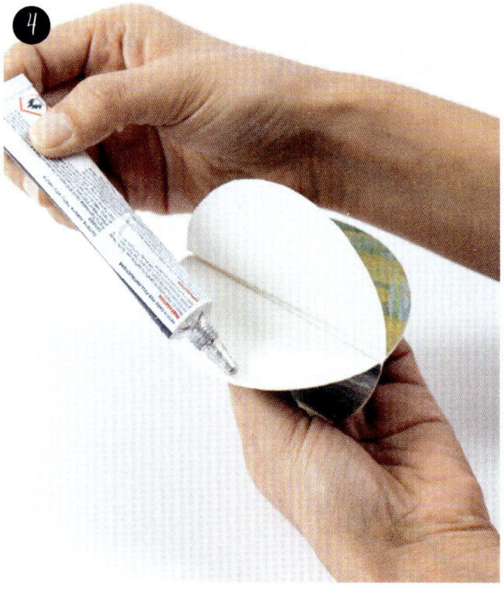

ANDERE FORMEN HERSTELLEN

5 Die Sterne oder Weihnachtsbäume entstehen auf ähnliche Weise wie die Kugeln, aber du brauchst nur drei von jeder Form. Wenn das Papier nicht zu dick ist, kannst du auch mehr Stücke verwenden. Zeichne die Form deines Sterns oder Baums auf dein Papier. Beachte, dass die Form symmetrisch sein muss, da sie in der Hälfte gefaltet wird.

6 Schneide deine Stern- oder Baumformen aus und falte sie in der Hälfte, wie du es bei den Kugeln gemacht hast.

7 Klebe die Formen zusammen, wie in Schritt 4 bei der Kugel beschrieben.

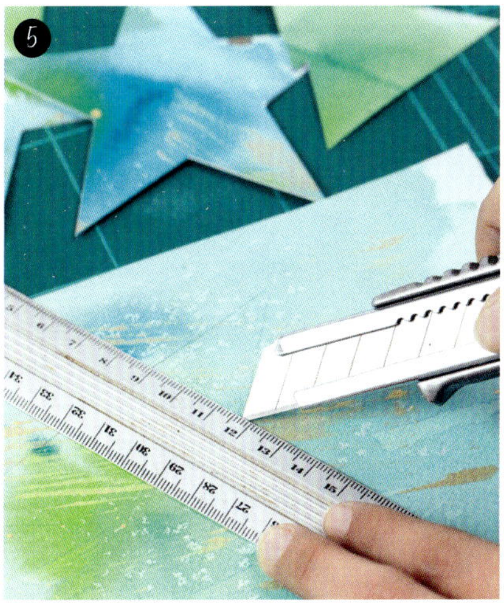

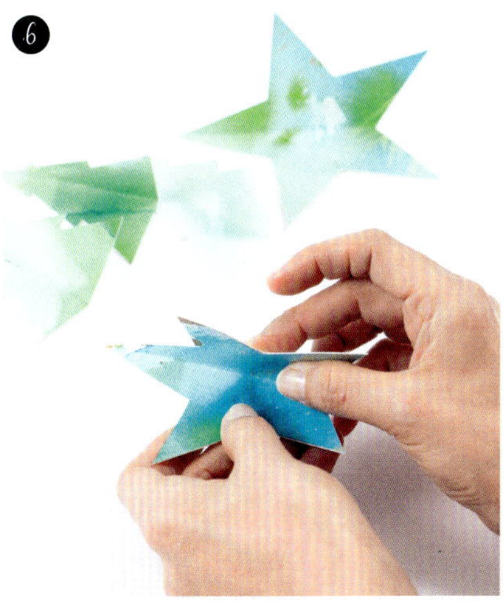

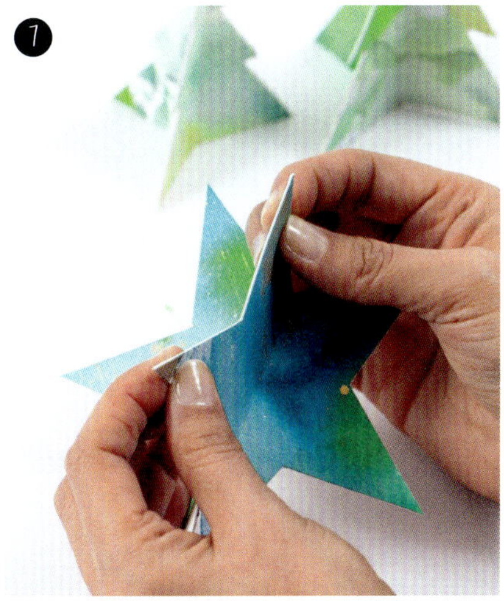

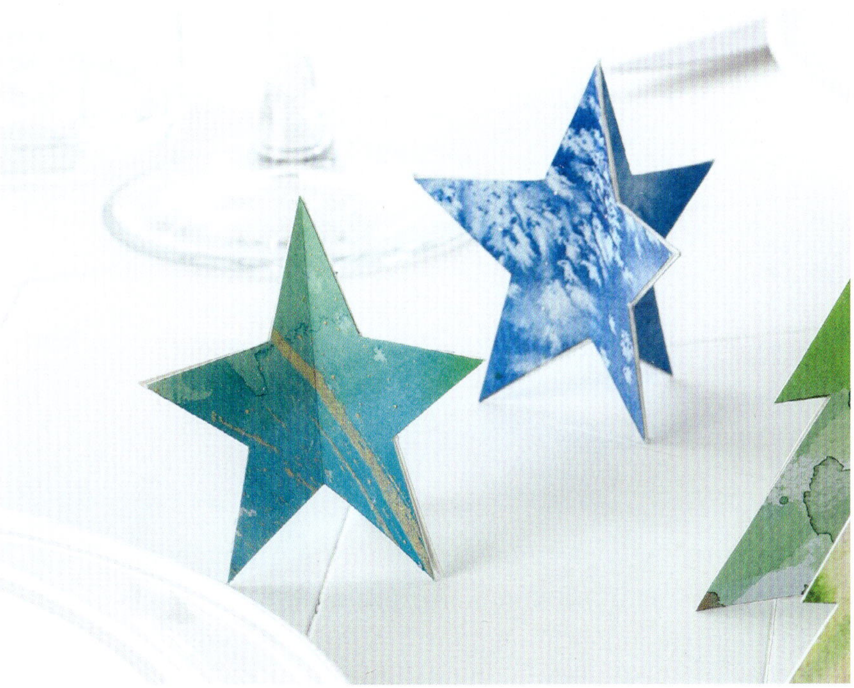

Ich habe die Formen für meine Dekorationen jeweils aus demselben Kunstwerk ausgeschnitten, aber es ist sicher interessant, die Stile innerhalb der einzelnen Dekorationen zu mischen.

Motivgalerie

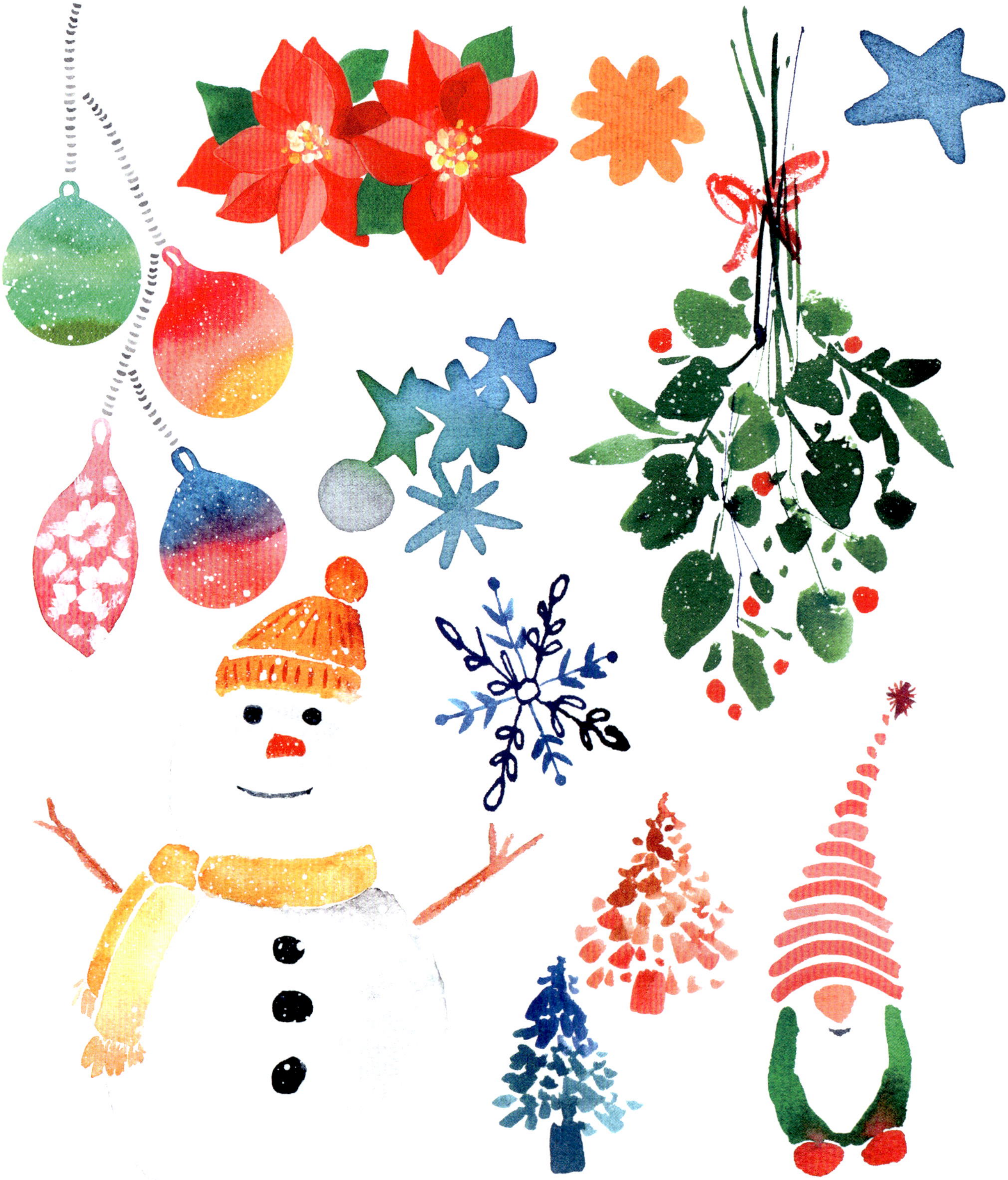

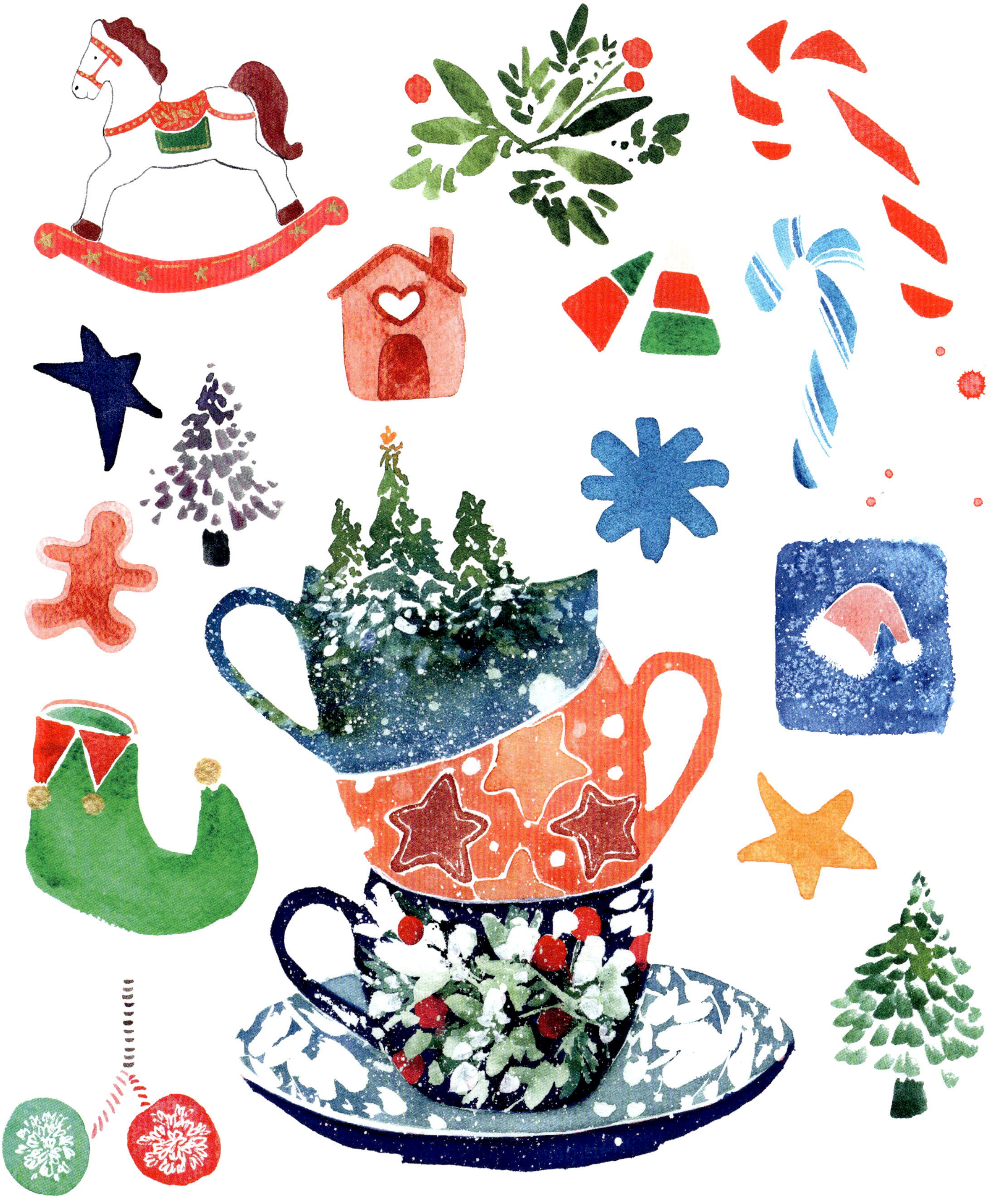

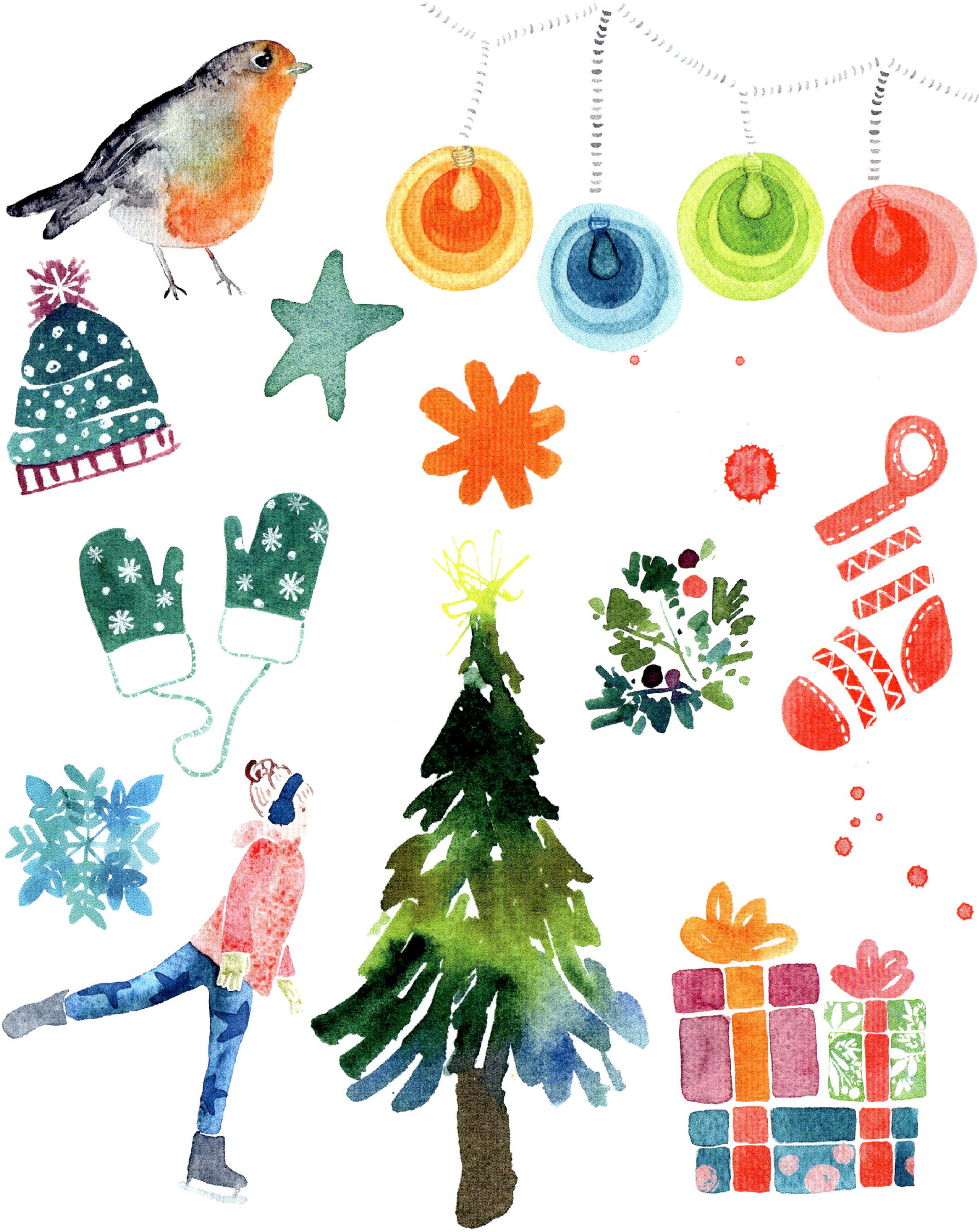

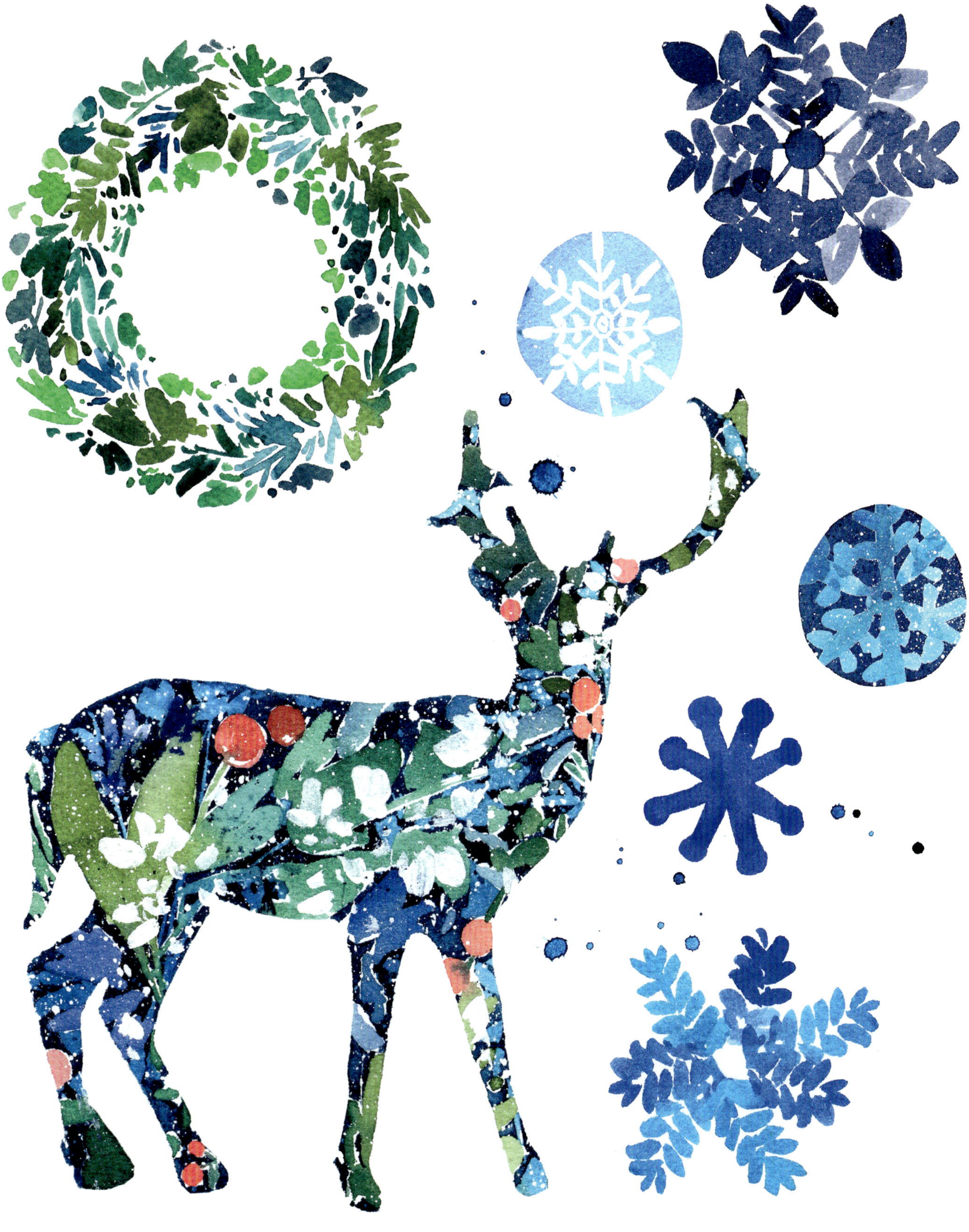

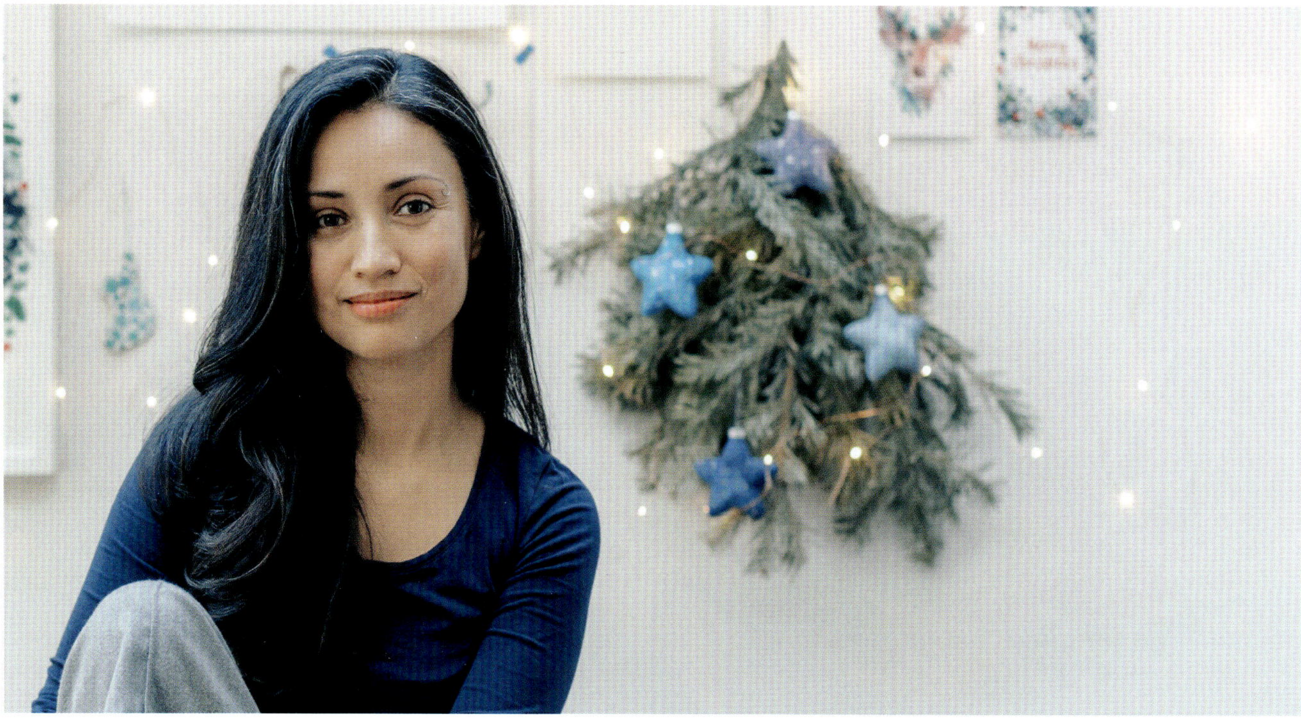

ÜBER DIE AUTORIN

Ingrid Sanchez, auch bekannt als CreativeIngrid, ist eine mexikanisch-britische Watercolor-Künstlerin und lebt in London, Großbritannien. Sie hat einen Bachelor-Abschluss in Informationsdesign und einen MA in Verlagswesen. Nachdem sie jahrelang in der Verlagsbranche gearbeitet hatte, beschloss sie, dass ihre Leidenschaft für die Kunst zu groß ist, um sie zu ignorieren, und nutzte die Gelegenheit eines Auslandsjahres in New York City, um zu malen und von so vielen Künstlern wie möglich zu lernen.

Ingrid gibt Workshops auf der ganzen Welt, unter anderem in London, Mexiko, Barcelona und New York City. Ihre originellen Aquarelle, Kunstdrucke und anderen Produkte mit ihrer Kunst sind auf ihrer Website ingridsanchez.com erhältlich, und eine breitere Produkt-Palette findet man im Rahmen von Kunstlizenzvereinbarungen bei verschiedenen Marken auf der ganzen Welt.

Mehr über Ingrids einzigartigen Malprozess: Instagram.com/CreativeIngrid.

DANKSAGUNG

Watercolor ist für mich die beste Therapie und der beste Freund, den ich mir jemals hätte vorstellen können. Ich habe schon sehr jung mit dem Malen begonnen, dieses Medium aber erst als Erwachsene nach Jahren der Frustration für mich entdeckt. Ein „traditionelles" Leben hat sich für mich nie richtig angefühlt, und auf meiner Reise zu meinem künstlerischen Selbst lehrte mich die Aquarellmalerei, wie wichtig es ist, loszulassen und die unvermeidlichen Fehler als Teil des Prozesses zu akzeptieren.

Ich möchte allen danken, die mich ermutigt haben, meinen kreativen Weg zu gehen, denn dadurch habe ich endlich zu mir selbst gefunden:

Henry, der mich immer ermutigt hat, meinem Herzen zu folgen: Deine Unterstützung bedeutet mir sehr viel.

Meinem Vater, der mir meine ersten Farben schenkte, und meiner Mutter, die Weihnachten liebt und meine frühesten Kreationen immer noch zeigt. Meiner Schwester Diana für ihre unermüdliche Unterstützung. Danke, Wendy, dass du meine erste und aktivste Sammlerin bist.

Jedem Schüler, jedem Käufer und jeder Person, die mir und meiner Kunst folgt: Danke, denn ihr seid der Grund dafür, dass ich das tun kann, was ich am meisten liebe. Allen Künstlern und Kreativen da draußen, die die Welt inspirieren: Danke, dass ihr mir andere Sichtweisen auf die Welt zeigt.

Und schließlich Ame und dem gesamten Team von David and Charles: Danke, dass ihr mir dieses Projekt gegeben und mir geholfen habt, es mit Leben zu erfüllen.

INDEX

Impressum

Originalausgabe unter dem Titel
DIY Watercolor Christmas. Easy painting ideas and techniques for cards, gifts and décor (2021)
erschienen bei:

David and Charles, Ltd
Suite A, Tourism House, Pynes Hill, Exeter, EX2 5WS

Illustrationen und Text: © Ingrid Sanchez 2021
Layout und Fotografie: © David and Charles, Ltd. 2021

Für die deutsche Ausgabe:
Verantwortlich: Maria Möllenkamp
Produktmanagement und Lektorat: ZweiKonzept GbR
Übersetzung: Tina Bungeroth, ZweiKonzept GbR
Satz: Medienservice Feuerer
Umschlaggestaltung: Irina von Feury
Herstellung: Kathleen Baumann
Printed in Turkey through Asia Pacific Offset

★★★★★

Sind Sie mit diesem Titel zufrieden? Dann würden wir uns über Ihre Weiterempfehlung freuen. Erzählen Sie es im Freundeskreis, berichten Sie Ihrem Buchhändler oder bewerten Sie bei Onlinekauf. Und wenn Sie Kritik, Korrekturen, Aktualisierungen haben, freuen wir uns über Ihre Nachricht an:
Christian Verlag, Postfach 40 02 09, D-80702 München
oder per E-Mail an lektorat@verlagshaus.de.

Unser komplettes Programm finden Sie unter

www.christophorus-verlag.de

Die Deutsche Nationalbibliothek verzeichnet diese Publikation in der Deutschen Nationalbibliografie; detaillierte bibliografische Daten sind im Internet über http://dnb.d-nb.de abrufbar.

Infanteriestraße 11a
D 80797 München

ISBN 978-3-86230-450-9

Besuchen Sie uns im Internet:
www.christophorusverlag.de & www.selbstgemacht.de